STARK

LEXIKON

POLITIK · SOZIALKUNDE

Deichmann · Klinghammer

Fachbegriffe und Personen

STARK

ISBN: 3-89449-482-4

D-85318 Freising · Postfach 1852 · Tel. (08161) 1790

Vorwort

Das Lexikon Politik/Sozialkunde gibt allen Schülerinnen und Schülern und allen Interessierten einen Überblick über den gesamten Bereich der politischen Bildung (Innenpolitik, politische Theorie, politische Ordnung der Bundesrepublik Deutschland und der DDR, Internationale Politik). Dabei entspricht es der Konzeption der politischen Bildung, nach der Kenntnisse, Erkenntnisse und Einsichten zu den Themen vermittelt werden. Hierbei werden auch die notwendigen Aspekte aus der Soziologie, den Rechtswissenschaften, der Volkswirtschaft und besonders der Geschichte behandelt.

Das Buch ist in erster Linie ein Nachschlagewerk, kann aber auch zur Erweiterung und Vertiefung des Wissens oder einfach zum „Schmökern" genutzt werden, da jeweils auf verwandte Begriffe und die ebenfalls im Lexikon erscheinenden Stichwörter verwiesen wird.

Durch die Lektüre der untereinander verknüpften Stichwörter kann sich der Leser schnell einen Überblick über einen Themenbereich verschaffen. Die Auswahl der Begriffe und Gegenstände orientiert sich an den Lehrplänen und an wichtigen Lehrbereichen für die Fächer Sozialkunde und Gemeinschaftskunde.

Carl Deichmann

Wolfgang Klinghammer

Die Autoren:
Carl Deichmann, Dr. phil., ist Professor für Didaktik der Politik an der Friedrich-Schiller-Universität Jena
Wolfgang Klinghammer, M. A., ist Mitarbeiter am Lehrstuhl für Didaktik der Politik der Friedrich-Schiller-Universität Jena

A

ABC-Waffen Sammelbegriff für atomare (→ Atomwaffen), biologische und chemische Waffen. Für biologische Waffen werden speziell gezüchtete Bakterienkulturen benutzt, die den Menschen mit Krankheiten infizieren. Chemische Waffen greifen den Organismus über Haut oder Atemwege an. ABC-Waffen gelten als Massenvernichtungswaffen. Zur Eindämmung ihrer Verbreitung existieren internationale Abkommen (→ Atomwaffensperrvertrag, Bio- und Chemiewaffenkonvention). Viele Staaten versuchen jedoch, biologische und chemische Waffen zu entwickeln, die als preiswerte Alternative zu einem Atomwaffenprogramm gelten. Der Giftgasanschlag der Aum-Sekte in einer U-Bahn in Tokio im März 1995 und das Auftauchen von Briefen mit Milzbrand-Erregern im Oktober 2001 in den USA schürte die Angst, dass auch Nuklearmaterial in die Hände von Terroristen gelangen könnte. → Proliferation

Abgeordneter Gewähltes Mitglied des → Parlaments. In der föderalen politischen Ordnung Deutschlands (→ Föderalismus) gibt es → Bundes- und Landtagsabgeordnete bzw. Mitglieder der Bürgerschaft in Bremen und Hamburg und des Abgeordnetenhauses in Berlin. Abgeordnete genießen als Vertreter des Volkes besondere Rechte (→ Repräsentationstheorie). (1) Immunität: Eine Verhaftung ist nur mit Genehmigung des Parlaments möglich. (2) Indemnität: Keine gerichtliche oder dienstliche Belangung wegen der Tätigkeit im Parlament. (3) Zeugnisverweigerungsrecht: Die Aussage über Dinge, die ihnen in ihrer Eigenschaft als Abgeordnete anvertraut wurden, darf verweigert werden. Die Unabhängigkeit der Abgeordneten gegenüber anderen staatlichen Gewalten (→ Exekutive, → Judikative) bleibt durch diese Rechte gewahrt.

ABM-Vertrag → SALT-/START-Verträge

Abrüstung → Rüstungskontrolle

Abschreckung Alle politischen und militärischen Maßnahmen mit dem Ziel, gegnerische Staaten von einem Angriff abzuhalten. Abschreckung durch die Androhung eines Einsatzes von Atomwaffen nennt man nukleare Abschreckung. Die gegenseitige Abschreckung der → Supermächte im → Kalten Krieg führte in Europa zu einer Stabilisierung der politischen Situation, gleichzeitig wurde aber die Teilung des Kontinents vertieft. → Gleichgewicht des Schreckens

Absolutismus Frühneuzeitliche Herrschaftsform, bei der ein Monarch (→ Monarchie) die vollkommene Staatsgewalt ausübt. Er ist an keinerlei Gesetze gebunden und entscheidet allein über Krieg und Frieden und über alle äußeren und inneren Belange. V. a. → Hobbes plädierte in seinen Schriften für eine radikale Form des Absolutismus. Das klassische Beispiel eines absolutistischen Herrschers ist der französische „Sonnenkönig“ Ludwig XIV. (1638–1715). → Bodin

Abstimmung Beendigung eines Entscheidungsverfahrens (personelle oder Sachfragen) mithilfe des → Mehrheitsprinzips. Man unterscheidet zwischen geheimen (Stimmzettel) und offenen (Handzeichen, namentlich) Abstimmungen.

Afghanistankrieg Konflikt, der zur Zeit des → Kalten Krieges begann und bis in die Gegenwart reicht. Im Dezember 1979 griffen Truppen der Sowjetunion in den afghanischen Bürgerkrieg ein. Ihr Ziel war, ein Moskau-treues Regime zu installieren. Der afghanische Präsident Amin, der sich selbst kurz zuvor an die Macht geputscht hatte, wurde getötet und die Sowjetunion besetzte die Regierung mit ihr zuverlässig erscheinenden Kommunisten – Afghanistan wurde ein → Satellitenstaat der Sowjetunion. Die Invasion, die überraschend schnell und massiv erfolgt war, konnte im → UN-Sicherheitsrat nicht verurteilt werden, da die Sowjetunion ihr → Veto gegen die geplante Resolution einlegte. Die USA unterstützten im dann folgenden Krieg den Kampf der islamischen Rebellen gegen die sowjetischen Besatzer und trugen somit dazu bei, dass sich die Sowjetunion 1988 zurückziehen musste. Der Krieg, der von beiden Seiten mit großer Brutalität geführt wurde, forderte das Leben von ca. 30 000 sowjetischen Soldaten, die Gesamtzahl der Opfer betrug über eine Million. Nach dem Abzug der Sowjets wurde das Regime in Kabul zwar gestürzt, der Krieg ging jedoch weiter, da sich die verschiedenen Rebellengruppen nicht auf eine gemeinsame Politik einigen konnten. Von 1996 bis 2001 herrschte das radikal-islamische, international nicht anerkannte Taliban-Regime in Afghanistan, das wegen der Duldung bzw. Unterstützung von Terroristen unter internationalen Druck geriet. Nach den Terroranschlägen in New York und Washington D. C. (September 2001) bombardierten die USA Stellungen von Terroristen und Taliban in Afghanistan. Der zusätzliche Kampf afghanischer Milizen am Boden führte zum Sturz der Taliban. Im November 2001 fand eine Konferenz zur politischen Zukunft des Landes statt, wo man die Einsetzung einer Übergangsregierung unter Hamid Karzai beschloss, der im Juni 2002 als Präsident bestätigt wurde.

Agenda 21 Globales Umweltaktionsprogramm, das 1992 auf der UN-Konferenz für Umwelt und Entwicklung in Rio de Janeiro verabschiedet wurde. Die 178 teilnehmenden Staaten einigten sich auf die Agenda 21, die vorsieht, den Umwelt- und Artenschutz zu verbessern, die Armut zu bekämpfen und soziale Gruppen bzw. → NGOs zu stärken. Aufgrund der großen Anzahl an Unterzeichnerstaaten hat die Agenda aber mehr den Charakter einer Absichtserklärung, anstatt konkrete Maßnahmen zur Umsetzung zu veranlassen. Schlüsselbegriff ist die „nachhaltige Entwicklung“ (*sustainable development*), womit die dauerhafte Verbesserung der Umweltbedingungen und des Lebensstandards der Menschen gemeint ist. 1997 fand eine Konferenz in New York statt, auf der bisherige Ergebnisse der Agenda 21 geprüft wurden. So hatte sich die Umweltsituation gemäß der Bilanz weiter verschlechtert, eine Einigung der Staaten auf konkrete Programme blieb aus. Neben der Agenda 21 auf internationaler Ebene existiert eine Vielzahl örtlicher, meist städtischer Initiativen, die sich lokale Agenda 21 nennen und eine Verbesserung der Umweltsituation in Kommunen und Städten bewirken wollen. → Kyoto-Protokoll, → Umweltpolitik

Die EU-Agrarpolitik und ihre – langfristig schädlichen – Folgen für den Agrarmarkt.

Agenda 2000 Im März 1999 auf dem EU-Gipfel verabschiedetes Paket von Vorschlägen, das die Reform der Agrarpolitik (→ Agrarmarkt) und eine Neuordnung der → Strukturpolitik vorsieht, bei der die Wirtschaftsförderung der Europäischen Union auf die schwächsten Regionen konzentriert werden soll. Die mit der Agenda 2000 geplante Reform wurde notwendig durch den geplanten Beitritt vieler osteuropäischer Staaten, da die Struktur des EU-Haushalts im Agrar- und Strukturbereich große Ungleichgewichte aufweist. So ist Deutschland derzeit (mit 11,08 Mrd. Euro) der größte Nettozahler der Union. Die Reformen sollen in der Zeit von 2000 bis 2006 durchgeführt werden.

Agitation Beeinflussung von Personen, um deren Unterstützung für (politische) Ziele zu gewinnen. Agitation strebt eine unmittelbare, kurzfristige Reaktion an. → Propaganda

Agrargesellschaft Gesellschaft, die größtenteils auf dem Anbau landwirtschaftlicher Güter beruht. In einer Agrargesellschaft ist der überwiegende Teil der arbeitenden Bevölkerung in der Landwirtschaft tätig. Mit dem Aufkommen der maschinellen Produktion sinkt dieser Anteil (→ Industrialisierung) und die Arbeitskräfte wandern vom Land in die Städte, um in der Industrie Beschäftigung zu finden. → Dienstleistungsgesellschaft, → Industriegesellschaft

Agrarmarkt Markt für Güter aus der Landwirtschaft. Ziel des gemeinsamen Agrarmarkts in der Europäischen Union ist es, die Verringerung der Preisschwankungen und die Sicherheit der Versorgung zu gewährleisten. Fällt z. B. der Preis für ein Produkt unter eine bestimmte Schwelle, kommt es zu einer wirtschaftlichen → Intervention, bei der die → EU die überschüssigen Waren zu einem festgelegten Preis aufkauft. Die Ausgaben für die Unterstützung des Agrarmarkts und für die Lagerung der Überschussproduktion betragen noch immer ca. 50 % des EU-Haushalts. Dieser Markt ist der am heftigsten umstrittene in der EU, da hier die strukturellen Versäumnisse der Union am deutlichsten zutage treten („Weinseen und Butterberge"). Momentan sieht sich die EU-Agrarpolitik vor der Aufgabe, das weitere Anwachsen der landwirtschaftlichen Überproduktion zu verhindern. Eine zusätzliche Herausforderung für den Agrarmarkt bedeutet die ab 2002 geplante Erweiterung der EU, weil die ostmitteleuropäischen Beitrittskandidaten einen starken Agrarsektor aufweisen.

Die Unterzeichnung des Lomé IV-Abkommens 1995.

AKP-Staaten Kurzbezeichnung für Staaten im afrikanischen, karibischen und pazifischen Raum mit engen wirtschaftlichen Beziehungen zu der → EU. Seit 1990 sind die AKP-Staaten durch das Lomé IV-Abkommen (1995 überarbeitet) mit der EU assoziiert und erhalten dadurch Vorteile beim Handel. So verzichtet die EU auf freien Zugang zu den Märkten dieser Länder und bietet Abnahmegarantien für bestimmte Produkte, wie z. B. Zucker, an.

Akteur Handlungsträger in der nationalen bzw. → internationalen Politik. Als Akteur gelten alle Regierungen, Parteien, Organisationen und Personen, die auf den politischen Prozess Einfluss nehmen. In der internationalen Politik gilt nach wie vor der Staat als Hauptakteur, sein Einfluss nimmt jedoch ab, da einerseits → supranationale Organisationen zunehmend staatliche Kompetenzen für sich beanspruchen, andererseits die Tendenz zur → Regionalisierung die Länder- bzw. die kommunale Regierungsebene aufwertet.

Aktie Wertpapier, das dem Besitzer (Aktionär) einen Anteil an einer Aktiengesellschaft bescheinigt. Aktien sorgen dafür, dass Unternehmen Kapital zur Verfügung gestellt bekommen. Der Aktionär wird durch Zahlungen des Unternehmens für jede Aktie (Dividenden) oder die erhoffte Wertsteigerung der Aktie für seine Investition belohnt, trägt aber auch das Risiko eines fallenden Aktienkurses. Die Ausgabe bzw. der Verkauf von Aktienanteilen an der → Börse spielt eine wichtige Rolle innerhalb der Wirtschaft, insbesondere aber bei → Privatisierungen.

Alleinvertretungsanspruch Grundsatz in der Außenpolitik der Bundesrepublik Deutschland seit ihrer Gründung 1949 bis 1990, als alleinige Rechtsnachfolgerin des Deutschen Reichs auch die einzig rechtmäßige Vertreterin deutscher Interessen zu sein. Die Rechtsgrundlage des Alleinvertretungsanspruchs bildete die → Präambel des → Grundgesetzes, wonach das deutsche Volk das Grundgesetz beschlossen und auch für die Deutschen gehandelt habe, die an der Beschlussfassung nicht teilnehmen konnten. Die Bundesregierung fühlte sich berufen, ihre Interessen auch international zu vertreten (→ Hallstein-Doktrin), offizielle Kontakte mit der → DDR wurden abgelehnt. 1955 reagierten die DDR und die Sowjetunion auf den Alleinvertretungsanspruch mit der Verkündung der Zwei-Staaten-Theorie. Danach seien an die Stelle des 1945 untergegangenen Deutschen Reichs zwei selbstständige deutsche Staaten getreten, weshalb die Wiedervereinigung allein ihre Angelegenheit sei. Der Alleinvertretungsanspruch wurde durch den → Einigungsvertrag aufgehoben.

Alliierte Staaten, die im Krieg verbündet sind. Die Alliierten des → Zweiten Weltkriegs (→ USA, → Großbritannien, → Frankreich, → Sowjetunion) waren die wichtigsten Kriegsgegner des nationalsozialistischen Deutschland, die ihre Politik und militärische Aktionen untereinander abstimmten. Die Verantwortlichkeit der Alliierten für die Berlin und Deutschland als Ganzes (Grenzen von 1937) betreffenden Fragen ergab sich besonders aus dem → Potsdamer Abkommen (August 1945), in dem die Behandlung des im Zweiten Weltkrieg besiegten Deutschen Reiches durch die Alliierten geregelt war.

Amnestie Vollständiger oder teilweiser (allgemeiner) Straferlass. Amnestie wird zumeist als politisches Mittel genutzt, um ehemalige (politische) Gegner zu versöhnen und in die Gesellschaft zu integrieren. Vom rechtlichen Standpunkt aus gesehen, kann eine Amnestie problematisch sein, da sie womöglich schwere Verbrechen ungesühnt lässt. Der → Bundespräsident in Deutschland verfügt über Begnadigungsrechte, die 1965 teilweise auf das Innen- und das Justizministerium übertragen wurden. Eine Begnadigung wird im Gegensatz zur Amnestie, die auch für ganze Gruppen gelten kann, jeweils nur für einen Einzelfall ausgesprochen.

Anarchismus Theorie der politischen Philosophie. (1) Innerstaatlicher Bereich: Seit dem 16. Jahrhundert gibt es in der politischen Theorie immer wieder Überlegungen zum Anarchismus, der teils als Inbegriff des Terrors angesehen, teils als positives schöpferisches Chaos verklärt wird. Die anarchistische Theorie hat unterschiedliche Ausprägungen und reicht von der Propagierung eines radikalen individualistisch-egoistischen Lebens bis hin zum revolutionären, kollektiven Anarchismus. Dieser weist deutliche Bezüge zum frühen → Sozialismus auf, der ebenfalls eine Abschaffung des Staates befürwortete (→ Marxismus, → Kommunismus). Im russischen Zarenreich formierte sich eine anarchistische Bewegung, die eine Rückkehr zur altrussischen dörflichen Gemeinschaft und die Selbstverwaltung der Bauern forderte. Im spanischen Bürgerkrieg 1936 bis 1939 verwirklichten Anarchisten regional ihre Vorstellungen von freien Kommunen. Der Sieg der Franco-

Anhänger bedeutete jedoch das Ende des Anarchismus als politische Kraft. (2) Internationaler Bereich: Hier spricht man von Anarchismus, weil oberhalb der souveränen Staaten keine Regierungsinstanz existiert. Die Vereinten Nationen (→ UN) bemühen sich zwar, das → Völkerrecht verbindlich durchzusetzen, verfügen jedoch über keinen Mechanismus, diesem Anspruch in jedem Fall gerecht zu werden.

Apartheidgegner Nelson Mandela.

Szene aus dem britischen Antiapartheidfilm „Schrei nach Freiheit" (1987).

Angebot → Preis

Annexion Angliederung eines fremden Gebiets an einen Staat. Einer Annexion geht zumeist die Eroberung des Gebiets voraus. So wurde Kuwait während des zweiten → Golfkriegs vom Irak annektiert, nachdem die politischen Voraussetzungen dafür geschaffen waren (Vertreibung der Regierung und Unterdrückung von Widerstand). Annexionen gab es auch während beider Weltkriege. Heute kommt es nur noch selten zum Gebrauch dieser aggressiven politischen Maßnahme, da es häufig wirkungsvoller ist, Gebiete militärisch oder wirtschaftlich zu beherrschen, ohne sie dem eigenen Staatsgebiet einzuverleiben (→ Hegemonie).

Anthropologie Wissenschaft vom Menschen. Das Menschenbild ist eine wesentliche Voraussetzung für die weiteren Überlegungen zur Gesellschaft oder zur → politischen Ordnung.

Antisemitismus Ablehnende, feindliche Haltung gegenüber Juden. Antisemitismus bezeichnet nicht die Ablehnung gegenüber anderen Völkern der semitischen Sprachfamilie. Der schon im Mittelalter in Europa existierende religiöse Antisemitismus zeigte sich in zahlreichen gesetzlichen Auflagen und Berufsverboten für Juden. Gerüchte über deren vermeintlich antichristlichen Rituale und Profitgier führten zu Ausschreitungen gegen die jüdische Bevölkerung (Pogrome) z. B. während der Kreuzzüge. Mit dem wachsenden modernisierungskritischen, nationalistischen Denken in Europa im 19. Jahrhundert erhielt der Antisemitismus eine neue Dimension. Hatte man die Juden davor überwiegend als Religionsgemeinschaft gesehen, so wurde nun die jüdische Volkszugehörigkeit verstärkt thematisiert und teils pseudowissenschaftlich erklärt. Während des → Nationalsozialismus war der Antisemitismus ein fester Bestandteil der Rassenpolitik, der in der systematischen Ermordung von europäischen Juden (Holocaust) während des Zweiten Weltkriegs gipfelte.

Apartheid Praxis der Rassentrennung in Südafrika (1948–1991). Die Apartheid sah eine strenge Trennung von Weißen, Bantu, Asiaten und Mischlingen vor und diente der Herrschaftssicherung der weißen Minderheit. Für die „Nichtweißen" wurden Townships, eigene Stadtteile, eingerichtet. Zusätzlich verbot die Apartheid Eheschließungen zwischen den verschie-

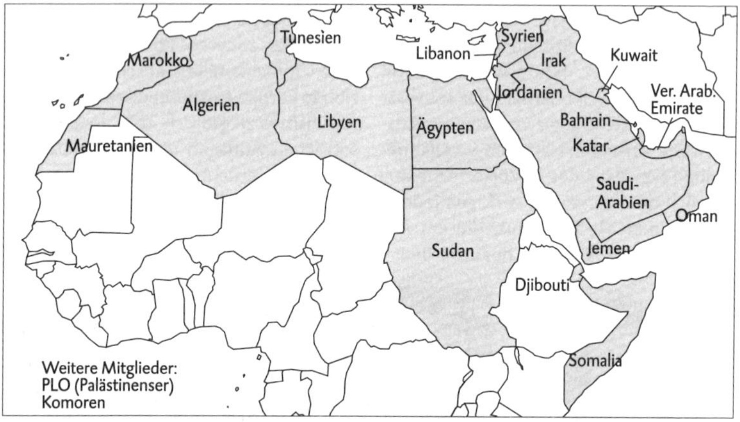

Die Mitgliedsstaaten der Arabischen Liga.

denen Rassen und auch in allen öffentlichen Einrichtungen fand eine Trennung statt. Die Apartheidpolitik isolierte Südafrika politisch und wirtschaftlich. Die Apartheid endete 1990/1991, als Präsident De Klerk eine Zusammenarbeit mit Nelson Mandela, dem viele Jahre inhaftierten Führer des Afrikanischen Nationalkongresses (ANC) und späteren Präsidenten Südafrikas, vereinbarte.

APEC (engl. *Asia-Pacific Economic Corporation*) 1989 gegründete Organisation des asiatisch-pazifischen Raums zur Förderung der ökonomischen Beziehungen. Mitglieder der APEC sind u. a. die USA, Kanada, Russland, Australien, Chile, Thailand, Japan und China. 1994 beschlossen die Mitgliedsstaaten die Schaffung einer → Freihandelszone bis 2020.

APO (Außerparlamentarische Opposition) Politische Oppositionsbewegung in der Bundesrepublik Deutschland, die sich als grundsätzliche Alternative zu den in den Parlamenten vertretenen Parteien versteht und entsprechende außerparlamentarische Aktionen durchführt. Die Existenz dieser Gruppen ist meist ein Zeichen dafür, dass es den im Parlament vertretenen Parteien nicht mehr gelingt, die im Volk vorhandenen Meinungen und politischen Strömungen zusammenzufassen. Die grundsätzliche Alternative lässt sich sowohl auf die Inhalte der Parteiprogramme bezogen verstehen als auch als Alternative zum gesamten parlamentarischen System. → Pazifismus

Arabische Liga 1945 in Kairo gegründetes islamisches Regionalbündnis. Die Gründung der Arabischen Liga spiegelte den Wunsch vieler Araber nach nationaler Einheit wider. Sie sollte dazu dienen, die innerarabischen Beziehungen zu vertiefen, Konflikte abzubauen und die arabische Souveränität zu schützen. So leistete sie neu entstehenden Staaten wie Tunesien, Algerien und Kuwait Hilfe bei der → Entkolonialisierung. Der Vertrag über die Gründung der Arabischen Liga beinhaltet auch ein Verteidigungsbündnis, das bisher noch nicht in Anspruch genommen wurde. Wegen großer Interessenunterschiede zwischen den Mitgliedsstaaten ist sich die Liga in wichtigen Fragen uneinig und somit international handlungsunfähig. Ägypten wurde aufgrund des Separatfriedens mit Israel 1979 von der Teilnahme an den Treffen ausgeschlossen und der Sitz der Liga nach Tunis verlegt, bis die ägyptische Mitgliedschaft 1989 reaktiviert wurde. Mit dem irakischen

Einmarsch in Kuwait (→ Golfkrieg) wurde die Arabische Liga in ihre schwerste Krise gestürzt, und es konnte nur knapp ein Auseinanderbrechen verhindert werden.
@ http://www.leagueofarabstates.org

Arbeitslosigkeit Beschäftigungsloser Zustand von Arbeitnehmern, der durch Kündigung (Entlassung aus Arbeitsverhältnis) oder durch Mangel an Arbeitsplätzen, die individuellen Anforderungen (Ausbildung, Arbeitsentgelt etc.) gerecht werden, entsteht. (1) Saisonale Arbeitslosigkeit entsteht durch Schwankungen der Produktionsauslastung in manchen Branchen durch Jahreszeitenwechsel (z. B. in der Bauwirtschaft im Winter). (2) Konjunkturelle Arbeitslosigkeit entsteht infolge einer Stagnation oder Rezession von Wachstumsraten der Wirtschaft, da die Firmen dann mit Entlassungen oder Einstellungsstopp reagieren. (3) Strukturelle Arbeitslosigkeit entsteht durch Defizite in der Infrastruktur (örtliche Randlage im Land, schlechte Verkehrsanbindung o. Ä.) bzw. bei Produktionsbedingungen oder aber durch grundlegende Veränderungen in der Wirtschaftsstruktur einer Region (→ Strukturwandel). (4) Friktionelle Arbeitslosigkeit entsteht durch die kurzfristige Neudefinition von Arbeitsverhältnissen (z. B. bei einem Arbeitsplatzwechsel).
→ Vollbeschäftigung

Arbeitsmarkt Bereich des → Marktes, in dem Arbeitsleistungen angeboten und nachgefragt werden. Es existiert ein organisierter Arbeitsmarkt, über den Statistiken geführt werden und ein unorganisierter Arbeitsmarkt, der die private Suche nach Arbeitsplätzen oder Arbeitskräften beinhaltet.

Aristokratie Staatsform, in der der Adel die politische Macht ausübt. → Aristoteles sieht die Aristokratie als eine der drei guten Staatsformen an, die sich aber möglicherweise zu einer von Adelscliquen dominierten → Oligarchie entwickelt. In der Zeit der Antike und im Mittelalter waren zahlreiche Staaten faktisch Aristokratien, gleichgültig ob die Stellung des Adels rechtlich verankert war oder nur auf Gewohnheit und Brauchtum zurückging. In Deutschland wurden die letzten rechtlichen Adelsprivilegien 1919 abgeschafft, seither wird der Adelstitel nicht mehr verliehen und bildet lediglich einen Namensbestandteil.

Aristoteles (geb. 384 v. Chr. in Stageiros, thrakisch-makedonisches Grenzgebiet, gest. 322 v. Chr. in Chalkis, Euböa) Politischer Philosoph. Aristoteles ist neben seinem Lehrer → Platon der einflussreichste antike Autor auf dem Gebiet der politischen Theorie. 367 v. Chr. trat er in Platons Akademie in Athen ein, 355 gründete er seine eigene Schule in Athen. 343 wurde er an den Hof Philipps II. berufen, um dessen Sohn Alexander zu unterrichten. Nach dessen Tod 323 musste Aristoteles Athen aus politischen Gründen verlassen und nach Chalkis flüchten, wo er 322 starb. Aristoteles gilt als Begründer mehrerer wissenschaftlicher Teilgebiete, darunter der Staatswissenschaft. Auf seinen Reisen untersuchte er u. a. die Verfassung der griechischen → Polis. Die „Nikomachische Ethik“, die um 330 v. Chr. entstand und die Grundlage seiner Untersuchungen zur Politik bildet, behandelt die Frage nach dem guten und glücklichen Zusammenleben der Menschen innerhalb des Staates. Der Mensch wird als „zoon physei politikon“ („Gemeinschaft bildendes Wesen“) definiert, das nach Vervollkommnung strebt. Da er diese aber nur in einem geordneten Staatswesen erlangen kann, ist es Aufgabe des Staates, sowohl Güter und Privilegien als auch Pflichten und Lasten gerecht unter den Bürgern zu verteilen. Gerecht bedeutet hierbei nicht gleichwertig, sondern den Fähigkeiten und Talenten eines jeden Menschen angemessen. Die Sklaven erfüllen für Aristoteles ebenso ihren Zweck innerhalb der gerechten Ordnung wie freie Bürger, also volljährige, männliche Athener. Aristoteles unterteilt die Staatsformen in → Monarchie, → Aristokratie und Politie (Volksherrschaft). Jede dieser Staatsformen kommt in einer guten und einer schlechten Ausprägung vor. Die Monarchie kann zu einer → Tyrannis, die Aristokratie zu einer → Oligarchie und die Politie zu einer → Demokratie im Sinn einer willkürlichen Herrschaft des Pöbels entarten. Als Ideal sieht Aristoteles eine Mischverfassung an, die Elemente aus den drei guten Staatsformen enthält. Die gesamte antike und mittelalterliche Staatstheorie wurde entscheidend von Aristoteles geprägt. So beziehen sich u. a. die Philosophen → Cicero und → Augustinus auf seine Schriften.

Armut Wirtschaftliche Lage, in der Individuen keinen angemessenen Lebensunterhalt aus eigener Kraft bestreiten können. Es wird unterschieden zwischen absoluter und relativer Armut. (1) Absolute Armut betrifft die Lebensgrundlagen der Menschen und bedeutet die direkte Bedrohung der physischen Existenz durch den Mangel an Nahrung, Unterkunft, Bildungseinrichtungen, Arbeitsplätzen oder medizinischer Betreuung. Die hohe Armut in → Entwicklungsländern wird oft durch die Verschuldungskrise vergrößert, weshalb man hier auch von Teufelskreisen der Armut spricht. Sie entstehen, wenn ein Staat Kredite aufnimmt und die dafür zu entrichtenden Zinsen mit neuen Krediten bezahlt. Irgendwann wird ein Zustand erreicht, in dem ein großer Teil des Staatshaushalts allein von Zinszahlungen beansprucht wird – der Staat kann seine finanziellen Mittel nicht mehr in den Aufbau der → Infrastruktur investieren und bleibt daher unterentwickelt. (2) Relative Armut wird beim Vergleich der Wohlstandsverhältnisse von Personen, sozialen Gruppen und Staaten verwandt. Arm sind nach dieser Definition Personen, deren Einkommen unter dem Existenzminimum liegt. Hiernach ist ein Haushalt arm, wenn er weniger als 50 % des durchschnittlichen Haushaltsnettoeinkommens besitzt.

ASEAN (engl. *Association of Southeast Asian Nations*) 1967 zum Zweck engerer wirtschaftlicher und politischer Zusammenarbeit gegründete Regionalvereinigung Südostasiens mit Sitz in Jakarta (Indonesien). Die teilnehmenden Staaten Brunei, Indonesien, Kambodscha, Laos, Malaysia, Myanmar (Burma), Philippinen, Singapur, Thailand und Vietnam wollen die Handelsbeziehungen untereinander steigern, den Fortschritt fördern sowie die regionale Sicherheitslage verbessern. Ein Hindernis sind die großen wirtschaftlichen Unterschiede zwischen den Staaten. Ökonomisch starke Länder wie Singapur

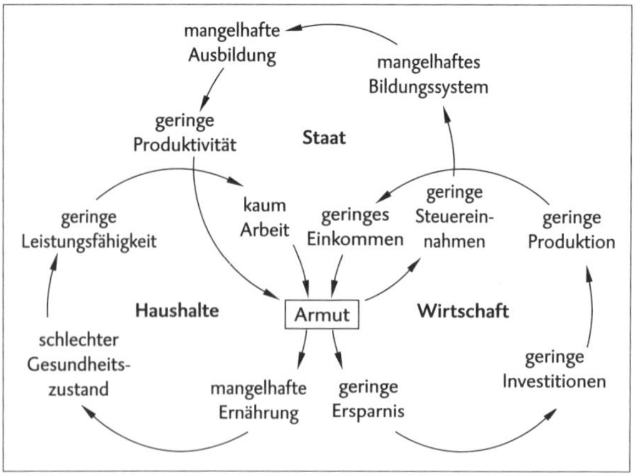

Die Teufelskreise der Armut.

Die Asean-Staaten.

streben die schnelle Schaffung einer umfassenden → Freihandelszone an, während z. B. Laos diese Pläne mit Skepsis betrachtet. @ http://www.asean.or.id

Asylant Person, die wegen politischer Verfolgung aus ihrem Heimatgebiet geflohen ist und in dem Zufluchtsland unter besonderem Schutz steht. → Asylrecht

Asylrecht Recht auf Schutz vor politisch motivierter Verfolgung. In Deutschland ist das Asylrecht in Art. 16 Abs. 1 GG verankert. Politisch Verfolgte genießen danach innerhalb der Grenzen Deutschlands Asyl, falls sie nicht aus einem der Mitgliedsländer der Europäischen Union (→ EU) oder aus einem Land kommen, in dem Menschenrechte und Grundfreiheiten gesichert sind. Mit dem Asylrecht ist ein Auslieferungsverbot verbunden. Das → Grundgesetz grenzt allerdings den Begriff des „politisch Verfolgten" nicht näher ab. Dies ist Aufgabe der Asylpolitik. Hier wird v. a. diskutiert und entschieden, welchen Personen unter welchen Umständen das Grundrecht auf Asyl gewährt werden soll. 1993 wurde Artikel 16 grundlegend verändert. Seitdem können Asylsuchende, die über einen sicheren Drittstaat einreisen, an der Grenze abgewiesen werden. → Ausländer, → Migration

Atomwaffen Bomben und Sprengköpfe, deren große Zerstörungswirkung auf Kernspaltung beruht. Während des Zweiten Weltkriegs entwickelten die USA als erster Staat Atomwaffen, die sie 1945 gegen die japanischen Städte Hiroshima (6. 8. 45) und Nagasaki (9. 8. 45) einsetzten. Weit mehr als 100 000 Menschen starben sofort, die Langzeitfolgen (Verstrahlung des Gebietes) führen bis heute zu Missgeburten und Krankheiten. Neben den USA verfügen Russland, China, Frankreich, Großbritannien, Israel, Indien und Pakistan über Atomwaffen, zahlreiche Länder forschen intensiv an ihrer Entwicklung. Obwohl technisch dazu in der Lage, hat Deutschland sich international verpflichtet, keine Atomwaffen herzustellen, Japan lehnte die Produktion aufgrund seiner Geschichte bisher ab. Nach dem Zerfall der Sowjetunion fürchten viele westliche Regierungen, Atomwaffen könnten in die Hände aggressiver Staaten oder Terroristen fallen. Um die → Proliferation von Atomwaffen, d. h. die Verbreitung dieser Waffen, einzudämmen, unterzeichneten viele Staaten den → Atomwaffensperrvertrag. → ABC-Waffen

Atomwaffensperrvertrag Abkommen vom 1. 7. 1968 zwischen den USA, Großbritannien und der Sowjetunion, das die Weiterverbreitung von → Atomwaffen verhindern soll. Im Atomwaffensperrvertrag verpflichteten sich die drei Staaten, keine → Proliferation zu betreiben. Der Atomwaffensperrvertrag wurde am 5. 3. 1970 zum „Vertrag über die Nichtverbreitung von Kernwaffen" erweitert. In ihm verpflichten sich die unterzeichnenden Atomwaffenmächte über die Nichtweiterverbreitung hinaus zur Aufnahme von Abrüstungsgesprächen. Viele Staaten, die über kein eigenes Nukleararsenal verfügten, sicherten zu, keine Kernwaffen zu erwerben, herzustellen oder zu lagern. Sinn des Abkommens ist es, das → Gleichgewicht des Schreckens überschaubar zu halten und eine unkontrollierte Weiterverbreitung dieser Massenvernichtungswaffen zu verhindern. Nordkorea schloss

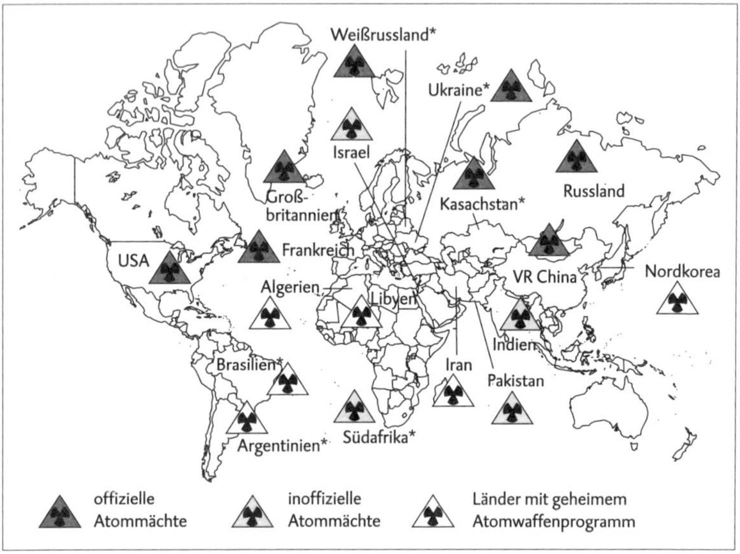

Die Übersichtskarte zeigt die weltweite Verbreitung von Atomwaffen. Die mit Stern * markierten Länder haben ihr Kernwaffenprogramm eingestellt. (Stand 2003).

mit den USA 1994 eine Rahmenvereinbarung, in der es sich verpflichtete, sein Atomwaffenprogramm gegen Lieferung von zwei Leichtwasserreaktoren einzustellen. Dieses Abkommen, das in der Folgezeit von beiden Seiten verletzt wurde, kann spätestens seit dem nordkoreanischen Eingeständnis im April 2003, über Atomwaffen zu verfügen, als gescheitert angesehen werden. → ABC-Waffen

Aufklärung Geistige Anschauung, die den Gebrauch der Vernunft als Mittel zur Überwindung von traditionellem, kirchlichem oder staatlichem Denken sieht. Das klassische Zeitalter der Aufklärung ist v. a. das 18. Jahrhundert, in dem eine große Anzahl an Schriften erschien. Die Aufklärung wendet sich insbesondere gegen den kirchlichen → Dogmatismus. Ihr Menschenbild ist gekennzeichnet von der Vorstellung, dass der Mensch sein eigenes Leben Vernunft gesteuert führen kann, anstatt als Sünder allein von göttlicher Gnade abhängig zu sein. Neue Erkenntnisse aus der Naturwissenschaft führten zudem dazu, bisher als wahr und richtig angesehene Ergebnisse kritisch zu hinterfragen. Dies betraf auch die Herrschaftsstrukturen, die nun durch die Vernunft des Menschen umgestaltet werden sollten. Für Herrscher wurde es zunehmend schwieriger, ihre Legitimation von Gott herzuleiten. Dies barg eine enorme soziale Sprengkraft, die sich z. B. in der Glorreichen Revolution in England (1688) und in der Französischen Revolution (1789) entlud. Wichtige Autoren der Aufklärung sind u. a. → Kant, → Locke, → Montesquieu und → Rousseau.

Augustinus (geb. 13. 11. 354 in Thagaste, Numidien, gest. 28. 8. 430 in Hippo Regius) Bischof und politischer Philosoph. Seit 391 war Augustinus Bischof in Hippo Regius (heutiges Bône in Algerien). Sein bedeutendstes Werk „Vom Gottesstaat" fasste er in der Hoffnung ab, der Christenheit neuen Mut zu geben, nachdem das christliche Rom von den Westgoten eingenommen worden war. Es stellt eine bewusste Abgrenzung von der bisherigen Staatstheorie (→ Platon, → Aristoteles) dar. Augustinus unterscheidet das Reich Gottes von dem von Menschen geschaffenen Staat. Die Religion habe ihre eigenen Gesetze, nach denen sich die Menschen zu richten hätten. Es sei falsch, sich auf die weltlichen Machtmittel eines Staates zu verlassen und Gottes Schutz als selbstverständlich aufzufassen. Gottes Wirken in der Welt sei so unergründlich, dass auch der gläubige Mensch Leiden auf sich nehmen müsse. So sieht Augustinus im weltlichen Staat nur ein Mittel, den Menschen für einen begrenzten Zeitraum Sicherheit und Wohlstand zu gewährleisten bzw. die Ausbreitung der christlichen Religion zu betreiben. Augustinus nahm den Begriff des → gerechten Krieges, der sich bereits bei Cicero findet, wieder auf und interpretierte ihn aus christlicher Sicht. Die Schriften des Augustinus prägten die antike und mittelalterliche Staatsphilosophie sowie das Rechtsdenken seiner Zeit. Sein Werk hat bis heute die politische Philosophie beeinflusst, da es die Frage nach dem guten Zusammenleben der Menschen innerhalb eines Staates und zwischen den Völkern stellt.

Ausländer Person, die in ihrem Aufenthaltsland keine Staatsangehörigkeit besitzt und deshalb u. a. nicht das aktive und passive → Wahlrecht wahrnehmen darf. Für Ausländer gibt es je nach Zweck und Dauer verschiedene Aufenthaltsgenehmigungen (befristet/auf Dauer, mit/ohne Zweckbindung). Nach fünf Jahren können Ausländer in Deutschland eine unbefristete Aufenthaltserlaubnis, nach acht Jahren eine Aufenthaltsberechtigung erwerben, die eine stärkere Aufenthaltssicherheit garantiert. Schwere und wiederholte Straftaten können zu einer Abschiebung führen. → Einwanderungspolitik

Außenpolitik Jede staatliche Aktion bzw. Unterlassung von Aktion, die der Durchsetzung von Normen oder Interessen gegenüber anderen Staaten, internationalen oder → supranationalen Organisationen dient. Die Außenpolitik eines Staates wird von Faktoren wie geografische Lage, Geschichte, Erfahrungen mit Nachbarvölkern, Traditionen, wirtschaftlicher Entwicklungsstand und internationale Rahmenbedingungen (→ Internationales politisches System) geprägt. → Auswärtiges Amt, → Diplomatie

Außenwirtschaftliches Gleichgewicht Zustand der mittelfristigen Ausgeglichenheit von → Import und → Export. Ein Außenhandelsdefizit, also mehr Importe als Exporte, führt zu einer Verschuldung des Landes. Ein langfristiger Exportüberschuss, bei dem durch den Verkauf des Überhangs viele ausländische Zahlungsmittel (Devisen) ins Land kommen, besteht die Gefahr der → Inflation, da sich langfristig mehr Geld als → Güter im Land befindet bzw. ausländische Zahlungsmittel eine höhere Inflation (importierte Inflation) haben. → Stabilitätsgesetz

Außerparlamentarische Opposition → APO

Aussiedler Deutschstämmige Personengruppe sowie deren nicht deutsche Ehegatten und Kinder, die aus ehemaligen deutschen Gebieten von Ost- und Südosteuropa nach Deutschland übersiedeln. Von 1950 bis 1995 kamen ca. 3,5 Mio. Aussiedler (Russland 39 %, Polen 41 %) nach Deutschland. Seit 1993 werden die Aussiedler als Spätaussiedler bezeichnet und ihr Zuzug ist auf 250 000 Personen pro Jahr begrenzt.

Aussperrung → Streik

Auswärtiges Amt Deutsches Außenministerium, an dessen Spitze der Bundesaußenminister steht. Das Auswärtige Amt, ursprünglich eine Einrichtung des Norddeutschen Bundes, wurde erst 1951 nach Zustimmung der Besatzungsmächte wieder gegründet. Es ist für die → Außenpolitik verantwortlich. Alle → Botschaften und → Konsulate und alle deutschen Ver-

tretungen bei → internationalen Organisationen unterstehen dem Auswärtigen Amt. → Diplomatie
@ http://www.auswaertiges-amt.de

Autarkie Ökonomische Unabhängigkeit eines Landes von Wareneinfuhren aus dem Ausland. Autarkie zielt darauf ab, alle für das Wirtschaftsleben benötigten Güter selbst herzustellen. Strebt ein Staat Autarkie an, wird dabei in Kauf genommen, dass die Herstellungskosten gewisser Güter möglicherweise höher liegen als bei einem Einkauf auf dem Weltmarkt.

Autonomie Zustand, in dem ein Staat seine inneren und äußeren Angelegenheiten selbst regeln kann, ohne dabei von einer fremden Zentralmacht abhängig zu sein. Dabei gibt es zahlreiche Abstufungen des Autonomiestatus. Russland und China z. B. gewähren einzelnen Provinzen eine begrenzte Autonomie im wirtschaftlichen Bereich. Im Zuge der → Entkolonialisierung kam es in den → Kolonien zu einer Welle von Autonomieforderungen, denen die Mutterländer teils gewaltsam Widerstand leisteten, z. B. Frankreich in Algerien oder Vietnam.

B

Balkankonflikt Ethnische und religiöse Probleme, die sich in der Balkanregion immer wieder gewaltsam entladen. Der Balkankonflikt reicht bis ins 14. Jahrhundert zurück, als das expandierende Osmanische Reich auf den Widerstand der Serben, Bosnier, Albaner und Bulgaren traf. In der Schlacht auf dem Amselfeld im heutigen Kosovo siegte 1389 Sultan Murad und Bosnier und Albaner übernahmen in der Folgezeit den moslemischen Glauben. Nach dem Ersten Weltkrieg dominierte Serbien das neu gegründete „Königreich der Serben, Kroaten und Slowenen". Deshalb begrüßten Kroaten die Zerschlagung Jugoslawiens durch deutsche Truppen im Jahr 1941 und errichteten daraufhin ein faschistisches Terrorregime, das eine Unterdrückungs- und Vernichtungspolitik gegen die Serben betrieb. Der Neuaufbau Jugoslawiens erfolgte unter dem kommunistischen Partisanenführer Tito, der die ethnischen Konflikte unterdrückte. Als einer der wenigen sozialistischen Staaten entzog sich Jugoslawien dem Einfluss der Sowjetunion. Nach dem Tod Titos 1980 wurde für die autonome Provinz Kosovo der Status einer Teilrepublik innerhalb Jugoslawiens gefordert, die Erhebung aber von Belgrad blutig niedergeschlagen. 1987 wurde Slobodan Milosevic Vorsitzender der Kommunistischen Partei, die ihre Vormachtstellung ab 1989 durch die politischen Umwälzungen bedroht sah. Zur Stabilisierung seiner Macht instrumentalisierte Milosevic den wieder aufkeimenden serbischen → Nationalismus und es kam zu Konflikten über die staatliche Neuordnung Jugoslawiens. 1991 erklärten sich Slowenien und Kroatien für unabhängig, worauf die serbisch dominierte jugoslawische Armee in die umstrittenen Gebiete einmarschierte. Erst 1995 konnte der Krieg in Bosnien-Herzegowina durch das Abkommen von Dayton (USA) beendet werden, nachdem die → NATO Serbien mit einem militärischem Eingreifen gedroht hatte. Aus dem ehemaligen Jugoslawien sind seit 1991 die neuen Staaten Kroatien, Slowenien, Bosnien-Herzegowina und Mazedonien hervorgegangen. Der Bestand Montenegros, der letzten nicht serbischen Provinz des ehemaligen Jugoslawiens, ist ungewiss, ebenso wie der zukünftige politische Status des Kosovo. → Kosovokrieg

Benelux-Staaten Sammelbezeichnung für die Länder Belgien, Niederlande und Luxemburg, die sich aus den englischen Wortanfängen zusammensetzt.

Berlinkrise Konflikte um die ehemalige deutsche Reichshauptstadt während des → Kalten Krieges. Zur Berlin-Blockade kam es am 24. 6. 1948, als die sowjetische Militäradministration den Verkehr zwischen den Westzonen und West-Berlin unterband, um West-Berlin zur Teilnahme an der Währungsreform in der sowjetisch besetzten Zone zu zwingen. Die Stadt war von Elektrizität und Lebensmittellieferungen abgeschnitten. Als Reaktion ordnete US-Militärgouverneur Clay an, West-Berlin aus der Luft zu versorgen, worauf die Sowjetunion am 12. 5. 1949 die Blockade beendete. Die Luftbrücke trug positiv zum Ansehen der in Deutschland stationierten US-Truppen bei. Zu einer zweiten politischen Konfrontation über Berlin kam es durch ein → Ultimatum → Chruschtschows an die Westmächte 1958, in dem er das Vier-Mächte-Abkommen über Berlin aufkündigte und die Entmilitarisierung der Stadt forderte. Hintergrund der Maßnahme war der zunehmende Flüchtlingsstrom aus der DDR nach West-Berlin. Die Verhandlungen der → Supermächte verliefen anfangs erfolglos. Mit dem 1961 beginnenden Bau der Berliner Mauer kam es kurz zu einer gefährlichen Eskalation der Lage, als sich Truppen der beiden hochgerüsteten Lager unmittelbar gegenüberstanden. Der endgültige rechtliche Status Berlins wurde erst im Rahmen der deutschen Wiedervereinigung festgelegt.

Besatzungszone Gebiet, das von einem fremden Staat oder einer Gruppe von Staaten besetzt ist. Nach Ende des → Zweiten Weltkrieges wurde Deutschland in eine amerikanische, eine englische (später zusätzlich eine französische) und eine russische Besatzungszone aufgeteilt. Der Begriff Besatzungszone beinhaltet keine Aussage über den politischen Status des betroffenen Gebietes, zumeist übt aber die jeweilige Besatzungsmacht alle wichtigen politischen und administrativen Funktionen aus.

Betrieb Produktionsstätte, in der die Güter mithilfe der Faktoren Boden, Arbeit und Kapital hergestellt werden.

Bevölkerungsentwicklung Veränderung der Zusammensetzung eines Volkes, die mithilfe der → Demographie durch empirische Beobachtungen in Statistiken festgehalten wird. In Deutschland ist wie in anderen Industrienationen ein Bevölkerungsrückgang festzustellen: Im Jahr 2000 z. B. betrug die Einwohnerzahl in Deutschland 82 259 Mio., das waren 96 055 (0,1 %) mehr als im Vorjahr. Neben Geburten und Sterbefällen wird die Bevölkerungszahl durch Zu- und Fortzüge aus dem bzw. ins Ausland (→ Migration) bestimmt. Die Zahl der Zuwanderer, die für die ständige Bevölkerungszunahme seit der Wiedervereinigung 1990 (Ausnahme 1998) verantwortlich war, nimmt seit 1995 ab, was u. a. mit Veränderungen in der → Einwanderungspolitik zu tun hat. Deshalb ist zu prognostizieren, dass die Bevölkerung in Deutschland bis 2050 um 13 % auf rund 70 Mio. zurückgehen und gleichzeitig altern wird. Selbst eine Nettozuwanderung von 100 000 bis 200 000 Personen im Jahr wird nicht verhindern, dass die Zahl der Todesfälle bald die der Geburten und Zugezogenen übersteigt (→ Generationenvertrag). → Schichtung

Binnenmarkt Gebiet des freien Personen-, Kapital-, Waren- und Dienstleistungsverkehrs. Ein Binnenmarkt kann innerhalb eines Staates oder einer wirtschaftlichen → Freihandelszone mehrerer Staaten existieren. Der Binnenmarkt der Europäischen Union, der fast 370 Mio. Menschen umfasst, sorgt für ca. ein Viertel der Weltwirtschaftsleistung und der interne Binnenhandel macht 65 % des gesamten Handels aus. Einen weiteren großen Binnenmarkt stellt die → NAFTA dar. Die durch Abbau nationaler Handelshemmnisse geschaffenen regionalen Freihandelszonen (→ Globalisierung) favorisieren den wirtschaftlichen Austausch. Dieser wird auch global, so etwa durch die → WTO, gefördert.

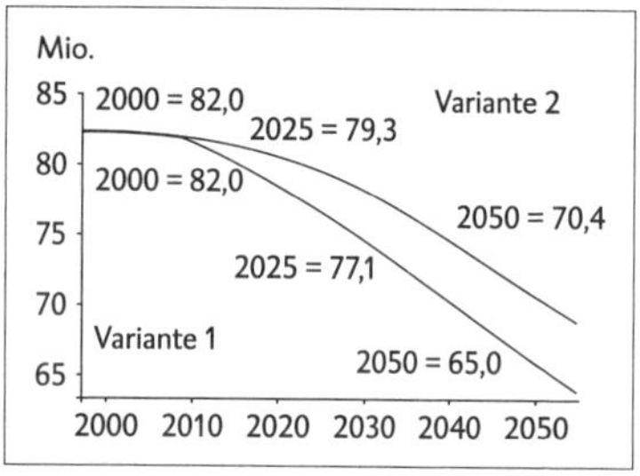

Zwei Szenarien zur Bevölkerungsentwicklung in Deutschland (Variante 2: stärkere Zuwanderung).

BIP (Bruttoinlandsprodukt) Gesamtes Einkommen, das im Inland entstanden ist, einschließlich des Einkommens von im Inland wohnhaften Ausländern. Das Bruttoinlandsprodukt dient als Maßstab für die Leistungsfähigkeit einer Volkswirtschaft. Das Bruttosozialprodukt hingegen beinhaltet das gesamte Einkommen aller Inländer (Personen mit Hauptwohnsitz und Schwerpunkt wirtschaftlicher Aktivitäten im Inland) einer Volkswirtschaft auch im Ausland. Es ist somit eine wichtige Größe für internationale Vergleiche. Moderne Volkswirtschaften wie Deutschland sind dadurch gekennzeichnet, dass der größte Teil des Bruttoinlandsprodukts im → tertiären und nicht mehr im → sekundären oder im → primären Sektor erwirtschaftet wird.

Bipolarität Zustand, in dem das internationale politische System von zwei geg-

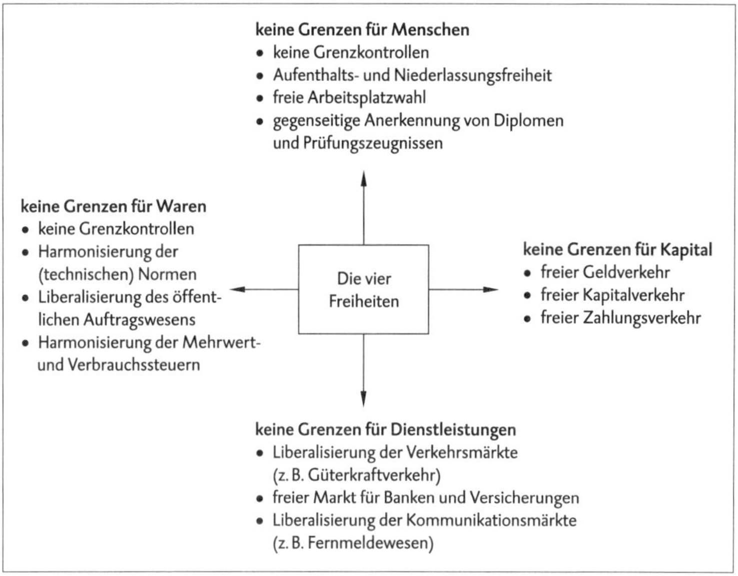

Die Regelungen des EU-Binnenmarktes.

nerischen → Supermächten dominiert wird. Während des → Kalten Krieges waren dies die USA und die Sowjetunion mit jeweils einer Gruppe verbündeter Staaten. Im Gegensatz zur Bipolarität steht die → Multipolarität.

Bismarck, Otto von (geb. 1. 4. 1815 in Schönhausen, gest. 30. 7. 1898 in Friedrichsruh) Gründer des deutschen Reiches und erster Reichskanzler. Als Gegner der demokratischen Revolution von 1848 trat Bismarck für eine starke preußische Monarchie ein. Im Oktober 1862 erfolgte seine Ernennung zum Ministerpräsidenten und Außenminister. In dieser Funktion arbeitete Bismarck zielstrebig auf die nationale Einigung der deutschen Staaten unter preußischer Vormachtstellung hin, was schließlich zur Gründung des deutschen Reiches (→ Kaiserreich) 1871 führte. Bismarck wurde Reichskanzler und blieb zugleich preußischer Ministerpräsident. In den 1880er-Jahren begründete er die deutsche Sozialpolitik mit Gesetzen zur Kranken-, Alten- und Unfallversicherung. 1890 wurde Bismarck von Kaiser Wilhelm II. wegen Differenzen über die zukünftige Außenpolitik entlassen.

Blauhelme Multinationale, freiwillige Friedenstruppen der Vereinten Nationen (→ UN). Blauhelme (wegen der blauen Schutzhelme) werden auf Ersuchen des → UN-Sicherheitsrats tätig. Dies geschieht z. B. für die Überwachung von Waffenstillstandsabkommen oder aber zur militärischen Absicherung von humanitären → Interventionen. Am 12. 7. 1994 entschied das Bundesverfassungsgericht, dass eine Teilnahme von Bundeswehreinheiten an solchen Missionen rechtens ist. Blauhelme wurden während des → Nahostkonflikts und auch im → Balkankonflikt eingesetzt und sind heute an zahlreichen Orten der Welt im Einsatz.

Blockfreie Staaten (engl. *Non Aligned Movement* NAM) Staatengruppe, die sich 1961 vor dem Hintergrund des → Kalten Krieges formierte. Hauptmotivation war

Deutsche Blauhelme während ihres Einsatzes beim ersten UNOSOM II Kontingent in Somalia (1993). Die Soldaten wurden im Rahmen der humanitären Bemühungen der Vereinten Nationen in einer befriedeten Region in Somalia zur Sicherstellung der ordnungsgemäßen Verteilung von Hilfsgütern eingesetzt.

der Wunsch nach Selbstbestimmung und die Angst, zu einem Spielball der → Supermächte zu werden. Die einflussreichsten Teilnehmerstaaten waren Ägypten, Äthiopien, → Indien, Indonesien, Saudi-Arabien und Jugoslawien. Die blockfreien Staaten, die meist aus wirtschaftlich und militärisch schwachen ehemaligen Kolonialgebieten bestanden (→ Dritte Welt), prangerten die internationale Vorherrschaft der → Industriestaaten an und entwickelten 1955 auf der Konferenz von Bandung zehn Prinzipien, in denen eine gerechtere Weltpolitik gefordert wurde, u. a. ein Verbot militärischer Interventionen, keine Einmischung in die inneren Angelegenheiten eines Staates und keine wirtschaftliche und ethnische Diskriminierung. Die Staatengruppe trat zunehmend als Anwalt der → Entwicklungsländer im → Nord-Süd-Konflikt auf. Während des Kalten Krieges wuchs die Zahl der blockfreien Staaten beträchtlich an. Heute sehen die 113 Staaten ihre Aufgabe v. a. darin, ein Gegengewicht zur Vormachtstellung der USA zu bilden.
@ http://www.nonaligned.org

Blockparteien Bündnis aller zugelassenen und im Parlament vertretenen Parteien in den ehemaligen Ostblockstaaten. → Nationale Front

BND → Geheimdienst

Bodin, Jean (geb. 1529/30 in Angers, gest. 1596 in Laon) Französischer Jurist und Befürworter einer absolutistischen → Monarchie (→ Absolutismus). Bodin überlebte 1572 nur knapp die Bartholomäusnacht, in der religiöse Fanatiker zahlreiche Hugenotten, zu denen er fälschlicherweise gezählt wurde, töteten. Durch dieses Ereignis stark beeinflusst, forderte Bodin einen Staat, der seinen Bürgern v. a. Sicherheit gewährleisten solle. Er prägte damit wesentlich den Begriff der → Souveränität. Der Staat, der in seiner Gesamtheit nur eine Ansammlung von Haushalten darstelle, müsse von einer höchsten Gewalt geleitet werden, die nur an Gott gebunden sei. Die politische Theorie Bodins, die er im Werk „Sechs Bücher über den Staat" entwarf, basiert auf dem Gedanken, dass die höchste Staatsgewalt am besten von einer Monarchie ausgeübt werden könne. Der Herrscher, in dem sich die Souveränität manifestiert, darf zum Zweck der Sicherheit des Staates Gesetze erlassen aber auch brechen. An den Monarchen stellt Bodin die Forderung, eine maßvolle und zuverlässige Herrschaft auszuüben, z. B. durch die Gewährung religiöser Freiheit. In diesem Punkt unterscheidet sich seine Theorie von der → Hobbes'. Eine → Gewaltenteilung existiert in der politischen Philosophie Bodins ebenso wenig wie ein → Widerstandsrecht gegen ungerechte Herrschaft.

Börse Handelsplatz für Wertpapiere (→ Aktien). Die Börse ist der Markt, an dem Unternehmensanteile und sonstige Wertpapiere (Optionsscheine, Rentenpapiere) gehandelt werden. Das Börsengeschehen reflektiert die wirtschaftliche Stimmung, hat aber auch großen Einfluss auf die ökonomische Gesamtlage. Es gibt Aufschluss darüber, wie hoch das Vertrauen der Anleger in bestimmte Branchen oder Volkswirtschaften ist.

Botschaft Höchste diplomatische Vertretung eines Staates im Ausland. Zu den Aufgaben der Botschaft gehören die außenpolitische Interessenwahrung und die völkerrechtliche Vertretung des Entsenderstaates. Die Botschaft genießt den Status der Extraterritorialität. Das heißt, dass sie der Gerichtsbarkeit des Aufenthaltsstaates weitgehend entzogen ist. → Außenpolitik, → Auswärtiges Amt, → Diplomatie, → Konsulat

Boykott Maßnahme, die zum Ziel hat, einen Staat, ein Unternehmen oder eine Personengruppe wirtschaftlich zu schädigen oder gesellschaftlich zu ächten. Der Boykott ist der Aufruf, z. B. keinen Handel mit einem bestimmten Staat zu treiben. 1965 rief der → UN-Sicherheitsrat zum Boykott gegen das unrechtmäßig entstandene Rhodesien (heutiges Zimbabwe) auf. Die rechtliche Ausprägung eines Boykotts ist das → Embargo.

BRD (Bundesrepublik Deutschland) Die Bundesrepublik Deutschland ist ein republikanischer, demokratischer, sozialer und föderativer Staat (→ Verfassungsprinzipien). Es herrscht Gewaltenteilung und das Prinzip der sozialen → Marktwirtschaft. Die politische Ordnung beruht auf dem → Grundgesetz mit pluralistischen Wert- und Zielvorstellungen, die sich an den Menschenrechten orientieren. Nach Ende des → Zweiten Weltkriegs war die Bundesrepublik aus der amerikanischen, britischen und französischen → Besatzungszone hervorgegangen. (1) Innenpolitik: In der Nachkriegszeit war das Leben in Deutschland von Hunger, Industriedemontagen, Entnazifizierung und der An-

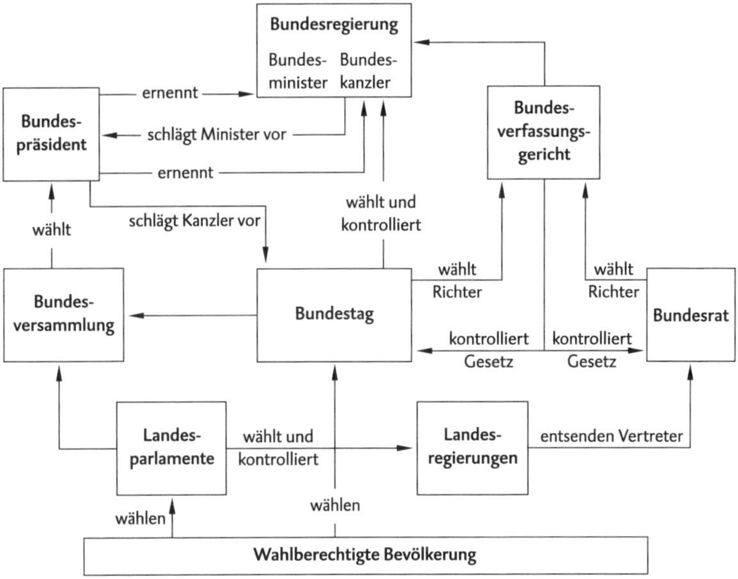

Systematischer Überblick zum politischen System der Bundesrepublik Deutschland.

kunft Millionen Vertriebener und Kriegsgefangener bestimmt. 1948 wurde mit der Währungsreform die D-Mark eingeführt und das Grundgesetz wurde verabschiedet. Ludwig Erhard, Wirtschaftsminister und späterer Bundeskanzler, wurde mit seinem Einsatz für die soziale Marktwirtschaft zum Symbol für das „Wirtschaftswunder". Das Verbot extremistischer Parteien (1952 SRP/Sozialistische Reichspartei, 1956 KPD) in den 1950er-Jahren machte deutlich, dass die → freiheitlich demokratische Grundordnung in der Bundesrepublik festen Bestand hatte. Bis 1961 (Bau der Mauer) wurden 2,3 Mio. Flüchtlinge aus der → DDR aufgenommen und der Arbeitskräftemangel erforderte seitdem verstärkt die Anwerbung von Gastarbeitern aus Südosteuropa. Die 1960er-Jahre waren von gesellschaftlichen (→ APO, → NPD, Bildungsnotstand, Notstandsgesetze) und wirtschaftlichen (erste Wirtschaftskrise) Krisen geprägt. In den 1970er-Jahren bauten SPD-Regierungen das soziale Sicherheitssystem weiter aus und führten eine Bildungsreform durch. Die Ölkrise verursachte die zweite Wirtschaftskrise, zeitweilig gab es über 1 Mio. Arbeitslose und eine hohe Inflationsrate. Die konsequente Politik der Wiedervereinigung nach der → friedlichen Revolution in der DDR führte am 18. 5. 1990 schließlich zum Vertrag über die Schaffung einer Wirtschafts-, → Währungs- und Sozialunion zwischen der DDR und der Bundesrepublik Deutschland und am 31. 8. 1990 zur Unterzeichnung des → Einigungsvertrags. Am 2. 12. 1990 fand die Wahl zum ersten gesamtdeutschen Parlament statt, Wahlsieger war die regierende Koalition aus CDU/CSU und FDP. Beide Legislaturperioden nach der Herstellung der deutschen Einheit bis zur Abwahl der Regierung Kohl 1998 waren wesentlich durch die Bewältigung der Folgeprobleme des deutschen Einigungsprozesses (Aufbau in neuen Bundesländern z. B. der Infrastruktur, Abbau der Arbeitslosigkeit usw.) und der neuen Rolle Deutschlands in den internationalen Beziehungen geprägt. Seit 1991 gab es verstärkt Ausschreitungen rechtsextremistischer Gruppen (→ Extremismus) und auch in der Gesellschaft fand eine wachsende Diskussion über → Asylanten und → Aussiedler statt. Im März 1993 wurde der Solidarpakt zwischen Bund und Ländern zur Finanzierung der deutschen Einheit (Solidarbeitrag) beschlossen. Ende der 1990er-Jahre wurde einerseits der Sozialstaat ausgebaut (1995 Pflegeversicherung, fünfte Säule der gesetzlichen Sozialversicherung), andererseits wollte man zur Bekämpfung der Arbeitslosigkeit das Sozialsystem reformieren. Es folgten Reformen im Gesundheitswesen, in der Struktur der Rentenfinanzierung, der Lohnfortzahlung im Krankheitsfall und andere Maßnahmen zur Senkung der → Lohnnebenkosten. Eine Reform des Steuerrechts (Erhöhung von Eingangssteuersatz, Reduzierung des Spitzensteuersatzes), von der man sich

Zwei Berliner Symbole: Das Brandenburger Tor wurde 1989 zum Sinnbild der Wiedervereinigung. Das Reichstagsgebäude, ein Zeichen der parlamentarischen Demokratie, hat eine bewegte Geschichte hinter sich.

einen großen Investitionsschub erhoffte, konnte nicht verwirklicht werden, da die Regierungskoalition in der 13. Legislaturperiode ihre Mehrheit im Bundesrat verlor. 1998 gelang es einer → Opposition zum ersten Mal in der bundesdeutschen Geschichte, einen regierenden Bundeskanzler durch Wahlen abzulösen. Die SPD konnte durch die Ansprache von Wählern der Mitte (sie gewann 1,4 Mio. Wähler der CDU, → Dritter Weg) die Grundstimmung für einen Regierungswechsel für sich nutzen. Die rot-grüne Koalition unter Kanzler Gerhard Schröder nahm auf Bundesebene viele der von der vorigen Regierung durchgeführten Maßnahmen zurück, da sie ihrer Meinung nach nicht „sozial verträglich" waren. Durch „Konsensgespräche" mit der Industrie wurde der Ausstieg aus der Atomenergie eingeleitet (→ Korporatismus). Man führte außerdem eine ökologische Steuerreform mit dem Ziel durch, die Energieausgaben zu verteuern und mit diesem Geld die Rentenbeiträge zu stabilisieren. Nach dem Rücktritt von Finanzminister Lafontaine (März 1999) strebte dessen Nachfolger Eichel einen rigiden Konsolidierungskurs des Staatshaushalts an mit dem Ziel, 2006 keine Neuverschuldung mehr zu benötigen und in der Folge mit dem Abbau der Staatsschulden zu beginnen. Auch eine Reform der → Bundeswehr und der → Einwanderungspolitik wurde in Angriff genommen. Im April 1999 fand der Umzug des deutschen Bundestags ins Reichstagsgebäude in Berlin statt. Im Herbst 1999 wurden bei den Spendenverbuchungen der CDU Unstimmigkeiten festgestellt (→ Politikverdrossenheit). Im Januar 2001 wurde als Reaktion auf die europäische BSE-Krise und das vermehrte Auffinden von verunreinigten Futtermitteln das Bundesministerium für Ernährung, Landwirtschaft und Forsten (BML) zu einem Bundesministerium für Verbraucherschutz, Ernährung und Landwirtschaft (BMVEL) unter Renate Künast umgebildet. Dieses soll in Zukunft die Rechte der Verbraucher stärken und den Grad an verfügbarer Information erhöhen. Im Mai 2001 wurde die Rentenreform (sog. Riester-Rente) beschlossen, die eine staatliche Förderung der privaten Altersvorsorge als Ergänzung zur gesetzlichen Rente vorsieht. Nach den Terroranschlägen vom 11. 9. 2001 in New York und Washington D. C. und den Erkenntnissen, dass einige der Täter zuvor in Deutschland gewohnt hatten, wurde ein Gesetz zur Terrorismusbekämpfung beschlossen (→ Terror). Dieses soll bereits die Einreise terroristischer Straftäter nach Deutschland verhindern und gleichzeitig ermöglichen, dass bereits im Inland befindliche Extremisten besser erkannt und ihre Aktivitäten rascher unterbunden werden können. Bei den Bundestagswahlen im September 2002 wurde die rot-grüne Koalition mit knapper Mehrheit im Amt bestätigt. (2) Außenpolitik: Die Nachkriegszeit war geprägt durch die Bestimmungen des → Potsdamer Abkommens, die Statute der → Besatzungszonen, den → Marshallplan und die erste → Berlinkrise. In den folgenden Jahren wurde die Bundesrepublik Deutschland in westliche Organisationen eingebunden (Montanunion 1951/52, → NATO 1955, → EWG 1958) und die → Souveränität war 1955 wiederhergestellt (Deutschlandvertrag, diplomatische Anerkennung im westlichen und neutralen Ausland, 1955 auch durch die Sowjetunion). Die Beziehungen zwischen den beiden deutschen Staaten blieben jedoch weiter angespannt (→ Alleinvertretungsanspruch) und verschärften sich 1961 durch den Baubeginn der Berliner Mauer. 1963 besuchte US-Präsident John F. → Kennedy West-Berlin. Seit 1966 begann die Vorbereitung der neuen Ostpolitik, die unter Bundeskanzler Brandt forciert wurde. Es fanden Treffen der Regierungschefs beider deutscher Staaten statt und Verträge über Gewaltverzicht mit der UdSSR und Polen (1970 Moskauer und Warschauer Vertrag) wurden geschlossen. Die Sicherung West-Berlins wurde 1971 durch die Viermächtevereinbarung garantiert. Der → Grundlagenvertrag mit der DDR (1972) bewirkte eine Entspannung zwischen der Bundesrepublik und der DDR, da in ihm die Existenz zweier deutscher Staaten anerkannt wurde. 1973 traten beide Länder den Vereinten Nationen (→ UN) und 1975 der KSZE (→ OSZE) bei. Unter Bundeskanzler Helmut Schmidt wurde der NATO-Doppelbeschluss unterschrieben, der die Aufstellung nuklearer Mittelstreckenraketen in der Bundesrepublik vorsah. Die CDU/CSU/FDP Koalition (1982–1998) unter Bundeskanzler Kohl betonte außenpolitisch die Stärkung des westlichen Bündnisses, den Interessenausgleich zwischen Ost und West und eine verstärkte europäische Integration. Durch bilaterale Verträge mit Russland und den anderen Staaten Mittel- und Osteuropas sollte die europäische Kooperation gefestigt werden. Unmittelbar mit dem 1990 geschlossenen → Zwei-plus-Vier-Vertrag verknüpft waren die Verträge mit der Sowjetunion und mit Polen vom November 1990, in denen eine umfassende Kooperation vereinbart wurde. Im Vertrag mit Polen war die Garantie der Oder-Neiße-Grenze als Westgrenze Polens sowie die Versicherung festgehalten, dass gegenseitig keine Gebietsansprüche gestellt werden. Die gewachsene Verantwortung des vereinigten Deutschlands im internationalen Bereich wurde auch dadurch deutlich, dass die Bundeswehr im Rahmen von NATO- und UN-Blauhelm-Einsätzen (→ Blauhelme) weltweit tätig wurde, nachdem ein Urteil des → Bundesverfassungsgerichts vom 12. 7. 1994 militärische Bundeswehreinsätze auch außerhalb des NATO-Gebiets (bei Zustimmung des Bundestags) für zulässig erklärte. Die 1998 gewählte rot-grüne Bundesregierung betonte das Ziel von Kontinuität in Außen- und Bündnispolitik. Auch die Stärkung der gemeinsamen europäischen Außen- und Sicherheitspolitik (→ GASP) sowie die Entwicklung einer europäischen Sicherheits- und Verteidigungspolitik wurde gefördert. 1999 unterstützte die Regierung den Militäreinsatz gegen die Serben im → Kosovokrieg, was bei den Vertretern der Regierungsfraktionen nicht unumstritten war. Parallel setzte sich die Bundesregierung für eine politische Lösung des Konflikts ein, u. a. durch die Einbeziehung Russlands. Eine Entschädigung ehemaliger Zwangsarbeiter, die während des Dritten Reichs Zwangsdienste in Deutschland verrichtet hatten, wurde nach längeren Verhandlungen beschlossen. Die Finanzierung der zu diesem Zweck gegründeten Stiftung wird jeweils zur Hälfte vom Bund und von der deutschen Wirtschaft getragen. Als Reaktion auf die Terroranschläge vom 11. September beschloss der Bundestag die Bereitstellung von Bundeswehreinheiten zur Unterstützung der USA bei deren Kampf gegen den internationalen Terrorismus. Bundeskanzler Schröder erzielte hierbei nur durch Verknüpfung der Sach- mit der → Vertrauensfrage eine eigene parlamentarische Mehrheit. Er machte damit als erster Kanzler in der Geschichte der Bundesrepublik Deutschland vom Recht einer solchen Verknüpfung Gebrauch, was zu heftigen Auseinandersetzungen in der rot-grünen Koalition führte.

Unter Breschnew verschlechterten sich die Beziehungen zum Westen und innenpolitisch kam es zum Stillstand.

Breschnew, Leonid (geb. 19. 12. 1906 in Kamenskoje, Ukraine, gest. 10. 11. 1982 in Moskau) Generalsekretär der kommunistischen Partei der Sowjetunion (KPdSU) von 1966 bis 1982. Der Aufstieg Breschnews im Politbüro wurde wesentlich vom Ersten Sekretär Nikita → Chruschtschow

gefördert. Nach dessen Absetzung, an der Breschnew erheblichen Anteil hatte, trat er die Nachfolge als Erster (ab 1966 General-) Sekretär der KPdSU an. Breschnew machte einen Teil der von Chruschtschow begonnenen Wirtschaftsreformen und Liberalisierungen wieder rückgängig und unterstützte Nordvietnam indirekt bei dessen Kampf gegen die USA (→ Vietnamkrieg). Unter ihm kam es einerseits zu einer Verschlechterung der Beziehungen zum Westen, andererseits bemühte er sich um ein Abkommen zur Begrenzung der Zahl strategischer Atomwaffen (→ SALT-/START-Verträge). Die russische Intervention 1979 kennzeichnete den Beginn des → Afghanistankriegs.
→ Breschnew-Doktrin

Breschnew-Doktrin Ende 1968 von Leonid → Breschnew verkündetes außenpolitisches Konzept. Laut dieser Doktrin sind alle Staaten des Ostblocks nicht nur berechtigt, sondern auch verpflichtet, im Falle einer „Bedrohung des Sozialismus" im sozialistischen Ausland zu intervenieren. Diese → Intervention kann, wenn nötig, auch mit militärischer Gewalt erfolgen. Die Breschnew-Doktrin sollte die Niederschlagung des → Prager Frühlings nachträglich rechtfertigen. Unter → Gorbatschow wurde die Doktrin aufgehoben.

Bruttoinlandsprodukt → BIP

Bruttosozialprodukt → BIP

Bundesamt für Verfassungsschutz → Geheimdienst

Bundeskanzler Leiter der → Bundesregierung. Dem Bundeskanzler wird in der deutschen Verfassung eine starke Stellung zugeschrieben. Nach Art. 63 GG wird er auf Vorschlag des → Bundespräsidenten vom → Bundestag mit absoluter Mehrheit (→ Mehrheitsprinzip) gewählt. Wenn die Mehrheit nicht zustande kommt, findet innerhalb zwei Wochen eine zweite und gegebenenfalls, bei fehlender absoluter Mehrheit, eine dritte Wahl statt. Erhält der Kandidat im dritten Wahlgang die absolute Mehrheit, muss der Bundespräsident ihn ernennen, erhält er die relative Mehrheit, kann der Bundespräsident ihn innerhalb einer Woche entweder ernennen oder den Bundestag auflösen. Der Bundeskanzler kann vom Bundestag nur mit konstruktivem → Misstrauensvotum abgewählt werden. Nach Art. 65 GG („Kanzlerprinzip") bestimmt der Bundeskanzler die Richtlinien der Politik und trägt die Verantwortung für die Handlungen der Bundesregierung (Richtlinienkompetenz). Es wird erwartet, dass er die politische Initiative ergreift, Regierungsvorhaben koordiniert, Kontroversen zwischen den Ministern schlichtet und Entscheidungen vor dem Bundestag sowie in der Öffentlichkeit vertritt (parlamentarische Verantwortung). Der erste Bundeskanzler der Bundesrepublik Deutschland, Konrad Adenauer, nutzte diese durch die Verfassung gewährten Möglichkeiten weit reichend aus, weshalb in diesem Fall oft von einer Kanzlerdemokratie gesprochen wird.
@ http://www.bundesregierung.de

Gerhard Schröder

Helmut Kohl

Deutsche Bundeskanzler seit 1949

1949–1963	Konrad Adenauer (CDU)
1963–1966	Ludwig Erhard (CDU)
1966–1969	Kurt-Georg Kiesinger (CDU)
1969–1974	Willy Brandt (SPD)
1974–1982	Helmut Schmidt (SPD)
1982–1998	Helmut Kohl (CDU)
seit 1998	Gerhard Schröder (SPD)

Bundeskanzleramt Verwaltungsbehörde des → Bundeskanzlers. Das Bundeskanzleramt arbeitet den Zeitplan für

die gesamte Arbeit der Bundesregierung aus und koordiniert die Arbeit der verschiedenen Ministerien. Dies ist notwendig, weil an einem Reformwerk, z. B. an der Steuerreform, nicht nur das Finanzministerium, sondern auch das Wirtschaftsministerium, das Arbeitsministerium etc. beteiligt sind.
@ http://www.bundesregierung.de

Bundeskartellamt → Kartellgesetz

Bundesland Gliedstaat eines Bundesstaates. Deutschland ist in die Bundesländer Baden-Württemberg, Bayern, Berlin, Brandenburg, Bremen, Hamburg, Hessen, Mecklenburg-Vorpommern, Niedersachsen, Nordrhein-Westfalen, Rheinland-Pfalz, Saarland, Sachsen, Sachsen-Anhalt, Schleswig-Holstein und Thüringen untergliedert. Die 16 Länder besitzen Vertretungen in Berlin, die die Arbeit im → Bundesrat und die notwendigen Absprachen mit den verschiedenen Ministerien der Bundesregierung durchführen. Neben der Mitarbeit im Bundesrat haben die Länder die Möglichkeit, im Rahmen des kooperativen Föderalismus mitzuwirken. Dazu gehören neben den Ministerpräsidententreffen (Leiter der Landesregierung) auch Gesprächsrunden beim Bundeskanzler. Die Länderfachminister kommen außerdem zu Absprachen in den von ihnen vertretenen Politikbereichen zusammen.

Bundesministerium Oberste Verwaltungsbehörde eines Bundesstaates unter der Leitung eines Bundesministers. Die starke Stellung des → Bundeskanzlers schlägt sich in seinem Verhältnis zu den Bundesministern nieder. Diese werden nicht vom Parlament gewählt, sondern vom → Bundespräsidenten auf Vorschlag des Bundeskanzlers ernannt, der dem Bundespräsidenten jederzeit einen Minister zur Entlassung vorschlagen kann. Somit sind die Bundesminister nach der Verfassung vom Bundeskanzler abhängig, allerdings verantworten sie nach dem Ressortprinzip ihren Geschäftsbereich innerhalb der vom Bundeskanzler gesetzten Richtlinien. Bei Meinungsverschiedenheiten der Minister gilt das Kollegial- bzw. Kabinettsprinzip, d. h. die Bundesregierung hat letztendlich die Entscheidungsgewalt.

Bundespräsident Staatsoberhaupt in einem → Bundesstaat sowie → Verfassungsorgan in Deutschland. Im Gegensatz zum Reichspräsidenten der Weimarer Republik wird der Bundespräsident in Deutschland von der → Bundesversammlung gewählt. Seine Amtszeit dauert fünf Jahre und nur eine einmalige Wiederwahl ist zulässig. Die Aufgaben des Bundespräsidenten beinhalten Repräsentation des Bundes im Innern und gegenüber dem Ausland, Staatsbesuche, völkerrechtliche Vertretung des Bundes und Abschluss von Staatsverträgen im Namen des Bundes. Er empfiehlt dem → Bundestag den → Bundeskanzler, übt für den Bund das Begnadigungsrecht aus und verkündet die Gesetze (→ Gesetzgebungsprozess). Seine Kompetenzen in politischen Krisen beinhalten u. a. die Entscheidung, ob er den Kanzlerkandidaten, der im dritten Wahlgang durch den Bundestag nur eine relative Mehrheit erhält, ernennt oder den Bundestag auflöst. Den Bundestag kann er auch auflösen, wenn die → Vertrauensfrage des Bundeskanzlers negativ beantwortet wurde und der Bundestag nicht in der Lage ist, innerhalb von 21 Tagen mit absoluter Mehrheit einen neuen Bundeskanzler zu wählen. Außerdem kann der Bundespräsident auch den → Gesetzgebungsnotstand erklären.
@ http://www.bundespraesident.de

Deutsche Bundespräsidenten seit 1949

1949–1959	Theodor Heuss (FDP)
1959–1969	Heinrich Lübke (CDU)
1969–1974	Gustav Heinemann (SPD)
1974–1979	Walter Scheel (FDP)
1979–1984	Karl Carstens (CDU)
1984–1994	Richard v. Weizsäcker (CDU)
1994–1999	Roman Herzog (CDU)
seit 1999	Johannes Rau (SPD)

Die Anzahl der Sitze im deutschen Bundesrat.

Bundesrat Föderatives → Verfassungsorgan eines Bundesstaats. Zusammen mit dem → Bundestag bildet der Bundesrat die → Legislative. In ihm wirken die → Bundesländer bei der Gesetzgebung, der Verwaltung des Bundes und in Angelegenheiten der Europäischen Union mit. Der Bundesrat hat eine wichtige Kontrollfunktion gegenüber der → Bundesregierung und dem Bundestag, da zahlreiche Gesetze seiner Zustimmung bedürfen (→ Gesetzgebungsprozess). Die Mitglieder des Bundesrats werden nicht direkt vom Volk gewählt, sondern sind Mitglieder der Länderregierungen (Minister/Staatssekretär) und dürfen nicht gleichzeitig dem Bundestag angehören. Die 69 Stimmen der Bundesländer sind nach einem bestimmten Schlüssel aufgeteilt, damit das Gewicht der einzelnen Bundesländer in der Zusammensetzung des Bundesrats etwa der Bevölkerungsstärke entspricht und auch für kleine Länder Mitbestimmungsmöglichkeiten existieren. Da für die Entscheidungen im Bundesrat eine Mehrheit von 35 Stimmen notwendig ist (2/3-Mehrheit, entspricht 46 Stimmen), verfügen sowohl die kleinen als auch die großen Bundesländer über eine Sperrminorität. Die Stellung des Bundesrats im politischen System wird besonders stark, wenn Länderregierungen in der Mehrheit sind, die in ihrer parteipolitischen Orientierung mit der Opposition im Bundestag übereinstimmen. Bei dieser Konstellation zeigt sich, dass der → Föderalismus einen Beitrag zur → Gewaltenteilung leistet.
@ http://www.bundesrat.de

Bundesregierung Oberstes Organ der → Exekutive. Der → Bundeskanzler bildet zusammen mit den Bundesministern (→ Bundesministerium) die Bundesregierung und ist das wichtigste → Verfassungsorgan bei der Herrschaftsausübung in Deutschland. Aufgabe der Bundesregierung ist es, zentrale innen- und außenpolitische Probleme zu erkennen und Lösungsstrategien zu finden.
@ http://www.bundesregierung.de

Bundesstaat Staatsform, in der mehrere Staaten zu einem Gesamtstaat verbunden sind. Das Bundesstaatsprinzip ist in Deutschland ein → Verfassungsprinzip.
→ Föderalismus

Bundestag Zentralparlament im Bundesstaat. In Deutschland bildet der Bundestag zusammen mit dem → Bundesrat die → Legislative. Der Bundestag ist ein → Verfassungsorgan, er wird alle vier Jahre gewählt (→ Wahlen) und besteht seit 2002 aus 598 (vorher 656, → Wahlkreise) Abgeordneten, die → Überhangmandate nicht eingerechnet. Abgeordnete gleicher Parteien schließen sich im Bundestag zu Fraktionen zusammen. Der Bundestagspräsident leitet die Parlamentssitzungen (sog. Plenarsitzungen), die grundsätzlich öffentlich sind. Der Bundestag hat mehrere Funktionen: (1) Wahlfunktion: Die Abgeordneten wählen auf Vorschlag des → Bundespräsidenten den → Bundeskanzler. Des Weiteren wirken sie bei der Wahl des Bundespräsidenten (→ Bundesversammlung) und der Richter des → Bundesverfassungsgerichts mit. (2) Gesetzgebungsfunktion: Für den → Gesetzgebungsprozess bildet der Bundestag Ausschüsse, die nach der jeweiligen Stärke

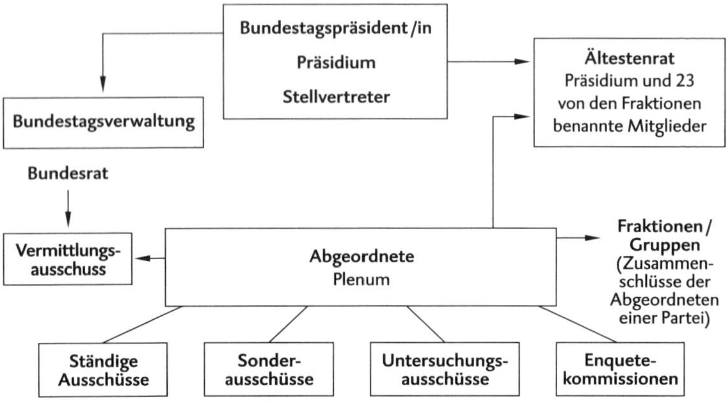

Systematischer Überblick zu den Funktionen und Aufgaben der Abgeordneten im deutschen Bundestag.

der Fraktionen zu besetzen sind. Derzeit bestehen 23 Bundestagsausschüsse, z. B. Petitionsausschuss, Wahlausschuss, Europaausschuss. In den Ausschüssen findet zunehmend eine Kontrolle der Regierung statt, da die Minister in den Ausschüssen zu den entsprechenden Gesetzgebungsvorschlägen Stellung nehmen müssen. (3) Kontrollfunktion: Durch kleine und große Anfragen an die Regierung, Forderungen der Anwesenheit von Regierungsmitgliedern im Parlament, Verlangen nach Auskünften im Rahmen von Fragestunden, Einsetzung von → Untersuchungsausschüssen und das konstruktive → Misstrauensvotum übt der Bundestag seine Kontrollfunktion gegenüber der → Exekutive aus. Die eigentliche Kontrollfunktion des Parlaments wird allerdings hauptsächlich von der → Opposition wahrgenommen, da die Mitglieder der Regierungsfraktionen in Bundestagsausschüssen und im → Plenum die Regierung unterstützen. (4) Artikulations- und Diskussionsfunktion: Der Bundestag hat die Aufgabe, politische Standpunkte zu artikulieren und zu diskutieren, damit die Bürger sich ein umfangreiches Bild der verschiedenen Sichtweisen von Regierung, Regierungs- und Oppositionsfraktionen machen und ihre Wahlentscheidung treffen können.
@ http://www.bundestag.de

Bundestagsabgeordneter Mitglied des → Bundestags. Die Bundestagsabgeordneten werden alle vier Jahre gewählt (→ Wahlen). Sie sind unmittelbar ihren direkten Wählern verantwortlich und besitzen ein sog. freies → Mandat. Die starke Stellung, die das Grundgesetz den Bundestagsabgeordneten zuschreibt, konkretisiert sich in deren Sonderrechten (→ Abgeordnete). Auch die Tatsache, dass der → Bundespräsident den Bundestag nur auflösen kann, wenn sich keine absolute Mehrheit (→ Mehrheitsprinzip) bei der Wahl des → Bundeskanzlers ergibt bzw. wenn ein Vertrauensantrag des Bundeskanzlers (→ Vertrauensfrage) nicht die Zustimmung der absoluten Mehrheit des Bundestags findet, verdeutlicht die wichtige Stellung der Abgeordneten. Bundestagsabgeordnete erhalten, ebenso wie die Abgeordneten des Landtags, für ihre Tätigkeiten Diäten. Dieser ihnen zustehende Anspruch auf eine angemessene, ihre Unabhängigkeit garantierende Entlohnung wird von ihnen jedes Jahr neu diskutiert, da sie ihr „Gehalt" selbst festlegen. Dem Argument, dass Abgeordnete statt hohe Diäten zu kassieren, nebenbei beruflich als Rechtsanwälte, Journalisten, Berater u. a. tätig sein sollten, ist entgegenzusetzen, dass sie zumindest so viel wie Angestellte in der Wirtschaft mit vergleichbarer Verantwortung verdienen sollten, um zu gewährleisten, dass qualifizierte, unabhängige Personen im Bundestag vertreten sind. Diese Unabhängigkeit kann jedoch durch das Spannungsverhältnis zwischen Art. 38 und 21 GG beeinträchtigt werden: Einerseits garantiert Art. 38 GG die Unabhängigkeit des Abgeordneten, andererseits jedoch ist er davon abhängig, von seiner Partei für die nächsten Wahlen als Kandidat aufgestellt zu werden. Aus Rücksichtnahme auf die eigene Karriere könnte er deshalb geneigt sein, keine Position einzunehmen, die der Parteiführung widerspricht. Neben der Parlamentsarbeit hat der Bundestagsabgeordnete viele Verpflichtungen in seiner Kreis- und Landespartei und im Wahlkreis, dessen Bürger er im Bundestag vertritt.

Bundesverfassungsgericht Oberster Verfassungsgerichtshof und unabhängiges → Verfassungsorgan. Das Bundesverfassungsgericht ist ein wichtiger Bestandteil des Systems der → Gewaltenteilung in Deutschland und ist den anderen Verfassungsorganen gleichgestellt. Seine Entscheidungen binden alle anderen staatlichen Organe, weshalb das höchste Gericht auch als „Hüter der Verfassung" bezeichnet wird. Es nimmt bei der Sicherung und Weiterentwicklung der Rechtsordnung in der Bundesrepublik eine wichtige Rolle ein. Die herausgehobene Stellung des Bundesverfassungsgerichts schlägt sich auch in seiner Zusammensetzung und in der Wahl der Richter nieder. Es besteht aus zwei Senaten mit je acht Richtern, die zur Hälfte vom Bundestag und vom Bundesrat mit 2/3-Mehrheit gewählt werden. Die Unabhängigkeit der Verfassungsrichter soll dadurch gewährleistet werden, dass diese weder Bundestag, Bundesrat, Bundesregierung, noch entsprechenden Organen eines Landes angehören dürfen. Auch können sie nach der zwölfjährigen Amtsperiode nicht wieder gewählt werden, damit garantiert ist, dass sie, unabhängig von der politischen Zusammensetzung ihrer Wahlgremien, Recht sprechen. Da Entscheidungen des Gerichts zur Innen- und Außenpolitik sowohl die Strukturen der politischen Ordnung und der Wirtschafts- und Sozialordnung als auch die Bedingungen für außenpolitisches Handeln der Bundesregierung beeinflussen, hat das Bundesverfassungsgericht auch eine politische Funktion. Es trifft Entscheidungen, die die Lebensbedingungen der Menschen und die Beziehungen Deutschlands zu anderen Staaten beeinflussen (z. B. Entscheidung zur Eigentumsfrage in der ehemaligen DDR, zum Bundeswehreinsatz außerhalb des → NATO-Gebiets, zum Parteienverbot). Die Entscheidungen des Bundesverfassungsgerichts werden in der Öffentlichkeit oft kontrovers diskutiert. Das Gericht fühlt sich aber an das Prinzip der „richterlichen Selbstbeschränkung" gebunden. Gegenüber anderen Verfassungsorganen übt es in seinen Urteilen Zurückhaltung, indem es zwar in einem Rechtsstreit überprüft, ob z. B. ein Gesetz mit der Verfassung übereinstimmt (Normenkontrolle), aber in dem Urteil den Gesetzgebungsorganen große Gestaltungsmöglichkeiten bei der Weiterentwicklung des entsprechenden Politikgegenstands ermöglicht.

Bundesversammlung Bundesstaatliches Organ, das den → Bundespräsidenten wählt. Die Bundesversammlung ist zusammengesetzt aus den → Bundestagsabgeordneten und einer gleichen Anzahl Mitglieder, die von den Volksvertretungen der Länder nach den Grundsätzen der Verhältniswahl gewählt wurden.

Bundeswehr Streitkräfte der Bundesrepublik Deutschland. Die Bundeswehr versteht sich, wie die → NATO insgesamt, als Faktor der Friedenssicherung durch → Abschreckung. Die Luftverteidigungsstreitkräfte der Bundeswehr sind schon in

Friedenszeiten dem NATO-Oberbefehl unterstellt. In verschiedenen Phasen des NATO-Alarmverfahrens wird der größte Teil der Einsatzverbände der Bundeswehr entweder dem NATO-Oberbefehl unterstellt oder ist für eine spätere Unterstellung vorgesehen. Da das internationale Gewicht und somit die internationale Verantwortung Deutschlands nach der Wiedervereinigung gewachsen ist, steht auch die Bundeswehr vor neuen Aufgaben. In Zukunft soll sie zunehmend im Rahmen von UN-Friedensmissionen auch außerhalb des NATO-Gebietes zusammen mit NATO-Partnern eingesetzt werden. Unter der Leitung des früheren Bundespräsidenten Richard von Weizsäcker erarbeitete eine zu dem Zweck gegründete Kommission Vorschläge zur Bundeswehrreform. Neben einer Verkleinerung der Truppenstärke und der → Privatisierung von Teilbereichen (z. B. Verwaltung und Materialbeschaffung) sind weitere Reformen vorgesehen. Die Pläne wurden bisher aber nur teilweise umgesetzt. → Kosovokrieg

Bündnis Abkommen zwischen mehreren Staaten zum Schutz vor militärischer Bedrohung. Bündnisse verfügen über eigene Institutionen, wo Beratungen stattfinden und Entscheidungen getroffen werden. Im → Kalten Krieg standen sich die weltweit größten Bündnissysteme → Warschauer Pakt und → NATO gegenüber.

Bündnis 90/Die Grünen Ökologische, sozial orientierte deutsche Partei. Die Grünen, 1993 durch den Zusammenschluss mit dem Bündnis 90 (Verbindung von Gruppen der Bürgerrechtsbewegung der DDR) umbenannt in Bündnis 90/Die Grünen, entstanden aus verschiedenen → Bürgerinitiativen (Antiatomkraft-, Umweltschutz-, → Friedensbewegung), die sich nur unter großen internen Diskussionen und Spannungen 1980 bundesweit zu einer Partei zusammenschlossen. 1983 gelang der Partei der Sprung in den Bundestag. Die Grünen verstanden sich bis Ende der 1980er-Jahre als „Antiparteienpartei", d. h. als Alternative zu dem „etablierten Parteiensystem". Wichtige strukturelle Besonderheiten der Partei sind die Doppelspitze, die Trennung von Amt und Mandat, die Rotation der Abgeordneten auch während der Legislaturperiode und die Tatsache, dass die Abgeordneten an die Entscheidungen der Parteitage gebunden sind. Unter dem Druck, mit anderen Parteien koalieren zu müssen, orientieren sich die Grünen heute pragmatischer an politischen Umständen. Trotzdem gibt es noch die parteiinterne Aufteilung in „Realos", die Regierungsverantwortung übernehmen wollen und bereit sind, z. B. in der Zusammenarbeit mit der SPD ihre ökologischen Ziele durchzusetzen, und „Fundis", die keine Kompromisse eingehen und

Bürgerinitiativen in Aktion: Die Demonstration (September 2000) des Bündnisses der 60 Bürgerinitiativen richtete sich gegen den Flughafenausbau und setzte sich für ein Nachtflugverbot über Wiesbaden ein.

als „Fundamentalopposition" die grundsätzliche ökonomische und ökologische Alternative im → Parteiensystem darstellen wollen. Bis heute gibt es eine enge Zusammenarbeit mit den Bürgerinitiativen.

Bürgerinitiative Form der Selbstorganisation von Bürgern. Mithilfe von Bürgerinitiativen versuchen die Bürger, ihre Interessen außerhalb von Parteien oder Verbänden durch Eingaben an Behörden, Öffentlichkeitsarbeit oder Demonstrationen durchzusetzen. Weil es sich um punktuelle Interessen handelt, gründen oft Personen eine Bürgerinitiative, die – abgesehen von einem gemeinsamen Ziel – unterschiedliche Interessen haben. Die Mitglieder von Bürgerinitiativen gehören häufig verschiedenen Gesellschaftsschichten, Berufsgruppen und weltanschaulichen Richtungen an. Die meisten Bürgerinitiativen sind mit den Themen Umweltschutz, Energiewirtschaft (Kernenergie) und Bau- und Verkehrsplanung befasst. Sie sind bei der Durchsetzung ihrer Interessen oft erfolgreich, da politische Entscheidungsträger und Parteien die Forderungen einiger hundert Personen in einer Gemeinde nicht unberücksichtigt lassen können, ohne ihre Wahlchancen zu verringern. In den letzten Jahren gibt es auch immer mehr Bürgerinitiativen, die gegen Fremdenhass, → Antisemitismus und rechtsradikale Gewalt demonstrieren.

Bürgerkrieg Bewaffneter Konflikt um Herrschaft bzw. nationale Unabhängigkeit zwischen Bewohnern eines Landes. Ursache eines Bürgerkriegs kann die Unvereinbarkeit verschiedener Religionen, die Auflehnung einer Volksgruppe (ethnische → Konflikte) gegen eine andere bzw. gegen die eigene Regierung oder ein gewaltsamer Umsturzversuch (→ Putsch, → Revolution) sein.

Bürgerrechtsbewegung Organisierte Bemühungen, Bürger- und Menschenrechte in einem Land durchzusetzen. Bürgerrechtsbewegungen wollen nicht einen Umsturz des Systems (→ Putsch), sondern sie streben Verbesserungen innerhalb des verfassungsmäßigen Rahmens an. Ein bekanntes Beispiel ist das Civil Rights Movement in den USA in den 1960er-Jahren unter Führung von Martin Luther King. → Friedliche Revolution

Bush, George W. (geb. 6.7.1946 in New Haven, Connecticut) Präsident der USA seit Januar 2001. Bush studierte bis 1968 an der Universität Yale und graduierte in Geschichte. 1968 bis 1973 war er Pilot bei der Texas Air National Guard.

George W. Bush stieß mit seiner kompromisslosen Haltung in Sicherheits- und umweltpolitischen Fragen auf internationale Kritik.

Nach einem Wirtschaftsstudium an der Universität Harvard begann er 1975 in der Öl- und Gasbranche zu arbeiten. 1988 unterstützte er die (erfolgreiche) Präsidentschaftskampagne seines Vaters. Bush selbst wurde 1994 in Texas zum Gouverneur gewählt und in den Wahlen 1998 bestätigt. Im Jahr 2000 gewann er die Präsidentschaftswahlen, die von einem kuriosen Tauziehen um den Prozess der Stimmenauszählung in Florida begleitet waren. Bushs Politik ist von einem starken → Unilateralismus geprägt (z.B. Aufbau Nationaler Raketenabwehr, Weigerung → Kyoto-Protokoll zu ratifizieren). Ende 2001 kündigte er den Ausstieg der USA aus dem ABM-Vertrag (→ SALT-/START-Verträge) an. Im Rahmen des von Bush ausgerufenen „Krieg gegen den → Terror" kam es zum US-Angriff auf das Taliban-Regime (→ Afghanistankrieg) 2001/2002. Der Anfang 2003 geführte Feldzug gegen den Irak (→ Golfkrieg), der von Bush auch als Antiterrorkrieg bezeichnet wurde, war politisch wie völkerrechtlich umstritten.

C

Castro Ruz, Fidel (geb. 13.8.1926 in Mayari) Kubanischer Staatschef seit 1959. Castro studierte Rechtswissenschaften in Havanna und praktizierte als Anwalt. Er bemühte sich zunächst mit rechtlichen Mitteln um einen Sturz des Diktators Batista in → Kuba. Als dies scheiterte, baute er eine Rebellengruppe auf. Nach einem misslungenen Angriff wurde er festgenommen, 1955 aber im Rahmen einer generellen → Amnestie wieder freigelassen. Von Mexiko aus organisierte er mit „Che" → Guevara zusammen eine → Guerilla, die zunehmend Einfluss in Kuba gewann und schließlich 1959 den Sturz Batistas bewirkte. Castros Programm als Ministerpräsident sah neben anderen umfangreichen sozialen Reformen eine Enteignung von Großgrundbesitzern und eine Nationalisierung der in Kuba ansässigen amerikanischen Firmen vor. Dies führte zum Konflikt mit der Regierung der USA, die bald auf einen Sturz Castros hinarbeitete und 1961 die (erfolglose) Invasion von Exilkubanern in der Schweinebucht unterstützte. Im Verlauf der → Kubakrise 1962 konnte Castro die Herrschaft der sozialistischen Einparteiendiktatur sichern. Bis heute hält Fidel Castro, dienstältester amtierender Staatschef der Welt, an den Prinzipien seiner Revolution fest und lehnt eine Öffnung des durch das amerikanische → Embargo isolierten Landes nach dem Vorbild der Politik → Gorbatschows ab.

CDU (Christlich Demokratische Union) Deutsche → Volkspartei. Die CDU versteht sich als Zusammenschluss der in der Weimarer Republik aufgesplitterten katholischen und evangelischen Kräfte. Sie wurde als Bundespartei erst im Oktober 1950 gegründet, nachdem schon in den verschiedenen Besatzungszonen Parteigründungen stattgefunden hatten. Den Gedanken einer alle Christen umschließenden politischen Partei hatten einige katholische Politiker schon vor 1933 vertreten. Die Erfahrungen der Verfolgung von Christen beider Konfessionen durch den Nationalsozialismus gaben der Idee nach dem Zweiten Weltkrieg neuen Auftrieb. Als eine Partei von Christen wollte die CDU alle Volksschichten ansprechen. Sie wurde nach einer starken sozialpolitischen Ausrichtung in ihrer Gründungsphase zur Partei eines gemäßigten Konservatismus. → Parteiensystem

Charta Satzung bzw. gemeinsame Erklärung, v. a. im Bereich der internationalen Politik. Die Charta der Vereinten Nationen (→ UN) z. B. kennzeichnet deren Funktionen und Aufgaben.

Fidel Castros sozialistischer Kurs führte zum Konflikt mit den USA, der bis heute besteht.

Charta für ein neues Europa → OSZE

China Volksrepublik China (1) Politisches System: China versteht sich als sozialistische Diktatur des Volkes. Träger der Macht ist die Kommunistische Partei (KP) des Landes. 1999 wurden Schritte hin zu einer Liberalisierung unternommen und insbesondere der Aufbau einer „Herrschaft des Rechts" angestrebt. Der vom „Nationalen Volkskongress" (Parlament) gewählte Präsident nimmt v. a. repräsentative Aufgaben wahr und die eigentliche Regierungstätigkeit kommt dem Ministerpräsidenten zu. Die Streitkräfte sind der Partei und nicht dem Staat unterstellt. (2) Geschichte: In der Endphase des Zweiten Weltkriegs unterstützte die Sowjetunion den Kampf der chinesischen Kommunisten unter Führung von → Mao Tsetung gegen die japanische Besatzung und die nationalchinesische Regierung. Der

Anhänger der Reformbewegung auf dem Platz des Himmlischen Friedens (Mai 1989). Die Demonstranten, vor allem Studenten, tragen Bilder von Michail Gorbatschow, dessen Reformen sie als Vorbild für politische Veränderungen in der Volksrepublik China sehen. Bald darauf aber werden die Proteste von Regierungstruppen blutig niedergeschlagen.

Bürgerkrieg endete mit der Flucht des Führers der Nationalpartei (Kuomintang), Tschiang Kai-Scheck, nach Formosa, dem heutigen Taiwan. Damit war China in zwei Staaten geteilt, die sich bis heute wegen ihrer unterschiedlichen Gesellschaftssysteme feindselig gegenüberstehen. Taiwan wird auch als „Republik China" oder „Nationalchina" bezeichnet. Auf dem Festland rief Mao am 1.10.1949 die Volksrepublik China aus, die sich von da an dem Aufbau eines radikalen → Sozialismus im Land zuwandte. Unter Mao Tse-tung versuchte China zunächst, das sowjetische Staatsmodell nachzuahmen und möglichst bald Schwerindustrien aufzubauen. Nachdem sich abzeichnete, dass China sowohl die dafür nötigen Fachkräfte als auch das entsprechende Kapital fehlten, wurde versucht, das Land schlagartig zu industrialisieren. Der sog. „Grosse Sprung nach vorn" (1958–1961) führte zu einer wirtschaftlichen Katastrophe und Hungersnöten, die Millionen Menschen das Leben kosteten. Daraufhin schwenkte die KP um und begann mit einer erneuten Zentralisierung der Wirtschaft. In der „Kulturrevolution" (1966–1969) unternahm Mao einen weiteren Versuch einer radikalen Umgestaltung des Landes. Terrorkampagnen richteten sich gegen Intellektuelle und ausländische Einflüsse auf die chinesische Politik. Der Machtkampf innerhalb der Partei führte zu vielen gewaltsamen Entmachtungen von KP-Funktionären. In den 1980er-Jahren versuchte man, die wirtschaftliche Eigenverantwortung der Menschen zu stärken, außerdem wurden die Preise marktgerecht gestaltet. Es kam jedoch zu keinen demokratischen Reformen, weil die KP an ihrem Herrschaftsanspruch festhielt. Am 4.6.1989 ließ Peking eine Studentendemonstration blutig niederschlagen. Obwohl das Land sich offiziell noch immer als sozialistisch bezeichnet, herrscht zur Zeit faktisch ein marktwirtschaftliches System und hohe KP-Funktionäre profitieren finanziell von ihrem politischen Einfluss. Die Außenpolitik Chinas änderte sich in ihren Grundzügen seit 1949. War das Land anfangs noch auf die Hilfe der Sowjetunion angewiesen, kam es Anfang der 1960er-Jahre zum ideologischen Streit mit Moskau, der 1968 auch militärisch eskalierte. In dieser Situation näherte sich China den USA an, was schließlich zur Anerkennung der Volksrepublik China als alleiniger Vertreter des chinesischen Volkes führte. Mit Rückgabe der ehemals unter britischer bzw. portugiesischer Kolonialherrschaft stehenden Gebiete Hongkong und Macao in den späten 1990er-Jahren dehnte China seinen Einfluss weiter aus. Heute versucht China, dessen Einwohnerzahl über eine Milliarde beträgt, die Bevölkerung durch eine rigorose sog. „Ein-Kind-Politik" zu begrenzen. Gleichzeitig strebt das Land eine umfassende Modernisierung seiner Wirtschaft und eine Intensivierung des Außenhandels an. Der Konflikt mit Taiwan, der wegen des chinesischen Anspruchs auf die Insel weiter besteht und ebenso immer wieder auftretende Menschenrechtsverletzungen gegenüber Oppositionellen, belasten die Beziehungen zu den westlichen Staaten.

Christlich Demokratische Union → CDU

Christlich Soziale Union → CSU

Chruschtschow, Nikita (geb. 17.4. 1894 in Kalinowka, Kursk, gest. 11.9.1971 in Moskau) Von 1953 bis 1964 erster Sekretär der Kommunistischen Partei der Sowjetunion (KPdSU). 1918 wurde Nikita Chruschtschow Mitglied der kommunistischen Partei, 1935 erster Parteisekretär Moskaus. Im Zweiten Weltkrieg war er u.a. Chef der politischen Abteilung des Stalingrader Frontabschnitts.

Unter Chruschtschow fand eine Abkehr vom Stalinismus und Wirtschaftsreformen statt – gleichzeitig provozierte er außenpolitische Konfrontationen.

Nach dem Tod → Stalins drängte er den Einfluss des → Stalinismus innerhalb der Partei zurück („Entstalinisierung"). In einer 1956 gehaltenen Geheimrede prangerte er die Verfehlungen Stalins (Terror, Personenkult) an und leitete dadurch eine Lockerung des Herrschaftssystems der Sowjetunion ein. Die unter ihm durchgeführten Wirtschaftsreformen zielten auf eine Hebung des Lebensstandards und verstärkte Handelsbeziehungen mit dem Westen ab. In der Außenpolitik wurde allerdings der sowjetische Herrschaftsanspruch in Osteuropa beibehalten (→ DDR, → Ungarnaufstand). Chruschtschow vertrat das Konzept der → friedlichen Koexistenz beider Machtblöcke. Die Beziehungen zum Westen litten allerdings erheblich unter dem Bau der Berliner Mauer 1961 und der → Kubakrise 1962. Wegen des Scheiterns der Wirtschaftsreformen und dem Zerwürfnis zwischen den beiden sozialistischen Staaten → China und Sowjetunion wurde Chruschtschow 1964 abgesetzt. Sein Nachfolger wurde Leonid → Breschnew.

Churchill, Winston (geb. 30.11.1874 in Blenheim Palace, gest. 24.1.1965 in London) Britischer Premierminister 1940 bis 1945 und 1951 bis 1955. Churchills politische Karriere begann bei den Konservativen, die er aber schon 1904 verließ, um zu den Liberalen überzutreten. Ab 1911 war er erster Lord der Admiralität und rüstete die Flotte für die drohende Auseinandersetzung mit Deutschland auf. Nach dem Scheitern des von ihm betriebenen Angriffes auf Istanbul und die Dardanellen im → Ersten Weltkrieg musste Churchill zurücktreten, wurde aber schon 1917 wieder in die Regierung aufgenommen. Als Kriegsminister (1919–1921) war er für das militärische Eingreifen Englands in den russischen Bürgerkrieg verantwortlich. Bereits 1932 warnte er vor den negativen Folgen des → Nationalsozialismus und bekämpfte die auf eine Beschwichtigung Deutschlands zielende *„Appeasement"*-Politik Neville Chamberlains. Am 10.5.1940 wurde Churchill Premier- und Verteidigungsminister. Er setzte sich für den Aufbau einer Anti-Hitler-Koalition unter Einbeziehung → Roosevelts und notgedrungen → Stalins ein. Nach Kriegsende befürwortete er die Einigung Westeuropas und die Gründung der NATO.

Cicero, Marcus Tullius (geb. 3.1.106 v.Chr. in Arpinum, gest. 7.12.43 v.Chr. bei Caieta) Anwalt und wichtigster Redner der römischen Republik, Konsul 63 v.Chr. Aus politikwissenschaftlicher Sicht sind

Ciceros wichtigste Werke „De re publica" (über das Gemeinwesen, 51 v. Chr.) und „De legibus" (über die Gesetze, um 33 v. Chr.). „De re publica" behandelt in sechs Büchern die Frage nach der besten politischen Ordnung des römischen Reiches. Staatskunst erscheint ihm als höchste Form der Philosophie. An das griechische Modell der drei Staatsformen (→ Aristoteles) angelehnt, sieht er eine gemischte Verfassung, die Elemente aus → Monarchie und → Aristokratie enthält, als das beste Staatswesen an. Tugend, rationales Handeln und die Anerkennung der Götter sind Grundvoraussetzung für ein wohlgeordnetes Gemeinwesen. Recht und Unrecht sind somit nach den Maßstäben der Vernunft klar voneinander zu trennen. Ciceros politische Theorie ist sowohl von → Augustinus als auch von frühneuzeitlichen Humanisten aufgegriffen und mit christlichen Inhalten verbunden worden.

COMECON → RGW

Commonwealth (engl. Gemeinwohl) Staatengemeinschaft, die aus dem britischen Empire (Kolonialreich) hervorging. Im Zuge der → Entkolonialisierung verlor der *Commonwealth of Nations* seine Eigenschaft als englisch dominierter Bund. Inzwischen hat er wegen seines eher losen Charakters politisch nur noch geringe Bedeutung. Die 54 Mitglieder, darunter Indien, Kanada und Südafrika, verfügen über keine gemeinsamen politischen Organe, die Beschlüsse fassen könnten. Die englische Königin wird von einigen Mitgliedern als Staatsoberhaupt anerkannt.
@ http://www.thecommonwealth.org

CSU (Christlich Soziale Union) Konservative deutsche Partei und Schwesterpartei der → CDU in Bayern. Die 1946 gegründete CSU ist von der CDU organisatorisch völlig unabhängig, wenn sie auch in allen bisherigen Legislaturperioden mit der CDU im deutschen Bundestag jeweils eine gemeinsame Fraktion bildete. Innerhalb dieser Fraktionsgemeinschaft übt sie einen großen, meist konservativen Einfluss aus. Obwohl die Grundpositionen der CDU von der CSU geteilt werden, sind unterschiedliche Gewichtungen in aktuellen Fragen zu erkennen, die die CSU häufig demonstrativ in der Öffentlichkeit herausstellt. Die starke Stellung in Bayern ist darin begründet, dass die CSU es verstanden hat, sich zu einer gesamtbayerischen, interkonfessionellen Volkspartei, die alle Schichten in Bayern integrieren kann, zu entwickeln. → Parteiensystem, → Parteiprogramm

D

Datenschutz Schutz persönlicher Daten vor Missbrauch und Weitergabe. Mit dem Aufkommen von → Medien zur Massenspeicherung und der schnellen, ungehinderten Weitergabe persönlicher Daten, insbesondere durch das Internet, ist auch die Bedeutung des Datenschutzes gestiegen. Viele Datenschützer befürchten den sog. „gläsernen Menschen", über den der Staat oder der Arbeitgeber beliebig viele Informationen erhalten und zu seinem Nutzen missbrauchen kann. Um dies zu vermeiden, dürfen Behörden nur persönliche Daten erfassen, die sie für die Durchführung ihrer Aufgabe benötigen. Die Einhaltung dieser Regelungen kontrolliert in Deutschland das Amt des Bundesbeauftragten für Datenschutz.

DDR (Deutsche Demokratische Republik) (1) Politisches System: Die DDR war ein sozialistischer → Einheitsstaat. Zwar bildete die → Volkskammer nominell das oberste staatliche Organ, der Staat stand aber unter der zentralen Führung des → Zentralkomitees der → SED, das das Land im Sinn des → demokratischen Zentralismus führte. Die zentralen ideologischen Aspekte für die Legitimation der DDR basierten auf einer marxistisch-leninistischen Politikauffassung. So war die Partei Träger des Wissens um die Bewegungsgesetze der Geschichte sowie Lehrer und Führer der gesamten Gesellschaft. Es fand eine Gleichschaltung der bürgerlichen Parteien CDU (Christlich-Demokratische Union), DBD (Demokratische Bauernpartei), LDPD (Liberal-Demokratische Partei Deutschlands) und NDPD (National-Demokratische Partei Deutschlands) zu → Blockparteien statt, die mit Massenorganisationen in der → Nationalen Front zusammengeschlossen waren. Neben der Anerkennung der führenden Rolle der SED, dem Bekenntnis zum sozialistischen Staat und der Willensbildung nach dem Muster des demokratischen Zentralismus, sollten Parteien im vorgegebenen Rahmen die Interessen der verschiedenen Bevölkerungsgruppen wahrnehmen. Die Wirtschaft war nach den Regeln einer → Zentralverwaltungswirtschaft organisiert. Industrien wurden enteignet und verstaatlicht, der Staat garantierte ein Recht auf Arbeit für jeden Bürger, was aber nicht Recht auf eine der Ausbildung entsprechenden Arbeit bedeutete. Auch im Rechtssystem herrschte das Prinzip des demokratischen Zentralismus. Recht diente als Herrschaftsinstrument der Arbeiterklasse, da Rechtsnormen nach der kommunistischen Ideologie Ausdruck von Klassenverhältnissen sind. Der Justiz

Symbol für die Hoffnungslosigkeit des Aufstands vom 17. Juni 1953: Jugendliche werfen mit Pflastersteinen nach russischen Panzern. Die DDR-Regierung ließ den Aufstand mithilfe der Roten Armee blutig niederschlagen.

kam keine Kontrollfunktion im liberalen Sinne zu, sondern sie war auch ein Teil der zentralen Staatsgewalt. Die Wahl der Richter auf Zeit erfolgte durch die Volksvertretungen auf der jeweiligen Ebene, denen die Gerichte auch verantwortlich waren. Sog. gesellschaftliche Gerichte, die der Streitschlichtung dienten, spielten in Betrieben, staatlichen Institutionen und gesellschaftlichen Organisationen sowie Landwirtschaftlichen Produktionsgenossenschaften (LPG) eine Rolle und kamen bei kleineren Delikten und Ordnungswidrigkeiten als erzieherische Maßnahme im Sinn des Sozialismus zum Einsatz. (2) Geschichte: Die DDR bestand von 1949 bis 1990. Sie war nach Ende des Zweiten Weltkriegs aus der sowjetischen → Besatzungszone hervorgegangen. Streiks gegen eine angekündigte Verschärfung der Arbeitsbedingungen weiteten sich am 17.6.1953 zu einem landesweiten Volksaufstand gegen die kommunistische Herrschaft aus. Der Protest, der sich anfangs nur gegen die geplanten Maßnahmen gerichtet hatte, wandte sich bald gegen die Regierung insgesamt. Einheiten der Volkspolizei und Soldaten der → Roten Armee schlugen den Aufstand schließlich blutig nieder. Der 17. Juni war bis 1990 nationaler Feiertag in der Bundesrepublik Deutschland und wurde nach der Wiedervereinigung durch den „Tag der Deutschen Einheit" (3. Oktober) ersetzt. Am 13.8.1961 begann der Bau der Berliner Mauer als Reaktion auf die anhaltende Abwanderung von DDR-Bürgern in die Bundesrepublik. Ende der 1960er-Jahre besserten sich die Beziehungen zwischen den beiden deutschen Staaten (→ Grundlagenvertrag). 1989 führte die → friedliche Revolution zum Zusammenbruch der DDR und letztlich zur → deutschen Einheit.

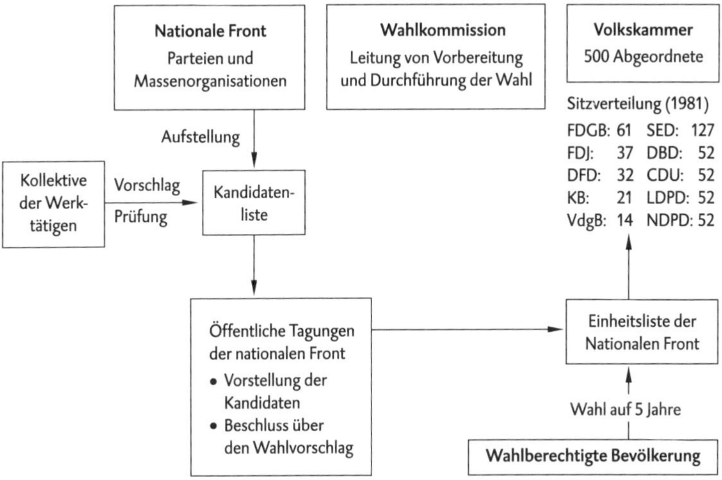

Systematischer Überblick über das Wahlsystem in der DDR. Bei den Wahlen waren nur Parteien der Nationalen Front zugelassen, die von der SED kontrolliert wurde.

Deflation Anstieg des Geldwertes im Vergleich zum Warenwert. Die Deflation ist somit von einem Rückgang der Preise gekennzeichnet. Die letzte große Deflation fand während der weltweiten Wirtschaftskrise von 1928 bis 1933 statt. Heute kommt es in den meisten Staaten dagegen zu einer mehr oder minder starken → Inflation.

Demagoge Abwertende Bezeichnung für Politiker, der das Volk aufwiegelt und durch Reden verführt.

Demographie Bevölkerungswissenschaft. → Bevölkerungsentwicklung

Demokratie Form politischer Gesellschafts- und Staatsordnung. Der Begriff Demokratie machte in der Geschichte einen erstaunlichen Bedeutungswandel durch. → Aristoteles erwähnte die Demokratie als eine der schlechten Staatsformen, da er eine „Herrschaft des Pöbels" fürchtete. Das, was heute unter Demokratie verstanden wird, nannte Aristoteles „Politie". Heute sind die → USA die größte und einflussreichste Demokratie. Mit dem Zerfall des Ostblocks kam es zu demokratischen Reformen in den ehemals sozialistischen Staaten. Heute bekennen sich die meisten Staaten zu einem demokratischen Regierungssystem, wenn dies auch in einigen Fällen als bloße Rhetorik gewertet werden muss. Die Demokratietheorie ist eng mit der Entwicklung des → Liberalismus verbunden. Einige der Grundgedanken der modernen Demokratie finden sich in Schriften der politischen Philosophen → Locke, → Montesquieu sowie → Rousseau. Das Demokratieprinzip ist in Deutschland ein → Verfassungsprinzip. Es sichert die → Partizipation des Volkes bei der politischen Willensbildung und bei der Bestellung der Institutionen (Parlament und Regierung), die die politische Herrschaft ausüben. Es findet seinen Ausdruck in den Betätigungsfeldern u. a. der politischen → Parteien, der → Verbände und der → Massenmedien und zeigt sich in den → Wahlen. Die Verwirklichung des Prinzips im Sinn von → Abstimmungen oder → Plebisziten ist auf Bundesebene, im Gegensatz zur kommunalen und Länderebene, nur bei einer Länderneugliederung möglich. An dieser Einschränkung der direkten Mitbestimmung der Bürger auf Bundesebene wird deutlich, dass das Demokratiemodell an der → Repräsentationstheorie orientiert ist. (1) Direkte (identitäre) Demokratie: Die antike griechische Demokratie einzelner Stadtstaaten (→ Polis) hatte wegen ihrer überschaubaren Größe noch eine direkte Form und konnte ohne die Repräsentation durch → Abgeordnete existieren. In Deutschland gibt es auf Länder- und auch auf kommunaler Ebene viele Elemente der direkten Demokratie. In den → Landesverfassungen ist z. B. oft das Recht auf → Gesetzesinitiative und das Recht auf → Volksentscheide enthalten. Außerdem können häufig Landräte und Bürgermeister von der Wahlbevölkerung direkt gewählt werden (→ Identitätstheorie, Rousseau). (2) Repräsentative Demokratie: Die theoretische Grundlage der mittelbaren Demokratie findet sich in der Repräsentationstheorie und in der Gewaltenteilungslehre (→ Gewaltenteilung). In einer repräsentativen Demokratie überträgt das Volk einen Teil seiner Gewalt auf gewählte Vertreter. Die auf diese Weise legitimierte politische Herrschaft wird durch die Gewaltenteilung zwischen der legislativen, der exekutiven und der judikativen Gewalt kontrolliert. Heute sind die meisten Demokratien vom Prinzip der Repräsentation geprägt, wobei es zwei verschiedene Ausformungen und auch Mischformen gibt. In der parlamentarischen Demokratie (→ Parlamentarismus) ist die Regierung in ihrer Amtsführung vom Vertrauen des Parlaments abhängig und das Amt des Staatsoberhaupts und des Regierungschefs sind getrennt. Das Volk wählt das Parlament, es herrscht sowohl Gewaltenverschränkung zwischen Parlament und Regierung als auch Gewaltenteilung zwischen der Regierung als → exekutiver, dem Parlament als → legislativer und den Gerichten als → judikativer Gewalt. Ein Beispiel für eine parlamentarische Demokratie ist das politische System Deutschlands. In der präsidentiellen Demokratie (Präsidialdemokratie) sind die Ämter des Staatsoberhaupts und des Regierungschefs in der Hand des Staatspräsidenten vereint, der direkt vom Volk gewählt wird und selbstständig ohne Zustimmung des Parlaments die Kabinettsmitglieder ernennt, die nur seinen Weisungen unterliegen. In diesem politischen System herrscht eine strenge Gewaltenteilung. So können z. B. Regierungsmitglieder nicht gleichzeitig Mitglieder des Parlaments sein und die Regierung ist in ihrer Amtsführung unabhängig vom Vertrauen des Parlaments. Ein Beispiel einer präsidentiellen Demokratie sind die USA. (3) Streitbare Demokratie: Aufgrund der Erfahrungen in der → Weimarer Republik versteht sich das deutsche Grundgesetz als Basis für eine streitbare bzw. wertgebundene Demokratie, die fähig sein soll, sich gegen links- und rechtsradikale Feinde zu wehren. Zur Sicherung der Demokratie dienen folgende Regelungen im Grundgesetz: Das Ewigkeitsgebot (→ Verfassungsprinzipien), das Verbot der Antastung eines Grundrechts in seinem Wesensgehalt (Art. 19 Abs. 2), die sog. „Popularklage", wonach jeder Bürger vor dem Bundesverfassungsgericht klagen kann, wenn er in einer Entscheidung eine Verletzung der Grundrechte durch die öffentliche Gewalt sieht (Art. 93 Abs. 1, 4a), das Parteienverbot durch das → Bundesverfassungsgericht (Art. 21 Abs. 2) sowie die Möglichkeit des Verbots von Vereinigungen, die sich gegen die verfassungsmäßige Ordnung richten (Art. 9 Abs. 2), die „Verwirkung" von Grundrechten für Personen, die diese zum Kampf gegen die → freiheitlich demokratische Grundordnung missbrauchen (Art. 18) und die Festlegung, dass Beamte die freiheitlich demokratische Grundordnung bejahen und sich jederzeit dafür einsetzen müssen (sog. „Extremistenbeschluss" der Länderregierungschefs vom 28. 1. 1972).

Demokratischer Zentralismus Methode der Herrschaftsbestellung sowie -sicherung (→ Herrschaft) in kommunistischen Parteien und Staaten. Der demokratische Zentralismus steht im Gegensatz zu dem liberalen Prinzip innerparteilicher Demokratie und rechtsstaatlicher Grundsätze. Mit seiner Hilfe soll die Herrschaftsausübung durch die kommunistische Partei gesichert werden. Dies wird zum einen dadurch ermöglicht, dass Partei- und Staatsorgane von unten nach oben gewählt werden, zum anderen gilt die Verbindlichkeit der Beschlüsse übergeordneter für untergeordnete Partei- und Staatsorgane und es herrscht eine Zentralisierung, bei der Staatsorgane auf allen Ebenen von der Partei gelenkt werden. Die Möglichkeit der Abberufung von Amts- oder Mandatsträgern repräsentiert die demokratische, die straffe Parteidisziplin hingegen die zentralistische Komponente, die in der politischen Praxis überwiegt, um die Parteispitze und deren absoluten Herrschaftsanspruch zu sichern.

Demokratisierung Prozess, bei dem die Institutionen demokratische Abläufe übernehmen. Dies kann sich sowohl auf staatliche politische Institutionen im internationalen Bereich als auch auf Einrichtungen in Kommunen beziehen. Die wissenschaftliche Diskussion über die Frage der Demokratisierung bezieht sich auf das Problem, ob Demokratie hauptsächlich ein Organisationsprinzip für die → Partizipation der Bürger in der politischen Ordnung oder auch ein Organisationsprinzip anderer gesellschaftlicher Bereiche (Betrieb, Schule, Krankenhaus etc.) darstellt. Hier ist zu berücksichtigen, dass dem Demokratieprinzip in der politischen Ordnung die Annahme der Gleichheit aller Bürger zugrunde liegt (z. B. bei Wahlen). Für eine zunehmende Demokratisierung zur Verwirklichung des Gleichheitsprinzips sprechen folgende Argumente: Erhöhung der Mitbestimmungsmöglichkeiten der Bürger in gesellschaftlichen Teilbereichen, Erziehung zum mündigen Bürger, Abbau „überflüssiger" Herrschaft und Aufbrechen autoritärer Strukturen. Ein Aspekt, der gegen eine zunehmende Demokratisierung spricht, ist das Desinteresse der Bürger an mehr Mitbestimmung. Außerdem führe eine verstärkte Demokratisierung zu ineffektiven Diskussionen, die die ursprüngliche Funktion der jeweiligen Organisation, z. B. die Aufgabe des Betriebs, Güter zu produzieren, behindert.

Demokratietheorie → Identitätstheorie, → Konkurrenztheorie, → Repräsentationstheorie

Demoskopie Methode der empirischen → Sozialforschung, bei der repräsentative Bevölkerungsteile mit dem Ziel befragt werden, Rückschlüsse auf Meinungen der Gesamtbevölkerung ziehen zu können. Diese Meinungsforschungsmethode versucht, politische Einstellungen zu grundsätzlichen Fragen (Demokratie, politische Institutionen, Werte etc.), aktuellen Fragen (Beliebtheit der Politiker oder Parteien) oder möglichem Wahlverhalten der Bürger („Sonntagsfrage": „Was würden Sie wählen, wenn am nächsten Sonntag Bundestagswahlen wären?") zu ermitteln. Es geht aber auch um wirtschaftliche Fragen, um die Beliebtheit von Produkten oder Erziehungsauffassungen. Bei der Auswahl der Befragten müssen bestimmte statistische Kriterien beachtet werden, um den repräsentativen Charakter der Befragung zu gewährleisten. Hierzu gehören besonders regionale Verteilung, Konfessionszugehörigkeit, Alter, Bildungsstand und Beruf. Die Auswertung der meist über tausend Interviews (telefonisch oder schriftlich) ergibt jeweils ein Meinungsbild. Befragte mit ähnlichen „Meinungsprofilen" können zu Gruppen zusammengefasst werden, die man dann wiederum miteinander vergleichen kann.

Despot Abwertende Bezeichnung für einen Herrscher, der willkürlich und unkontrolliert seine Macht ausübt.

Deutsche Bundesbank Zentrale Notenbank der Bundesrepublik Deutschland. Die Deutsche Bundesbank wacht über die Geldwertstabilität (→ Preis), indem sie durch verschiedene Maßnahmen die Zinsen beeinflusst (→ Geldpolitik). Mit Einführung des → Euro 1998 wurden diese Aufgaben von der Europäischen Zentralbank (→ EZB) übernommen.

Deutsche Demokratische Republik → DDR

Deutsche Einheit Staatliche Einheit zwischen der Bundesrepublik Deutschland und der Deutschen Demokratischen Republik. Nach dem Abschluss des → Einigungs- und des → Zwei-plus-vier-Vertrags wurde die Einheit Deutschlands am 3. 10. 1990 vollzogen. Weitere Schritte zur Festigung der Einheit waren die Landtagswahlen in den neuen Bundesländern am 14. 10. 1990 sowie die erste gesamtdeutsche Bundestagswahl am 2. 12. 1990. Die Gründe für den Einigungsprozess waren u. a. die Veränderungen in der → Sowjetunion und in den Staaten des → Warschauer Pakts ebenso wie die Reformpolitik → Gorbatschows und die → friedliche Revolution. → BRD, → OSZE

Deutsche Frage Die nach 1945 ungelöste Frage der nationalen und politischen Organisation Deutschlands. Der Begriff umfasst die Situation der deutschen Teilung, den völkerrechtlichen Status der beiden deutschen Staaten und die deutsch-deutschen Beziehungen.

Deutsches Reich → Kaiserreich

DGB (Deutscher Gewerkschaftsbund) Der DGB ist die Dachorganisation der Einzelgewerkschaften in Deutschland. → Gewerkschaft

Diäten → Bundestagsabgeordneter

Dienstleistungsgesellschaft Gesellschaft, in der die meisten Arbeitnehmer im Dienstleistungsbereich (Angestellte in Einzelhandel, Bank, Versicherung etc. und mittlere und höhere Beamte) tätig sind. Die Dienstleistungsgesellschaft wird als Nachfolgerin der → Industriegesellschaft betrachtet (postindustrielle Gesellschaft, → Informationsgesellschaft). Die USA liegen weltweit mit 75,4 % der erbrachten Wirtschaftsleistung im → tertiären Sektor an der Spitze. → Mittelstand

Diktatur Staatsform, in der ein Alleinherrscher (Diktator) oder eine Partei in der Lage ist, willkürlich Macht auszuüben, ohne durch ein Parlament, ein Verfassungsgericht oder die Presse kontrolliert zu werden. Bei einer Militärdiktatur ist der Diktator Angehöriger der Streitkräfte oder er stützt seine Macht auf die Armee. Im Extremfall kann eine Diktatur in → Totalitarismus münden.

Kriterien	Totalitär	Autoritär	Einfach
Ideologie	stark und totalistisch	schwächer und nicht-totalistisch	irrelevant oder schwach
Durchdringung, Allgegenwärtigkeit	extensiv	mäßig	keine
Zwang, Mobilisierung	hoch	mittel	mittel bis gering
Unabhängigkeit von Untergruppen	keine, totale Abhängigkeit	begrenzt auf nicht politische Gruppen	mit Ausnahmen erlaubt
Politik ggb. Randgruppen	zerstörerisch	ausschließlich	absorbierend
Willkür	unbegrenzt	kalkulierbar, in Grenzen	regellos, keine
Zentrale Rolle der Partei	wesentlich	nützlich	minimal oder keine

Typen von Diktaturen nach Merkmalen.

Diplomatie Gesamtheit der internationalen Beziehungen (→ Internationale Politik) bzw. der → Außenpolitik eines Staates. Die heutige Diplomatie, die ihre rechtliche Gestalt auf dem Wiener Kongress von 1815 erhielt, folgt festen Regeln. So gelten die → Konsulate bzw. → Botschaften eines Staates als dessen Hoheitsgebiet, diplomatisches Gepäck darf nicht durchsucht, Diplomaten im Ausland dürfen von Vertretern dieses Landes nicht strafrechtlich verfolgt werden. Für die Diplomatie in Deutschland ist das → Auswärtige Amt zuständig, an dessen Spitze der Außenminister steht.

Direktkandidat Bewerber für ein politisches → Mandat, der sich direkt in einem Wahlkreis um dieses Mandat zur Wahl stellt. Dabei ist die Unterstützung einer Partei nicht notwendig.

Direktmandat Mandat, das derjenige Kandidat erhält, der bei der Bundestagswahl die meisten Erststimmen in einem → Wahlkreis auf sich vereinigt. → Wahlen

Dogmatismus Beharrlich vertretene, nicht begründete Äußerungen, die dem Urheber als selbstverständlich richtig gelten. Besonders in der katholischen → Kirche findet sich in Glaubensfragen Dogmatismus, die Richtigkeit der Ansichten wird aus dem Willen Gottes hergeleitet. Deshalb erübrigt sich nach Ansicht der Glaubenshüter eine kritisch-wissenschaftliche Herangehensweise bzw. wirkt moralisch fragwürdig.

Domino-Theorie US-amerikanische Vorstellung aus dem → Kalten Krieg, nach der westlich orientierte Staaten nach und nach dem → Kommunismus zum Opfer fallen – ist die sozialistische Revolution in einem Staat erfolgt, so wird dieser als Ausgangsbasis für den Angriff auf den Nachbarn genutzt. Ähnlich wie eine Reihe aufgestellter Dominosteine könnten prowestliche Regierungen stürzen. Nach der Domino-Theorie wurden scheinbar gefährdete Staaten unterstützt, um die Expansionsbestrebungen der Sowjetunion einzudämmen. Die Theorie hatte wesentlichen Einfluss auf die amerikanische Militärpolitik nach dem Zweiten Weltkrieg. Die Angst vor der Ausbreitung des Kommunismus führte u. a. zum US-Eingriff in den → Vietnamkrieg, da die Befürchtung

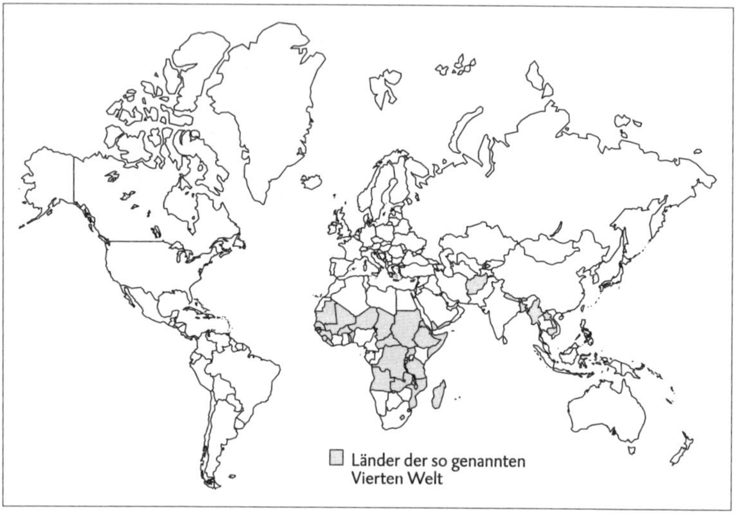

Die ärmsten Staaten der Erde fallen unter den Begriff „Vierte Welt" (Stand 2002).

bestand, mit dem Fall Vietnams werde die ganze Region kommunistisch.

Dreiklassenwahlrecht Ausformung des → Wahlrechts. Im Dreiklassenwahlrecht werden die Wähler eines → Wahlkreises nach der Steuerkraft eingeteilt. Jede Klasse wählt dieselbe Anzahl von Wahlmännern, die wiederum die → Abgeordneten wählen. Diese indirekte Wahl führte z. B. in Preußen, wo das Dreiklassenwahlrecht von 1849 bis 1918 angewandt wurde, dazu, dass die dritte Klasse, in der sich die große Masse (84,57 % der Wähler) der wenig oder nichts Verdienenden befand, nur ein Drittel der Abgeordneten stellte. Das Dreiklassenwahlrecht bedeutete eine politische Entmündigung des größten Teils der Wähler.

Dritte Welt Gesamtheit der unterentwickelten Staaten bzw. der → Entwicklungsländer. Der Begriff folgt der Einteilung der Welt in eine sog. „Erste" Welt, die westlichen → Industriestaaten, und eine „Zweite" Welt, die ehemals sozialistischen Ostblockstaaten. Gelegentlich ist auch von der „Vierten" Welt, die ärmsten der Entwicklungsländer, die Rede, zu denen im Jahr 2002 von der → UN 49 Länder gezählt wurden. Diese begriffliche Einteilung ist sehr umstritten, da sie den Eindruck erweckt, es handele sich um andere Welten, wodurch mit diesen Ländern verbundene Probleme in weite Ferne rücken und möglicherweise leichter verdrängt werden. → Armut, → Nord-Süd-Konflikt

Dritter Weg Politisches und wirtschaftliches Konzept, das sich selbst als Kompromiss bzw. Überwindung der traditionellen Systeme → Marktwirtschaft und → Sozialismus sieht. Als erster Versuch in dieser Richtung gilt der → Prager Frühling, in dem eine Verbindung des sozialistischen Wirtschaftssystems mit demokratischer Mitbestimmung angestrebt worden war. In den 1960er- und 1970er-Jahren wurde der Ruf nach einer Umgestaltung der DDR laut, der eine Überwindung des Erbes des → Stalinismus forderte. In der heutigen Bedeutung wurde das Schlagwort „Dritter Weg" von dem britischen Soziologen Anthony Giddens geprägt. Der englische Premierminister Tony

Blair und der deutsche Bundeskanzler Gerhard Schröder legten 1999 ihr gemeinsames Papier „Der Weg nach vorne für Europas Sozialdemokraten" vor, das eine große Ähnlichkeit der Programme (Blairs „Dritter Weg", Schröders „Neue Mitte") aufzeigte. Kritiker beanstanden, das Konzept sei eine Abkehr von traditionellen sozialdemokratischen Werten und eine Annäherung an den → Neoliberalismus.

Drittes Reich → Nationalsozialismus

DVU (Deutsche Volksunion) Nationalistische deutsche Partei. Die DVU gilt mit ca. 17 000 Mitgliedern als die größte rechtsextremistische Partei in Deutschland. Sie wird seit ihrer Entstehung im Jahr 1971 (damals als Verein gegründet) von Dr. Gerhard Frey, einem Verleger und Immobilienspekulanten, geleitet. Die Partei ist finanziell abhängig von Frey, der seine Publikationen „Deutsche National-Zeitung" und „Deutsche Wochen-Zeitung" faktisch als Sprachrohr der Partei nutzt. Die DVU verfügt über 16 Landesverbände und beschränkt ihre Aktionen zumeist auf Parteitage und den Wahlkampf. Den größten Erfolg, 12,9 % der Stimmen, verbuchte sie bei den Landtagswahlen in Sachsen-Anhalt 1998. Der Verfassungsschutzbericht bezeichnet die DVU als rechtsextremistisch und wirft der Partei verfassungsfeindliche Bestrebungen vor. Dies kann aber aufgrund des bewusst zurückhaltend formulierten Parteiprogramms und der Vorsicht Freys bei öffentlichen Auftritten nicht eindeutig nachgewiesen werden.

E

EAG → EURATOM

Ebert, Friedrich (geb. 4.2.1871 in Heidelberg, gest. 28.2.1925 in Berlin) Sozialdemokratischer Politiker und erster deutscher Reichspräsident in der → Weimarer Republik. Obwohl Ebert Kriegsgegner war, setzte er sich nach Ausbruch des → Ersten Weltkriegs für eine patriotisch-loyale Haltung der SPD ein. Am 9.11.1918 wurde er zum Reichskanzler berufen. In dieser Position wandte er sich gegen radikalrevolutionäre Bestrebungen der Kommunisten. 1919 wählte die Weimarer Nationalversammlung Ebert zum vorläufigen Reichspräsidenten. Er ging gegen die Aufstände vor, die die Weimarer Republik von links und rechts bedrohten und stabilisierte so die gefährdete Demokratie.

Die Unterzeichnung der Römischen Verträge 1957.

EFTA (engl. *European Free Trade Association*) 1960 als Reaktion auf die Europäische Wirtschaftsgemeinschaft (→ EWG) gegründete Freihandelsvereinigung. Die EFTA mit Sitz in Genf bestand ursprünglich aus sieben europäischen Staaten (Dänemark, Norwegen, Österreich, Portugal, Schweden, Schweiz, Großbritannien) und sah den Abbau von Zöllen und Handelshemmnissen vor (→ WTO). Da die meisten Mitglieder inzwischen der → EU beitraten, verlor die EFTA an Bedeutung. Heute gehören ihr nur noch Island, Liechtenstein, Norwegen und die Schweiz an, mit 23 Staaten gibt es Freihandelsabkommen.
@ http://www.efta.int

EG (Europäische Gemeinschaft) → Institutionen und Abkommen der europäischen Staaten mit dem Ziel wirtschaftlicher und politischer → Integration. Die EG setzt sich zusammen aus der Europäischen Gemeinschaft für Kohle und Stahl (→ EGKS), der Europäischen Wirtschafts- (→ EWG) sowie der Europäischen Atomgemeinschaft (→ EURATOM). Eine enge wirtschaftliche und kulturelle Vernetzung der westeuropäischen Staaten sollte ein Wiederaufkeimen des → Nationalismus verhindern und Europa als eigenständige politische Kraft etablieren. Besonders die Erfahrungen des → Zweiten Weltkriegs, der ganz Europa in Mitleidenschaft gezogen hatte, trugen zu diesem Wunsch bei. 1951 einigten sich Deutschland, Frankreich, Italien und die → Benelux-Staaten auf die Gründung der EGKS. Die Gründung einer eigenständigen Verteidigungsorganisation scheiterte 1954 am Widerstand Frankreichs. Am 1.1.1958 traten die EWG und der EURATOM-Vertrag in Kraft (→ Römische Verträge), die von nun an die Grundlage der weiteren Integration Europas bildeten. 1973 fand die erste Erweiterung der EG mit der Aufnahme Großbritanniens, Dänemarks und Irlands statt. Die norwegische Regierung hatte die Beitrittsakte zwar unterschrieben, die Mitgliedschaft wurde aber später von der Bevölkerung in einer Volksabstimmung abgelehnt. Am 1.1.1981 trat Griechenland und am 1.1.1986 Spanien und Portugal bei. Diese Süderweiterung war unter den Mitgliedsstaaten heftig umstritten, da sie wegen der wirtschaftlichen Rückständigkeit der neu hinzukommenden Staaten eine große Belastung für den Haushalt, insbesondere aber für den Agrarmarkt der EG, bedeutete. Mit dem Vertrag über die Europäische Union (→ EU) wurde die EG in die Europäische Union integriert.

EGKS (Europäische Gemeinschaft für Kohle und Stahl) Im April 1951 von Frankreich, Deutschland und den → Benelux-Staaten gegründete Organisation, die für eine effiziente Versorgung und eine Harmonisierung des europäischen Energiemarktes sorgte. Darüber hinaus wurden durch die EGKS die Preise für Kohle und Stahl reguliert und die Lebens- und Arbeitsbedingungen der Arbeitnehmer in diesen Branchen verbessert. Die EGKS läuft Mitte 2002 aus und wird dann voraussichtlich durch allgemeinere Richtlinien ersetzt. Sie ist die einzige Organisation der → EG mit zeitlicher Befristung.

Einflusssphäre Gebiet, in dem Groß- oder → Supermächte ihre politische, wirtschaftliche und militärische Herrschaft direkt oder indirekt ausüben. Während des → Kalten Krieges war die Welt in die Einflusssphären der USA (Westeuropa, → Japan, Südamerika) und der Sowjetunion (osteuropäische Staaten, → Kuba, Nordkorea) aufgeteilt. Die beiden Supermächte respektierten die Einflusssphären weitgehend, um eine bewaffnete Konfrontation zu vermeiden. → Bipolarität

Einheitsstaat Staatsform, in der anders als im → Bundesstaat (→ Föderalismus) und im → Staatenbund keine selbstständigen oder in politischen Teilbereichen selbstständigen Untergliederungen existieren, sondern nur Verwaltungseinheiten, die von der Zentralregierung abhängig sind.

Einigungsvertrag Vertrag über die „Herstellung der Einheit Deutschlands". Der Einigungsvertrag wurde in Berlin am 31. 8. 1990 unterzeichnet und war Voraussetzung für den Beitritt der DDR zur Bundesrepublik Deutschland am 3. 10. 1990. Der Vertrag enthält verschiedene Änderungen des → Grundgesetzes und legte Prinzipien zur Behandlung der Eigentumsfrage auf dem Gebiet der ehemaligen DDR fest. Diese schreiben vor, dass Enteignungen der Jahre 1945 bis 1949 nicht rückgängig gemacht werden und für die nach der Gründung der DDR 1949 vorgenommenen Enteignungen das Prinzip „Rückgabe vor Entschädigung" gilt. Diese Regeln wirkten oft hemmend für die wirtschaftliche Entwicklung, denn Ansprüche der früheren Eigentümer auf Rückerstattung, die in Rechtsstreitigkeiten mit den langjährigen Nutzern geltend gemacht wurden, verzögerten nötige Investitionen in Betrieben oder auf Grundstücken, deren Eigentumsfrage ungeklärt war. Die Relativierung dieser Prinzipien in verschiedenen Gesetzen (z. B. Ausgleichsleistungen für Enteignete zwischen 1945 und 1949, Entschädigungen für Enteignungen nach 1949) führte zwar zu mehr Gerechtigkeit, förderte jedoch nicht immer die für Investitionen notwendige Klärung der Eigentumsfragen.

Einstimmigkeitsprinzip Form politischer Willensbildung (→ Politischer Prozess). Beim Einstimmigkeitsprinzip, das es nur in wenigen Organen und Gremien gibt, kommt ein Beschluss nur zustande, wenn alle stimmberechtigten Mitglieder zustimmen. Mithilfe des → Vetos kann ein Beschluss verhindert werden. → UN-Sicherheitsrat

Einwanderungspolitik Maßnahmen, die sich auf den Zuzug einwanderungswilliger Menschen aus einem anderen Staatsgebiet beziehen. Für Deutschland ist eine gezielte Einwanderungspolitik wichtig, um die Altersstruktur der Bevölkerung und damit die Anzahl der Fachkräfte in mittleren Jahren zu erhöhen und eine Entlastung des Rentensystems zu garantieren (→ Bevölkerungsentwicklung, → Generationenvertrag). Hierzu ist es notwendig, zunächst den Bedarf an Arbeitskräften möglichst genau zu erfassen, um daraus Kriterien für die Einwanderung ableiten zu können. Des Weiteren ist die Einwanderungspolitik durch gezielte und integrationsfördernde Eingliederungspolitik zu unterstützen. Die Probleme ungezielter unkontrollierter Einwanderung bestehen darin, dass Menschen, die für die hoch industrialisierte Gesellschaft nicht ausreichend qualifiziert sind, in Randexistenzen abgedrängt werden. Eine Kommission, besetzt mit Vertretern aus Gewerkschaft, Kirche, Wirtschaft und Wissenschaft, geleitet von der ehemaligen Bundestagspräsidentin Rita Süssmuth, legte im Juli 2001 Pläne für ein Einwanderungsgesetz vor. Eine Einigung scheiterte bis jetzt aber an zu großen parteipolitischen Gegensätzen. Das deutsche Staatsbürgerschaftsrecht schreibt vor, dass ein Kind mit der Geburt Deutsche(r) wird, wenn zumindest ein Elternteil deutscher Staatsbürger ist. Seit dem 1. 1. 2000 gilt das Geburtsrecht: Ab diesem Zeitpunkt werden in Deutschland geborene Kinder ausländischer Eltern mit der Geburt automatisch Deutsche, wenn ein Elternteil bei der Geburt mindestens acht Jahre dauerhaft und rechtmäßig in Deutschland lebt und seit mindestens drei Jahren eine unbefristete Aufenthaltsgenehmigung hat. Zusätzlich erwerben die Kinder durch Geburt meist die Staatsangehörigkeit ihrer Eltern. Das Optionsmodell sieht vor, dass Kinder, die nach dem Geburtsrecht Deutsche sind und gleichzeitig die Staatsangehörigkeit ihrer Eltern erwerben, sich nach der Volljährigkeit bis zum 23. Lebensjahr für eine Staatsbürgerschaft entscheiden müssen.

Eiserner Vorhang (engl. *iron curtain*) Auf Winston → Churchill zurückgehende Bezeichnung für die Grenze zwischen der sowjetischen und amerikanischen → Einflusssphäre in Europa während des → Kalten Krieges. Churchill prägte den Begriff *iron curtain* am 5. 3. 1946 in einer Rede in Fulton, Missouri.

Elite → Machtelite

Emanzipation Befreiung aus politischer, sozialer oder rechtlicher Abhängigkeit. Politische Emanzipation verbessert die rechtliche Stellung einer bisher unter Vormundschaft stehenden Bevölkerungsgruppe bzw. stellt sie rechtlich gleich. Häufig vollzieht sich die Emanzipation nicht plötzlich, sondern ist das Ergebnis langer Bemühungen und Auseinandersetzungen. Heute wird der Begriff Emanzipation meist mit Blick auf die Frauenrechtsbewegung verwendet.

Embargo Verbot, bestimmte Waren an ein Land zu liefern. Ein Embargo richtet sich meist gegen einen als Bedrohung angesehenen Staat, kann aber auch als rein wirtschaftliches Kampfmittel eingesetzt werden. Nach dem irakischen Überfall auf Kuwait (→ Golfkrieg) verhängten die Vereinten Nationen (→ UN) ein Embargo gegen den Irak.

Enklave Gebiet, das vollständig von einem Staat umgeben ist, aber zu einem anderen Staat gehört. Je nach Perspektive wird dieses Gebiet Enklave (aus Sicht des umgebenden Staates) bzw. Exklave (aus Sicht des Mutterlands) genannt. Die Existenz einer Enklave kann, je nach Beziehung der beteiligten Staaten zueinander, Probleme bedeuten, z. B. Streit um die Zugehörigkeit oder Erreichbarkeit. So kam es zwischen Armenien und Aserbaidschan zu Gefechten um die überwiegend armenische Region Nagornij Karabach, die innerhalb aserbaidschanischen Gebiets liegt.

Entkolonialisierung Beseitigung der Fremdherrschaft in einer → Kolonie. Die Entkolonialisierung ist oft mit einer neuen Staatsgründung verbunden. Die große Welle der Entkolonialisierungen setzte nach dem Zweiten Weltkrieg ein, als viele Kolonien Freiheit und nationale Selbstbestimmung einforderten. Dies führte oft zu langwierigen Unabhängigkeitskriegen (in Vietnam 1946–1954, Algerien 1954–1962), da die Kolonialmächte ihren Herrschaftsanspruch nicht aufgeben wollten. Die Entkolonialisierung hinterließ oft ein schwieriges Erbe, weil Verwaltungsgrenzen willkürlich gezogen worden waren und nicht den nationalen und religiösen Grenzen entsprachen. Deshalb kam es nach Abzug der Kolonialmächte zu vielen Konflikten, die teilweise bis heute andauern. → Indien

Entspannungspolitik Phase zur Zeit des → Ost-West-Konflikts, in der beide Seiten von der Konfrontation zur Kooperation übergingen (→ Friedliche Koexistenz). Die Entspannungspolitik, die insbesondere die Jahre 1963 bis 1979 prägte, setzte nach Ende der → Kubakrise ein, die die → Supermächte an den Abgrund eines Atomkrieges gebracht hatte. Aus diesem Grund wurde am 20.6.1963 vereinbart, einen „heißen Draht", also eine direkte Telefonverbindung zwischen den Büros der Staatschefs der USA und der Sowjetunion einzurichten. So war für den Fall einer erneuten Krise eine schnelle Kommunikation möglich. Die Entspannungspolitik führte zum Abschluss einer Reihe von Verträgen, die trotz der weiterhin bestehenden Interessenkonflikte eine begrenzte Zusammenarbeit zwischen den beiden gegnerischen Staaten vorsahen: Der → Atomwaffensperrvertrag sollte eine unkontrollierte Ausbreitung dieser Massenvernichtungswaffen verhindern und die → SALT-/START-Verträge legten Obergrenzen für die Nuklearrüstung fest. Eine zweite Phase der Entspannung setzte mit → Gorbatschows Politik der Glasnost und Perestroika und dem Beginn demokratischer Reformen in der Sowjetunion Ende der 1980er-Jahre ein.

Entwicklungsländer Begriff für eine Gruppe von Staaten, in denen im wirtschaftlichen und sozialen Bereich verglichen mit den → Industriestaaten → Unterentwicklung herrscht. Die Angaben über die Zahl der Entwicklungsländer variieren (max. 170). Der weitaus größte Teil dieser Länder befindet sich auf der Südhalbkugel der Erde. Entwicklungsländer werden in verschiedene Gruppen eingeteilt, wobei sich die Einordnungen von Organisation zu Organisation teilweise stark unterscheiden. Die → Weltbank beispielsweise gruppiert alle Länder nach dem Bruttosozialprodukt pro Kopf und unterscheidet dann nach niedrigem (*Low Income*), mittlerem (*Lower Middle Income* und *Upper Middle Income*) und hohem Einkommen (*High Income*). Zu Letzteren zählen bei dieser Einteilung nicht nur die westlichen Industriestaaten, sondern z.B. auch Länder wie Israel, Hongkong und Singapur sowie die bevölkerungsarmen Erdölexporteure Kuwait und die Vereinigten Arabischen Emirate. Mit Portugal und Griechenland hingegen rechnet die Weltbank zwei der EU-Mitgliedsländer zu der Gruppe der *Upper Middle Income* Staaten. In der Einteilung der → UN gibt es u.a. die Gruppe der ärmsten Entwicklungsländer (LDC: *Less Developed Countries* bzw. auch LLDC: *Least Developed Countries*), die auch häufig als „Vierte Welt" bezeichnet und damit begrifflich aus der Dritten Welt ausgegliedert werden. Diese Staaten verfügen nur über ein sehr niedriges Pro-Kopf-Einkom-

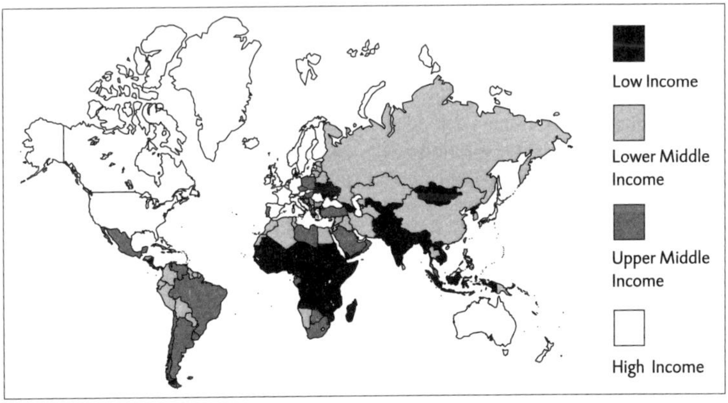

Die Staaten der Welt, aufgeteilt nach dem Einkommen der Bevölkerung.

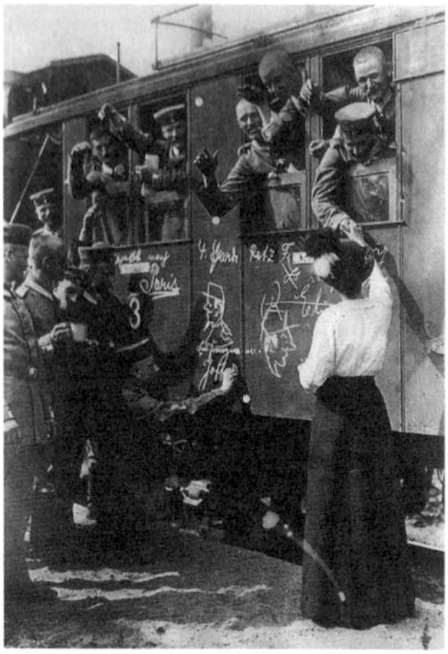

Der Kriegsausbruch wurde von vielen jungen Männern begrüßt und die Eisenbahnwaggons, die die Truppen 1914 an die Front transportierten, mit Siegesparolen beschrieben. Die Realität des Schützengrabens, z. B. während der Marneschlacht 1914, führte jedoch zur baldigen Ernüchterung.

men und eine geringe Entwicklung des Humankapitals (Ernährung, Gesundheit, Bildung). Des Weiteren weisen sie eine hohe Anfälligkeit im ökonomischen Bereich auf (kaum wirtschaftliche Diversifikation, Instabilität). Zur Zeit besteht für die Entwicklungsländer das Problem, dass neben dem wirtschaftlichen Rückstand auch ein Defizit an modernen Informationstechnologien existiert, was die zukünftige Entwicklung weiter erschwert. → Armut,→ Dritte Welt,→ Industrialisierung, → Nord-Süd-Konflikt → Schwellenländer

Entwicklungspolitik Strategien und Maßnahmen, die von → Industriestaaten und → Entwicklungsländern eingesetzt werden, um der → Unterentwicklung entgegenzuwirken. Die Strategien der Industriestaaten variieren je nach politischer und wirtschaftlicher Absicht und finanziellen bzw. technischen Möglichkeiten. Entwicklungspolitik beinhaltet sowohl Wirtschaftshilfe als auch die Unterstützung demokratischer Reformen. Die Mitglieder der → OECD vereinbarten, dass die Entwicklungshilfe mindestens 0,7 % ihres derzeitigen Bruttoinlandsprodukts (→ BIP) betragen sollte. Wie zahlreiche andere Staaten liegt Deutschland jedoch mit 0,28 % deutlich unter diesem Wert. Die deutsche Entwicklungspolitik umfasst u. a. Nahrungsmittelhilfe, Armutsbekämpfung, Nothilfe und Krisenprävention, Familienplanung und Bevölkerungspolitik, Wasserversorgung und Sanitärmaßnahmen, Gesundheitswesen, Landwirtschaft, Ausbildung, , Umwelt- und Ressourcenschutz, Förderung der Privatwirtschaft sowie die Infrastruktur- und Stadtentwicklung.

Erster Weltkrieg Weltumfassender Krieg von 1914 bis 1918. Im Ersten Weltkrieg standen sich zwei Bündnissysteme gegenüber: Die „Entente“ (Großbritannien, Frankreich und Russland) und die Mittelmächte (Deutsches Reich, Österreich-Ungarn und Rumänien). Mit dem Attentat auf den österreichischen Thronfolger Ferdinand und seine Frau in Sarajevo durch einen serbischen Nationalisten weiteten sich die seit langem bestehenden Spannungen zwischen den Staaten Österreich-Ungarn und Serbien zu einer internationalen Krise aus. Das Deutsche Reich sah sich verpflichtet, für Österreich-Ungarn Partei zu ergreifen, Russland unterstützte das serbische „Brudervolk“. Die Weigerung Russlands, die Kriegsvorbereitungen einzustellen, führten am 1. 8. 1914 zur deutschen Kriegserklärung an Russland und kurz darauf an Frankreich, das nicht bereit war, neutral zu bleiben. Das Deutsche Reich wollte diesen Zweifrontenkrieg mithilfe des „Schlieffenplans" gewinnen, der einen schnellen Sieg über Frankreich vorsah, bevor Russland seine Armee gegen Ostdeutschland einsetzen konnte. Im Westen führte die deutsche Offensive wegen des Marschs durch das neutrale Belgien zum Kriegseintritt Großbritanniens. Nach sechs Wochen begann im Westen ein Stellungskrieg. Die deutsche Heeresleitung versuchte, durch Einsätze mit U-Booten eine Entscheidung zu erzwingen, indem Großbritannien von Waffen- und Versorgungslieferungen aus den offiziell noch neutralen → USA abgeschnitten wurde. Als es im U-Boot-Krieg zu ersten amerikanischen Opfern kam, entschlossen sich die USA aktiv in den Krieg einzutreten. Mit dem Scheitern der Frühjahrsoffensive 1918 zeichnete sich die deutsche Niederlage deutlich ab. In der Folgezeit kam es in Deutschland zu revolutionären Unruhen, die durch eine eilig ausgearbeitete Verfassung unterbunden werden sollten. Die Aufstände breiteten sich aber aus und in vielen Garnisonsstädten wurden sozialistische Arbeiter- und Soldatenräte gebildet. Reichskanzler Prinz Max von Baden verkündete am 9. 11. 1918 die Abdankung Kaiser Wilhelms II., der ins Armeehauptquartier nach Belgien floh, und die Regierungsgeschäfte wurden vom Führer der Sozialdemokraten, Friedrich → Ebert, übernommen. Ihm gelang es, in Deutschland einen sozialistischen Umsturz nach dem Vorbild der Oktoberrevolution in Russland zu verhindern. Zwei Tage nach der Abdankung des Kaisers wurde ein Waffenstillstand geschlossen. Im Versailler Friedensvertrag (28. 6. 1919) musste Deutschland die alleinige Kriegsschuld auf sich nehmen und u. a. hohen Reparationsforderungen, Gebietsabtretungen an Frankreich und das neu entstandene Polen, dem Verlust aller → Kolonien und einer weitgehenden Abrüstung, zustimmen. Die harten Bedingungen des Versailler Vertrags brachten die junge Demokratie der → Weimarer Republik in eine große Rechtfertigungskrise. Der Erste Weltkrieg gilt als „Urkatastrophe" des 20. Jahrhunderts, weil er ein Ausmaß an Zerstörungen erreichte, das zuvor undenkbar schien und zahlreiche Konflikte schuf, die den Ausbruch des → Zweiten Weltkriegs begünstigten. Er prägte sich tief in das Gedächtnis der Völker ein und führte zu Bemühungen, ein überstaatliches Sicherheitskonzept zu schaffen (→ Völkerbund).

Erststimme → Wahlen

Eskalation Stufenweise Verschärfung von → Spannungen. Wenn für eine politische Krise keine Lösung gefunden wird, kann sie bis zur Anwendung militärischer Gewalt eskalieren (→ Kubakrise). Um sich einen großen Handlungsspielraum offen zu halten, entwickelte die → NATO das Konzept der → flexiblen Reaktion, das eine Eskalation je nach Lage vorsah, um die Konfliktsituation auf einer möglichst niedrigen Ebene halten zu können.

Ethnie Einheit von Menschen, die sich aufgrund gewisser Merkmale (z. B. Volkszugehörigkeit, Sprache) von ihrer Umwelt abgrenzt. Die Bezeichnung Ethnie ist unscharf, da sie vor allem durch das Bewusstsein von Menschen, zu einer Ethnie zugehörig zu sein, bestimmt wird. So gibt es Ethnien, die nur wenige Familien umfassen.

EU (Europäische Union) Zusammenschluss von Staaten Europas mit dem Ziel wirtschaftlicher und politischer → Integration. Die am 1. 11. 1993 mit dem Vertrag über die Europäische Union („Maastrichter Vertrag", Februar 1992) in Kraft getretene Organisation entstand aus der Europäischen Gemeinschaft (→ EG) und besteht aus den drei Säulen Europäische Gemeinschaft (→ EGKS, EG und Euratom, vertieft und erweitert um die Wirtschafts- und → Währungsunion), Gemeinsame Außen- und Sicherheitspolitik (→ GASP)

Die EU-Mitglieder und ihre Beitrittskandidaten bei der geplanten Osterweiterung.

und Zusammenarbeit in der Innen- und Rechtspolitik. Die „Unionsbürgerschaft“ erlaubt Bürgern aus allen Mitgliedsstaaten, an Kommunalwahlen in ihrer jeweiligen Aufenthaltsregion teilzunehmen. Des Weiteren wurde der Ausschuss der Regionen eingerichtet, der eine beratende Rolle inne hat und bereits bestehende Tendenzen der → Regionalisierung unterstützen soll. Am 1. 1. 1995 traten Finnland, Österreich und Schweden der EU bei, nachdem in allen drei Staaten die Volksabstimmungen positiv ausgefallen waren. Die Union hat somit 15 Mitgliedsstaaten. Norwegen musste von einem geplanten Beitritt erneut Abstand nehmen, da sich eine knappe Mehrheit der Bevölkerung dagegen entschied. Das momentan ehrgeizigste Projekt der EU ist die gemeinsame Währung → Euro und die Osterweiterung. Der

Drang vieler osteuropäischer, wirtschaftlich schwacher Staaten in die EU führte zur Diskussion, ob zunächst eine Erweiterung oder eine Vertiefung der bisherigen Mitgliederbeziehungen angestrebt werden soll. An die Beitrittskandidaten stellt die EU folgende Bedingungen („Kopenhagener Kriterien"): Ein Staat muss demokratisch und rechtsstaatlich verfasst sein und über ein marktwirtschaftliches System verfügen, den Schutz nationaler Minderheiten garantieren und Mindeststandards beim Umweltschutz und in der Sozialgesetzgebung beachten. Ende des Jahres 1998 begannen die EU-Verhandlungen mit Estland, Polen, Slowenien, Tschechien, Ungarn und Zypern, Malta stellte 1998 einen Aufnahmeantrag. Umstritten ist ein Beitritt der Türkei. Seit 1964 gilt ein Assoziationsabkommen, das langfristig eine unverbindliche Beitrittsperspektive beinhaltet. 1995 vereinbarten die EU und die Türkei eine → Zollunion, 1999 wurde das Land offiziell als Beitrittskandidat eingestuft. Einer gleichberechtigten Mitgliedschaft stehen aber noch zahlreiche Probleme (z. B. Achtung der → Menschenrechte) entgegen. Radikale Stimmen in der Türkei behaupten, die EU wolle als „christliche Gemeinschaft" den Beitritt eines moslemischen Staates verzögern oder sogar verhindern. → Europäische Kommission, → Europäischer Gerichtshof, → Europäischer Rat, → Europäischer Rechnungshof, → Europäisches Parlament, → Rat der EU
@ http://europa.eu.int

EURATOM (Europäische Atomgemeinschaft, auch EAG) Vertragsorganisation, die am 25. 3. 1957 zusammen mit den zwei anderen Institutionen der → EG gegründet wurde. Die ursprüngliche Aufgabe der Euratom war es, für eine schnelle technologische Entwicklung in der Kernforschung und eine stärkere Zusammenarbeit der Mitglieder auf dem Sektor zu sorgen. Auch sollte sie nach dem Scheitern der Europäischen Verteidigungsgemeinschaft (→ EVG) im Bereich Verteidigungspolitik nach neuen Perspektiven suchen. Bis heute wurden aber nur bei der Reaktorsicherheit und in der gemeinsamen Forschung Fortschritte erzielt. Ein gemeinsamer Atomenergiemarkt blieb ebenso Wunschdenken wie der Aufbau einer europäischen Atomindustrie.

Euro Europäische Gemeinschaftswährung, deren Einführung zum 1. 1. 1999 auf der Konferenz von Maastricht im Vertrag über die Europäische Union beschlossen wurde (→ EU, → Währungsunion). Der Euro trat in den zwölf Teilnehmerstaaten (Belgien, Deutschland, Finnland, Frankreich, Irland, Italien, Luxemburg, Niederlande, Portugal, Österreich, Spanien, seit dem 1. 1. 2001 Griechenland) zunächst nur im bargeldlosen Zahlungsverkehr an die Stelle der nationalen Währungen und löste diese Anfang 2002 ab. In Deutschland betrug der Umtauschkurs D-Mark zu Euro 1,95583 zu 1. Ziel der gemeinsamen Währung ist es, den grenzüberschreitenden Handel innerhalb der Europäischen Union zu vereinfachen. Durch die Einführung des Euro wird außerdem der direkte Preisvergleich zwischen den Produkten möglich, da Kursschwankungen ausbleiben. Zusätzlich verhindert der Wegfall finanzpolitischer Instrumente wie Auf- und Abwertung den währungspolitischen Ausgleich zwischen Staaten, die eine stark voneinander abweichende Handelsbilanz haben. In vielen Teilnehmerstaaten war die Euroeinführung umstritten, so regte sich in Deutschland Widerstand gegen die Abschaffung der „stabilen DM". Gegenüber dem US-Dollar verlor der Euro seit der Einführung mehr als 20 % des ursprünglichen Wertes, erreichte im Jahr 2002 jedoch wieder knapp die Dollarparität. Der Kurs der gemeinsamen Währung wird von der Europäischen Zentralbank (→ EZB) überwacht. → Stabilitätspakt

Europäische Atomgemeinschaft → EURATOM

Europäische Gemeinschaft → EG

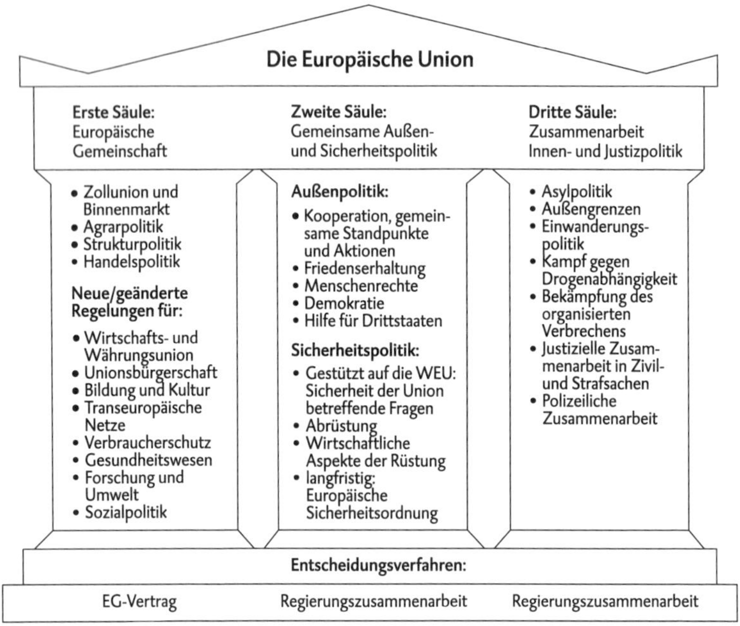

Die drei Säulen der Europäischen Union.

Europäische Gemeinschaft für Kohle und Stahl → EGKS

Europäische Kommission Von den nationalen Regierungen unabhängige Institution der Europäischen Union (→ EU). Zu den Aufgaben der Europäischen Kommission gehört, u. a., die Einhaltung von Verträgen zu überwachen und Stellungnahmen dazu abzugeben. Sie wirkt außerdem an Entscheidungen des → Europäischen Parlaments und des → Europäischen Rats mit. Die Kommission ist allein dem Europäischen Parlament verantwortlich. 1999 trat die gesamte Kommission unter Präsident Jacques Santer wegen des Vorwurfs der Vetternwirtschaft zurück, die von einer Untersuchungskommission erhoben worden waren.
@ http://europa.eu.int/comm

Europäische Union → EU

Europäische Verteidigungsgemeinschaft → EVG

Europäische Wirtschaftsgemeinschaft → EWG

Europäische Zentralbank → EZB

Europäischer Gerichtshof Gericht der Europäischen Union (→ EU). Der Europäische Gerichtshof setzt sich aus 15 Richtern und neun Generalanwälten zusammen, die von den Regierungen der Mitgliedsstaaten für sechs Jahre ernannt werden. Das Gericht hat die Aufgabe, die Rechtssicherheit bei Europaverträgen zu gewährleisten und spielt durch seine Auslegung von Gemeinschaftsverträgen eine wichtige Rolle bei der europäischen → Integration. Durch seine Entscheidungen sind die Normen und Befugnisse der EU deutlich ausgeweitet worden. Eine Berufungsmöglichkeit gegen Entscheidungen des Europäischen Gerichtshofs besteht nicht. Der Europäische Gerichtshof hat seinen Sitz in Luxemburg.
@ http://curia.eu.int

Europäischer Ministerrat → Rat der EU

Europäischer Rat Mindestens zweimal jährlich stattfindendes → Gipfeltreffen europäischer Regierungschefs, des Präsidenten der → Europäischen Kommission und eines Kommissionsmitglieds (Institution seit Dezember 1974). Der Europäische Rat legt die allgemeinen politischen Zielvorstellungen sowie die Richtlinien für die Gemeinsame Außen- und Sicherheitspolitik (→ GASP) fest. Im Europäischen Rat, der v. a. auf informeller Ebene arbeitet (z. B. vertrauliche Gespräche zwischen einzelnen Staatschefs), wird eher als in anderen Organen der → EU ein Konsens erreicht, weil die hochrangigen Teilnehmer des Rates über größeren Handlungsspielraum verfügen und so mehrere Problemlösungen miteinander verknüpfen können („Schnüren von Paketen").

Europäischer Rechnungshof Kontrollorgan der Europäischen Union. Der Europäische Rechnungshof wurde 1975 mit Sitz in Luxemburg gegründet und ist für die Prüfung aller Ein- und Ausgaben der → EU sowie für die Durchsetzung des Haushalts zuständig. Alle EU-Organe sind verpflichtet, die gewünschten Auskünfte an den Europäischen Rechnungshof weiterzugeben. @ http://www.eca.eu.int

Europäisches Parlament Von den europäischen Bürgern gewählte Volksvertretung der Europäischen Union (→ EU). Das Europäische Parlament beteiligt sich an der → Legislative innerhalb der Union, darf aber selbst keine Gesetzesentwürfe einbringen. Es ist die Volksvertretung der Union und besteht aus 626 Abgeordneten aus allen Mitgliedsstaaten. Diese sind in übergeordneten Fraktionen bzw. Parteien (etwa die Europäische Volkspartei, die Sozialdemokratische Partei Europas) vereint und werden alle fünf Jahre direkt gewählt. Zu den Aufgaben des Parlaments gehören u. a. die Zustimmung zum Beitritt neuer Mitglieder und über internationale Abkommen. Es berät auch über den von der → Europäischen Kommission beschlossenen Haushalt.
@ http://www.europarl.eu.int

Europarat Am 5. 5. 1949 gegründete Organisation europäischer Staaten mit dem Ziel, das gemeinsame europäische Erbe zu bewahren. Der Europarat, dem zur Zeit 41 Staaten angehören, ist kein Organ der Europäischen Union. Problematisch wurde von vielen Mitgliedern der Beitritt Georgiens empfunden, da Bedenken wegen der Menschenrechtslage dort existieren. Der Rat spricht Empfehlungen aus wie z. B. die Europäische Menschenrechtskonvention im Jahr 1950. Zu ihrer Gewährleistung wurde 1954 die Europäische Menschenrechtskommission sowie 1959 der Europäische Gerichtshof für Menschenrechte geschaffen, wo Bürger, Gruppen oder Organisationen aus den Mitgliedsstaaten klagen können.
@ http://www.europarat.de

European Free Trade Association → EFTA

EVG (Europäische Verteidigungsgemeinschaft) Nie realisierte Idee zur Schaffung einer europäischen Armee Anfang der 1950er-Jahre. Die EVG sollte Truppen aus Westdeutschland, Frankreich und den Benelux-Staaten umfassen. Die Realisierung des Konzepts scheiterte am Widerstand Frankreichs, das sich gegen die von den USA begrüßte Einbeziehung deutscher Soldaten wandte. → WEU

EWG (Europäische Wirtschaftsgemeinschaft) In den → Römischen Verträgen begründetes und 1958 in Kraft getretenes Vertragswerk (→ EG). Die Ziele der Europäischen Wirtschaftsgemeinschaft sind u. a. ein harmonisches Wirtschaftswachstum, Stabilität, eine Anhebung des Lebensstandards der Bürger in den Mitgliedsstaaten sowie die Vertiefung der innereuropäischen Beziehungen. Dies soll durch den Aufbau eines → Binnenmarkts und durch die stufenweise Angleichung der Wirtschaftspolitik der Mitgliedsstaaten erreicht werden. Die → Integration der EWG erwies sich anfangs, aufgrund der Sonderrolle Frankreichs unter Präsident Charles de → Gaulle, als ausgesprochen schwierig. Erst mit dem Luxemburger Kompromiss, der das → Einstimmigkeitsprinzip festlegte, wurde der Stillstand überwunden. Mit dem Vertrag über die Europäische Union (→ EU) vom 7. 2. 1992 wurde die EWG in „Europäische Gemeinschaft“ umbenannt.

Ewigkeitsgarantie → Verfassungsprinzipien

Exekutive Ausführende Gewalt eines → Staates. Zur Exekutive in Deutschland gehören die → Bundesregierung, die Ministerien und die ihnen untergeordneten Verwaltungseinheiten. Viele Verwaltungsaufgaben werden von den Bundesländern selbst wahrgenommen. → Föderalismus

Exil Verbannung, Flucht oder Emigration ins Ausland, zumeist aus politischen Gründen. In autoritären oder totalitären Staaten bleibt Kritikern oft nur die Möglichkeit, ins Exil zu gehen und von dort aus eine → Opposition ins Leben zu rufen. Von einem „inneren Exil“ spricht man, wenn der Betroffene im Land bleibt und sich, ohne Opposition zu leisten, innerlich von der Regierung oder den bestehenden Verhältnissen abwendet.

Exklave → Enklave

Expansion Erweiterung eines Staates, seines Gebiets, seiner politischen → Einflusssphäre oder Ausdehnung eines Unternehmens. Eine Expansion geht oft zulasten eines anderen → Akteurs, z. B. durch die Abtrennung von Gebieten (→ Annexion) oder Verlust von Marktanteilen.

Export Ausfuhr von → Gütern aus einem Staat.

Extremismus Verhalten oder Einstellungen, die außerhalb der → freiheitlich demokratischen Grundordnung stehen. Der Begriff Extremismus grenzt sich somit vom → Radikalismus ab. Man unterscheidet Linksextremismus, der sich teils im → Anarchismus, teils im → Kommunismus/→ Marxismus äußert und Rechtsextremismus, der auf dem → Nationalismus basiert und Elemente des → Rassismus bzw. → Antisemitismus aufweist. Die Erscheinungsformen des Extremismus reichen von (partei-)politischen Aktivitäten über Propagandadelikte und Volksverhetzung bis hin zu terroristischen Anschlägen (→ Terror).

EZB (Europäische Zentralbank) Durch den Vertrag über die Europäische Union (→ EU) geschaffene Institution, die für die finanzpolitische Umsetzung der → Währungsunion zuständig ist. Zu den Aufgaben der Europäischen Zentralbank (Sitz Frankfurt am Main) gehört es, die → Geldpolitik der EU zu gestalten, Mindestwährungsreserven zu halten und Kreditoperationen durchzuführen. Die Besetzung des EZB-Chefpostens war wegen finanzpolitischer Differenzen zwischen Frankreich und Deutschland heftig umstritten. Amtierender EZB-Chef (2002) ist der Niederländer Wim Duisenberg. Wegen anhaltender Schwäche des → Euro gegenüber dem US-Dollar sah sich die EZB in jüngster Zeit zunehmender Kritik ausgesetzt. @ http://www.ecb.int

F

Fanatismus Bedingungsloser Einsatz für eine → Ideologie oder Sache. Fanatismus kann sowohl politische als auch religiöse Wurzeln haben und äußert sich in einem starken Glauben, dessen Ziele mit allen Mitteln verfolgt werden, wobei auch der Verlust von Menschenleben in Kauf genommen wird. Fanatiker versuchen mit radikalen Maßnahmen die Welt nach ihren Vorstellungen zu ändern und schrecken auch nicht vor → Terror zurück.

Faschismus (1) Politische Ideologie, deren zentrale Inhalte → Nationalismus und ein totalitärer Staatsaufbau nach dem Führerprinzip (→ Hitler) sind. Der Faschismus tritt für eine antidemokratische und antikommunistische Politik ein. Außenpolitisch wird die Expansion des Staatsgebiets angestrebt. (2) Italienische Ausprägung des diktatorischen Staates unter Benito Mussolini („Duce"). 1919 gründete Mussolini in Italien den ersten faschistischen Kampfbund, 1921 die Nationale Faschistische Partei. Durch den „Marsch auf Rom" erreichte er seine Ernennung zum Regierungschef durch König Viktor Emanuel III. und baute in der Folgezeit seine Macht zu einer → Diktatur aus. Sein Plan war die Errichtung eines großitalienischen Reiches in der Tradition des römischen Imperiums. Der italienische Angriff auf Abessinien (heutiges Äthiopien) 1935 hatte → Sanktionen des → Völkerbunds zur Folge. Mussolini näherte daraufhin seine Außenpolitik an das nationalsozialistische Deutschland (→ Nationalsozialismus) an. Dies bewirkte eine enge Zusammenarbeit der beiden Staaten (1936 Vertrag zur „Achse" Berlin-Rom, 1939 Abschluss des „Stahlpakts"). Bald nach dem italienischen Kriegseintritt 1940 kam es zu militärischen Rückschlägen in Libyen und Albanien, die zu einem Autoritätsverlust Mussolinis und einer zunehmenden Abhängigkeit von Deutschland führten. Am 25.7.1943, zwei Wochen nach der Landung von US-Truppen auf Sizilien, ließ der italienische König Mussolini verhaften. Durch ein Kommando deutscher Fallschirmjäger befreit, konnte er in Norditalien noch einmal eine (faktisch machtlose) Regierung bilden. Als sich der vollständige militärische Zusammenbruch Italiens abzeichnete, versuchte Mussolini zu fliehen, wurde aber von Widerstandskämpfern aufgegriffen und erschossen.

FDGB (Freier Deutscher Gewerkschaftsbund) Massenorganisation in der DDR, die die Verbindung zwischen der Führung der → SED und den Arbeitern herstellen sollte. Neben der Organisation der Arbeiter in den Betrieben erfüllte er gesamtstaatliche sozialpolitische Verwaltungsaufgaben (Sozialversicherung der

Der 9. FDGB-Kongress im Palast der Republik, Berlin (Mai 1977). Der FDGB diente lediglich dem Einfluss der Partei auf die Arbeiterbewegung. Eine eigenständige, kritische Politik kam daher nicht zustande.

Arbeiter/Angestellten, Ferienheime). Die Betriebe befanden sich nach der SED-Ideologie in der Hand der Arbeiter, der FDGB hatte kein Streikrecht. Da er am 18.3.1990 nicht zur Volkskammerwahl zugelassen wurde, löste sich der FDGB im September auf. Die Einzelgewerkschaften schlossen sich dem Deutschen Gewerkschaftsbund (DGB) an. → Gewerkschaft

FDJ (Freie Deutsche Jugend) Massenorganisation in der DDR, die die 14- bis 25-Jährigen organisierte. Zu den Aufgaben der FDJ gehörte neben der Gewährleistung der sozialistischen Erziehung und der Leitung von Pioniergruppen auch die Organisation von Wettbewerben und Arbeitsgemeinschaften an Schulen. Außerdem förderte sie die vormilitärische Erziehung und führte Ferienlager durch.

FDP (Freie Demokratische Partei) Liberale deutsche Partei. Liberale Politiker unternahmen nach dem Zweiten Weltkrieg den Versuch, die Zersplitterung liberaler Richtungen im → Kaiserreich und in der → Weimarer Republik in einer bürgerlichen Partei zu verbinden und gründeten 1948 die FDP. Von 1949 bis 1966 beteiligte sich die Partei unter besonderem Gewicht ihres nationalliberalen Flügels in Koalitionen mit der CDU/CSU beim Aufbau der Bundesrepublik. In der sozialliberalen Koalition mit der SPD von 1969 bis 1974 gestaltete die FDP insbesondere die Politik der inneren Reformen und der neuen Ostpolitik mit. → Parteiensystem

Feudalismus Mittelalterliches Gesellschafts- und Wirtschaftssystem, das auf dem Lehnswesen basierte. Im Feudalismus gab es eine Hierarchie von Abhängigkeiten, die vom obersten Feudalherrn, z. B. dem Kaiser über den weltlichen und geistlichen Adel bis hin zu den Bauern reichte. Der Vasall war seinem Herren durch Arbeit und Abgabe von Naturalien tributpflichtig und musste im Kriegsfall als Soldat zur Verfügung stehen, wofür ihm der Herr Schutz gewährte.

Fiskalpolitik Möglichkeit des Staates, die Konjunktur durch Änderung der Einnahme- (Steuern) und Ausgabenpolitik und der Investitionsförderung (Abschreibungsmöglichkeit) zu beeinflussen. Die Maßnahmen der Fiskalpolitik sind heute nicht mehr in vollem Umfang wirksam, da immer deutlicher wird, dass die Überlegung, mehr Investitionen bzw. mehr Umsatz bewirkten ein Sinken der Arbeitslosigkeit, an Bedeutung verliert. Deshalb wird Fiskalpolitik häufig kritisch beurteilt. → Geldpolitik, → Keynesianismus

Flexible Reaktion US-Militärdoktrin und NATO-Strategie, die unter US-Präsident John F. Kennedy entwickelt wurde und später an die Stelle der → massiven Vergeltung trat, da diese zunehmend unglaubwürdig wirkte. Die → Abschreckung

Propagandaplakat der FDJ (1950), die mit Massenaufmärschen den sozialistischen Einheitsstaat DDR feierte.

sollte nicht mehr nur in der Androhung des totalen Atomschlags gegen die Sowjetunion bestehen. Im Fall einer krisenhaften Zuspitzung der Ereignisse sollte vielmehr angemessen geantwortet werden, um eine → Eskalation zu vermeiden. Erst bei vollständigem Versagen aller diplomatischen und konventionellen militärischen Mittel (→ Konventionelle Kriegsführung), sollte zum Einsatz von → ABC-Waffen übergegangen werden.

Flüchtling Mensch, der wegen Krieg, Terror, Armut, Hunger oder Dürre seine Heimat verlässt. Ende der 1990er-Jahre waren auf der Welt etwa 23 Millionen Menschen auf der Flucht.

Föderalismus Organisationsstruktur eines Staates, in der verschiedene → Bundesländer bzw. -staaten im Gesamtstaat zusammenwirken. Der Föderalismus oder → Bundesstaat grenzt sich somit vom → Einheitsstaat und → Staatenbund ab. Im Bundesstaat kann es sowohl negative als auch positive Aspekte geben. Beklagt werden in Deutschland die unterschiedlichen Vorschriften im Bereich Erziehung und Bildung. Die föderalistische Ordnung Deutschlands bedeutet jedoch auch eine Verstärkung der → Gewaltenteilung, wodurch Machtmissbrauch verhindert und wirtschaftliche, politische und kulturelle Besonderheiten der Regionen gefördert werden. Außerdem wird den Regionen im Rahmen des Gesamtstaats bei der Artikulation und Verwirklichung ihrer Interessen ein eigenes Gewicht gegeben (→ Subsidiarität) und es wird gewährleistet, dass die einzelnen Länder durch die Mitarbeit im Bundesrat ihre Interessen gesamtstaatlich geltend machen.

Fraktion Gruppe von → Abgeordneten der gleichen politischen → Partei im → Parlament. Im deutschen → Bundestag muss eine Fraktion über mindestens 5 % der Mitglieder des Parlaments verfügen (→ Fünf-Prozent-Klausel). In den Fraktionssitzungen finden die politischen Diskussionen statt, die für das Auftreten im → Plenum sowie die Handlungsweise der Abgeordneten in Ausschüssen maßgeblich sind. Da die Fraktionen im Plenum meist geschlossen – entsprechend der Mehrheitsentscheidung in den Fraktionssitzungen – abstimmen, kann von einer Fraktionsdisziplin gesprochen werden. Für deren Einhaltung sorgen die Fraktionsvorsitzenden und die jeweiligen parlamentarischen Geschäftsführer. Kritiker sehen hierin einen Fraktionszwang, durch den die Entscheidungsfreiheit des Abgeordneten eingeschränkt wird, der nur seinem Gewissen unterworfen und nicht an Aufträge und Weisungen gebunden ist.
→ Bundestagsabgeordneter

Frankfurter Schule U. a. auf Theodor W. Adorno (1903–1969) und Max Horkheimer (1895–1973) zurückgehender sozialwissenschaftlicher Forschungsansatz. Die beiden Emigranten kehrten 1949 aus dem amerikanischen → Exil zurück und entwickelten insbesondere Erklärungsansätze für das Aufkommen von totalitären Massenbewegungen in Europa. Sie kombinierten dabei unterschiedliche Ansätze wie Psychoanalyse, Kommunikationsforschung und Medienanalyse mit den Instrumentarien des → Marxismus, jedoch ohne dessen → Dogmatismus zu übernehmen. Ein jüngerer Vertreter der Frankfurter Schule ist Jürgen → Habermas.

Frankreich (1) Politisches System: Das französische politische System beruht auf der → Verfassung von 1958 und ist eine Mischung aus einer parlamentarischen und einer präsidentiellen → Demokratie. Der Staatspräsident ist die zentrale Figur des politischen Lebens in Frankreich: Er ernennt und entlässt den Premierminister, bestimmt die Richtlinien der Innen- und Außenpolitik und kann vom Parlament verabschiedete Gesetze blockieren. Das französische Parteiensystem ist durch eine Vielzahl kleinerer und mittlerer Parteien gekennzeichnet und befindet sich im ständigen Wandel (Parteineugründungen, Umbenennung bestehender Parteien). Es gibt eine starke, teils kommunistische Linke. (2) Geschichte: Frankreich, das sich Anfang des 20. Jahrhunderts in der sog. 3. Republik befand (Abschaffung der → Monarchie 1870), beteiligte sich, ebenso wie andere europäische Mächte, an kolonialistischen Bestrebungen (→ Imperialismus). Nach dem → Ersten Weltkrieg, der in Frankreich viele Opfer gefordert hatte, begann eine Zeit politischer Instabilität durch das Aufkommen nationalistischer und kommunistischer Ideen. Besonders die Wirtschaftskrise der 1930er-Jahre führte zu einer Verschlechterung der Lage. Im → Zweiten Weltkrieg wurde ein Teil des Landes nach der Kapitulation von deutschen Truppen besetzt. Die neue Regierung („Vichy-Regime") unter Marschall Pétain arbeitete mit dem nationalsozialistischen Deutschland zusammen, während General de → Gaulle aus dem Londoner → Exil zur Fortführung des Krieges aufrief. Nach der Befreiung Frankreichs durch die alliierten Truppen kam es zu Vergeltungsmaßnahmen an wirklichen und angeblichen Kollaborateuren. Im Oktober 1946 wurde eine Verfassung beschlossen (4. Republik), die aber kein stabiles politisches System schuf, da es mehrmals zum Sturz der Regierung durch die Nationalversammlung kam. Der Verlust der französischen Kolonie Indochina und der seit 1954 tobende Algerienkrieg führten zur schwersten Krise des politischen Systems Frankreichs. Offiziere in Algier wandten sich gegen die Regierung und im Inland drohte Bürgerkrieg. De Gaulle wurde als Einzigem die Rettung des Friedens zugetraut, unter seiner Regierung wurde 1958 eine neue Verfassung verabschiedet (5. Republik). Frankreich ist mit Deutschland einer der Kernstaaten der europäischen Integration. Die engen Beziehungen zwischen beiden Ländern heute sind langjährigen Bemühungen, das historische Misstrauen abzubauen, zu verdanken. Frankreich besitzt → Atomwaffen, ist eines der fünf Mitglieder des → UN-Sicherheitsrats und trat 1967 aus der militärischen, nicht aber politischen Struktur der → NATO aus.

@ http://www.senat.fr
@ http://www.premier-ministre.gouv.fr
@ http://www.assemblee-nat.fr

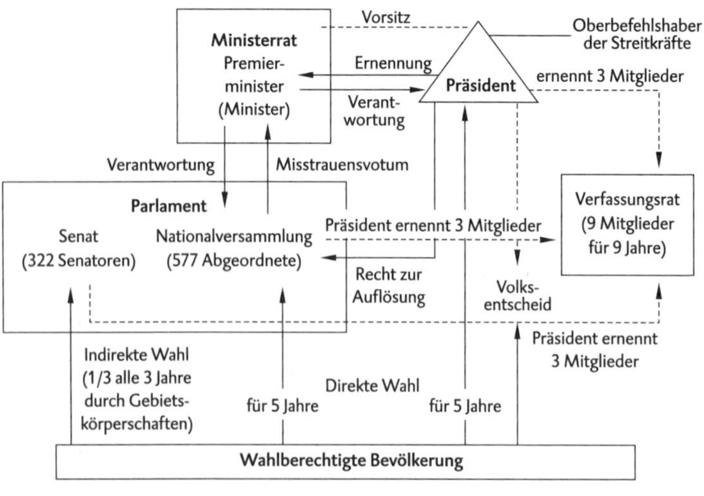

Systematischer Überblick zum politischen System Frankreichs.

Bundeskanzler Helmut Kohl und der französische Staatspräsident Francois Mitterand gedachten am 22. 9. 1984 nahe dem ehemaligen Schlachtfeld von Verdun der Gefallenen der beiden Weltkriege. Auf dem französischen Soldatenfriedhof von Douaumont reichten sich die Regierungschefs zum Zeichen der Versöhnung und der französisch-deutschen Partnerschaft die Hände.

Freie Demokratische Partei → FDP

Freie Deutsche Jugend → FDJ

Freier Deutscher Gewerkschaftsbund → FDGB

Freies Mandat → Mandat

Freihandelszone Region, in der aufgrund von zwischenstaatlichen Abkommen ein freier, nicht durch Zollbeschränkungen oder andere Handelshemmnisse behinderter Warenaustausch besteht. Beispiele für Freihandelszonen sind die → EFTA und die → NAFTA.

Freiheit Möglichkeit jedes Einzelnen, individuelle Fähigkeiten ohne große staatliche und gesellschaftliche Einschränkungen entfalten zu können. Bezogen auf die liberal-demokratischen politischen Systeme ist mit Freiheit auch gemeint, dass der Einzelne seine Interessen im Rahmen bestehender Gesetze, die mehrheitlich zustande gekommen sind, zur Geltung bringen kann.

Freiheitlich demokratische Grundordnung Grundprinzip der verfassungsmäßigen Ordnung Deutschlands. Die freiheitlich demokratische Grundordnung umfasst, gemäß des Urteils des → Bundesverfassungsgerichts aus dem Jahr 1952 zum Verbot der Sozialistischen Reichspartei (Nachfolgeorganisation von → Hitlers Partei NSDAP), folgende Aspekte: Menschenrechte (besonders Recht der Persönlichkeit auf Leben und Entfaltung), Gesetzmäßigkeit der Verwaltung, Gewaltenteilung, Volkssouveränität, Unabhängigkeit der Gerichte, Verantwortlichkeit der Regierung gegenüber dem Parlament, Chancengleichheit für alle politischen Parteien, Mehrparteienprinzip, Ausübung einer Opposition sowie das Recht auf verfassungsmäßige Bildung.

Freiheitssicherung Politisches Prinzip, das → Exekutive und → Judikative eines Staats zum Schutz der → Menschenrechte (→ Grundrechte) verpflichtet. Im → Grundgesetz wird deutlich, dass der Handlungsspielraum des Staates eingeschränkt und die Freiheit der Bürger dadurch geschützt werden sollte, dass die Grundrechte die → Legislative, die → Exekutive und die → Judikative binden. Die Grundrechte sind geltende Rechtsnormen, die die Staatsorgane, z. B. die Polizei oder das Finanzamt, zu beachten haben.

Frieden Im weitesten Sinn Bezeichnung für die Abwesenheit von → Krieg und personeller → Gewalt („negativer Frieden"). Im Gegensatz dazu wird von „positivem" Frieden gesprochen, wenn auch keine strukturelle Gewalt existiert. In der Geschichte galt Frieden schon immer als wichtige moralische Wertvorstellung (→ Gerechter Krieg). Krieg sollte nur in bestimmten Fällen, etwa bei der Abwehr einer Aggression als Mittel der Politik zulässig sein. Mit dem Aufkommen der → Atomwaffen ergab sich die zwingende Notwendigkeit eines Friedens zwischen der UdSSR und den USA. Die → UN hat sich zur zentralen Aufgabe gemacht, den Frieden auf der Welt zu sichern.

Friedensbewegung Politische Bewegung, die Anfang der 1980er-Jahre in den westlichen Staaten entstand und angesichts der weltweiten nuklearen Aufrüstung zur Friedenssicherung durch Rüstungsstopp aufruft. → Bündnis 90/Die Grünen, → Pazifismus

Friedliche Koexistenz Außenpolitisches Konzept im → Kalten Krieg zwischen den → Supermächten. Als die USA und die UdSSR das hohe Risiko erkannt hatten, das eine politische Konfrontation in sich barg (→ Kubakrise), wurde die Idee der friedlichen Koexistenz entwickelt. Die Rivalität auf ideologischem, militärischem und wirtschaftlichem Gebiet blieb zwar bestehen, die Gefahr einer direkten Konfrontation verringerte sich aber.

Friedliche Revolution → Bürgerinitiativen und Massendemonstrationen in der ehemaligen DDR, die 1989 zum friedlichen Wandel des politischen Systems beitrugen. Die friedliche Revolution war eine wichtige Voraussetzung für den deutschen Einigungsprozess (→ Deutsche Einheit, → Einigungsvertrag). Im Frühjahr und Sommer 1989 flüchteten Tausende DDR-Bürger in die bundesdeutschen Botschaften in Ungarn, der Tschechoslowakei und Polen. Nach Verhandlungen mit der DDR-Führung durften sie in die Bundesrepublik ausreisen, wo sie die bundesdeutsche Staatsbürgerschaft erhielten. Da die politische Führung auf die Forderungen der Opposition nach Reisefreiheit, dem Abbau der Grenzsicherungen und der Mauer nicht einging, sondern mit Wahlfälschung (7.5.1989) und Polizeieinsätzen ihre Stellung zu sichern suchte, verschärfte sich der Konflikt zwischen der DDR-Führung und der Bevölkerung. Am 11.9.1989 wurden in Ungarn die Westgrenzen für alle DDR-Bürger geöffnet und innerhalb von drei Tagen flohen mehr als 15 000 Menschen. Bis Ende September 1989 verließen 30 000 DDR-Bürger über Ungarn und Österreich das Land. Im Oktober 1989 führten Massendemonstrationen mit dem Ruf „Wir sind das Volk!" schließlich zum Sturz der Regierung Erich Honeckers. Egon Krenz wurde neuer Parteichef der SED, Vorsitzender des Staatsrats und Nationalen Verteidigungsrats und versprach einen gesellschaftlichen Dialog. Die Demonstrationen gingen jedoch weiter bis die DDR-Führung am 9.11.1989 den Grenzübergang von Ost- nach West-Berlin öffnete.

Fundamentalismus Ursprünglich Bezeichnung einer Strömung innerhalb des amerikanischen Protestantismus, die sich gegen den Einfluss der Naturwissenschaften wandte. Heute ist meist vom religiösen Fundamentalismus in Bezug auf den Islam die Rede. Gemeint ist die Bewegung radikaler Muslime, die besonders den Einfluss des Westens auf die islamische Welt ablehnen und zurückdrängen wollen. Der Fundamentalismus setzt sich für die Rückkehr zu einem Staat ein, in dem alle Politik der Religion untergeordnet wird. Einige zum Fundamentalismus gehörende Gruppen sind zudem für Anschläge gegen Israel oder die westlichen Staaten (→ Terror) verantwortlich. Begründet (radikale Interpretation) werden die Anschläge mit der Pflicht eines jeden Moslems zum „Dschihad" („Heiligen Krieg").

Fünf-Prozent-Klausel Sperrklausel im deutschen → Wahlrecht, nach der die → Parteien, die weniger als 5 % aller Stimmen auf sich vereinigen und nicht mindestens drei → Direktmandate gewinnen, bei der Sitzverteilung im → Parlament nicht berücksichtigt werden. Die Fünf-Prozent-Klausel soll klare Mehrheiten im Parlament bewirken und das Aufkommen von Splitterparteien im Parlament vermeiden, um die Voraussetzung für eine handlungsfähige und verantwortungsbewusste Regierung zu schaffen.

G

G-8 (Gruppe der 8) Weltwirtschaftsgipfel der Staats- und Regierungschefs der bedeutendsten westlichen Industriestaaten (Kanada, Deutschland, Frankreich, Großbritannien, Italien, Japan, USA) und Russlands, das seit 1997 gleichberechtigter Partner ist (vorher G7). Die G8-Staaten tagen seit 1974 jährlich und haben sich zum Ziel gesetzt, möglichst stabile Bedingungen für die Weltwirtschaft zu schaffen. Dazu gehört es auch, in Krisen- und Konfliktsituationen zu vermitteln. Ursprünglich stand das Treffen der „Gruppe der 7" unter dem Einfluss des → Kalten Krieges. Durch die gewachsene internationale → Interdependenz wurden weitere Treffen notwendig, auch unterhalb der Ebene der Staats- und Regierungschefs. So wurden zahlreiche Expertengruppen eingesetzt und der gesamte G8-Prozess stärker institutionalisiert.
@ http://www.g7.utoronto.ca

G-77 (Gruppe 77) Loser Zusammenschluss von ursprünglich 77 → Entwicklungsländern. Die am 12.5.1964 im Rahmen der ersten Welthandelskonferenz gegründete G-77 veröffentlichte eine gemeinsame Erklärung. Diese sah vor, die Einheit zwischen den Entwicklungsländern zu stärken, um international ein wirtschaftliches Gegengewicht zur Übermacht der → Industriestaaten zu bilden. Eine Organisationsstruktur innerhalb der Gruppe existiert nicht, es wird aber jährlich ein Koordinator gewählt. Die G-77 mit zwischenzeitlich 133 Mitgliedsstaaten (Stand 2002) hat weltweit nur wenig Einfluss, da die Interessen der Mitgliedsstaaten stark differieren. Nach dem Ende des → Ost-West-Konflikts ergab sich für die G-77 zusätzlich die Problematik, dass die ehemaligen Ostblockstaaten aus dem Verbund ausscherten bzw. begannen, mit den Staaten der → Dritten Welt um Wirtschaftshilfe zu konkurrieren.
@ http://www.g77.org

Gandhi, Mohandas Karamchand (geb. 2.10.1869 in Porbandar, gest. 30.1.1948 in Neu Delhi) Indischer Freiheitskämpfer und Führer der Kongresspartei. Gandhi, genannt Mahatma (große Seele), studierte Rechtswissenschaften in Großbritannien. Er wandte sich gegen die Ungerechtigkeiten des → Kolonialismus und war zunächst in Südafrika als Rechtsanwalt tätig, später in seiner Heimat → Indien. Von 1920 bis 1934 führte er die „All-indische Kongresspartei". Er setzte sich für die Überwindung der Glaubensgegensätze zwischen Hindus und Moslems ein und gründete eine Massenbewegung, die zum Ziel hatte, Indien in die Unabhängigkeit von der Kolonialmacht England zu führen. Hierbei war ihm, gemäß seinem hinduistischen Glauben, jedes Leben heilig, weshalb er einen bewaffneten Kampf grundsätzlich ablehnte und stattdessen die Mittel des gewaltfreien Widerstands nutzte. Dieser zielte insbesondere darauf ab, das wirtschaftliche → Monopol, etwa bei der Salzgewinnung, durch den Aufbau einer indischen Produktion zu brechen.

Gandhi, der trotz Unterdrückung seinem gewaltlosen Kurs treu blieb, erreichte die Unabhängigkeit Indiens von Großbritannien.

Gandhi wurde wegen seiner politischen Tätigkeit mehrmals inhaftiert, dokumentierte seine Entschlossenheit aber durch Hungerstreiks. Im Zweiten Weltkrieg trat er für eine strikte Neutralität ein. Gandhis Bemühungen um eine indische → Autonomie hatten schließlich Erfolg und das Land wurde 1947 unabhängig, die Abspaltung Pakistans konnte jedoch nicht verhindert werden. 1948 fiel Gandhi dem Attentat eines hinduistischen Fanatikers zum Opfer.

GASP (Gemeinsame Außen- und Sicherheitspolitik) Koordination der → Außenpolitik der → EU-Mitgliedsstaaten, festgelegt im Vertrag über die Europäische Union. Die Gemeinsame Außen- und Sicherheitspolitik beinhaltet den Informationsaustausch, die Abstimmung und die Festlegung gemeinsamer Standpunkte sowie die Durchführung von Aktionen bei sicherheitsrelevanten Themen. Bei Angelegenheiten im Bereich der Verteidigungspolitik soll die Westeuropäische Union (→ WEU) entsprechende Konzepte ausarbeiten und umsetzen. Als Testfall für die Glaubwürdigkeit der GASP galt v.a. der → Kosovokrieg. Hierbei zeigten sich aber die deutlichen Meinungsverschiedenheiten der Mitgliedsstaaten. So ist die Europäische Union derzeit noch weit von einer fundierten gemeinsamen Außen- und Sicherheitspolitik entfernt.

GATT → WTO

Gaulle, Charles de (geb. 22.11.1890 in Lille, gest. 9.11.1970 in Colombey-les-deux-Églises) Französischer Staatspräsident von 1958 bis 1969. Im → Zweiten Weltkrieg war de Gaulle Brigadegeneral und Divisionskommandeur. Bei der Besetzung → Frankreichs durch deutsche Truppen floh er nach London, wo er das Komitee „Freies Frankreich" gründete und zum Widerstand gegen die deutschen Besatzer aufrief. Im August 1944 zog de Gaulle als Chef einer provisorischen Regierung in das befreite Paris ein. 1946 trat er nach einer Auseinandersetzung über die Stellung des Präsidenten zurück und gründete im Jahr darauf die gaullistische Sammlungsbewegung „Rassemblement pour la France" (RPF). 1958, als der französische Staat von einem Offiziersputsch in Algier bedroht war, wurde de Gaulle vom Staatspräsidenten Conty mit der Regierungsbildung beauftragt. Er verhandelte, gegen den Widerstand rechtsgerichteter Kräfte, mit der Algerischen Befreiungsfront FLN über eine Unabhängigkeit Algeriens, die 1962 zustande kam. Als Präsident trat de Gaulle, der sich gegen eine zu starke europäische → Integration wandte, für ein „Europa der Vaterländer" ein. Er unterzeichnete 1963 zusammen mit dem deutschen Bundeskanzler Konrad Adenauer den Vertrag über die deutsch-französische Zusammenarbeit, verhinderte jedoch durch sein Veto den Beitritt → Großbritanniens zur → EWG. 1966 trat Frankreich aus der militärischen Struktur der → NATO aus. De Gaulle trat 1969 nach der Niederlage bei einer Volksabstimmung zurück. Die nach ihm benannten Gaullisten sind heute eine einflussreiche und wichtige politische Kraft in Frankreich.

Charles de Gaulle prägte das heutige politische System Frankreichs wie kein anderer. Viele sehen in ihm eine nationale Vaterfigur.

Geheimdienst Staatliche Einrichtung, die mit verdeckten Mitteln für die Sicherheit des Staates bzw. der Regierung arbeitet. Zu den klassischen Aufgaben eines Geheimdienstes zählen die Überwachung politischer Gegner, die Sammlung von Informationen über fremde Organisationen und Staaten und die Spionageabwehr im Inland. In den letzten Jahren kamen für die Geheimdienste neue Aufgabenfelder wie die Bekämpfung des internationalen Terrorismus (→ Terror) hinzu. In totalitären Systemen (→ Totalitarismus) verfügen die Geheimdienste meist über relativ großen Einfluss und gehen oft gewaltsam gegen die → Opposition vor. Wegen ihrer verdeckten Arbeitsweise geraten Geheimdienste in demokratischen Staaten mitunter in die Kritik, für illegale Aktivitäten verantwortlich zu sein. Die Geheimdienste in Deutschland sind das Bundesamt für Verfassungsschutz (Inland), der Bundesnachrichtendienst (BND, Ausland) und der mi-

litärische Abschirmdienst.
@ http://www.verfassungsschutz.de
@ http://www.bundesnachrichtendienst.de

Geldpolitik Mittel der Notenbank zur Steuerung der Geldmenge. Die Geldpolitik soll dazu beitragen, wirtschaftspolitische Ziele wie Stabilität des Preisniveaus, Vollbeschäftigung, Wirtschaftswachstum und Herstellung des außenwirtschaftlichen Gleichgewichts zu verwirklichen. Zu den von Zentralbanken verwendeten Instrumenten zählen v. a. die Veränderung der im Umlauf befindlichen Geldmenge, das Anlegen von Geldreserven und die Änderung von Zinssätzen. (1) Mindestreservepolitik: Geschäftsbanken müssen eine gesetzlich vorgeschriebene Mindestreserve an unverzinslichen Guthaben bei der Bundesbank halten. Durch Erhöhung bzw. Senkung der Mindestreservesätze kann die Zentralbank dem Geldkreislauf Geld entziehen bzw. zuführen und so die Geldmenge und damit die Inflationsrate steuern. (2) Offenmarktpolitik: Verkauf und Ankauf von Wertpapieren durch die Zentralbank. Bei einem Verkauf wird dem Markt Zentralbankgeld entzogen, beim Ankauf wird dem Markt Zentralbankgeld zugeführt. (3) Diskontpolitik: Durch die Erhöhung des Diskontsatzes, der die Kreditnahme der Geschäftsbanken bei der Zentralbank verteuert, werden auch Kredite für die Kunden der Geschäftsbanken teurer. So nehmen weniger Kunden Kredite auf und die umlaufende Geldmenge sinkt. Bei Senkung des Diskontsatzes haben die Geschäftsbanken die Möglichkeit, billiger Kredite bei der Zentralbank aufzunehmen, weshalb sie auch für ihre Kunden die Zinsen senken – dadurch ist wieder mehr Geld im Umlauf. Die Einflussmöglichkeiten der Geldpolitik auf die Gesamtwirtschaft sind umstritten. V. a. die Theorie des → Monetarismus sieht in der Geldpolitik ein wichtiges Instrument, wirtschaftliche Entwicklungen zumindest indirekt zu beeinflussen. → Deutsche Bundesbank, → EZB, → Finanzpolitik

Geldwäsche Kriminelle Handlung, die die Herkunft illegal erworbener Gelder verschleiert. Bei der Geldwäsche werden finanzielle Einkünfte u. a. aus dem Drogen- oder Menschenhandel durch mehrmaliges Umschichten auf verschiedene Konten „gewaschen" und über Scheinfirmen in den legalen Wirtschaftskreislauf überführt.

Gemeinsame Außen- und Sicherheitspolitik → GASP

Gemeinschaft unabhängiger Staaten → GUS

Gemeinwohl Das alle Einzelinteressen übersteigende Gesamtinteresse einer Gesellschaft. Die Definition des Gemeinwohls ist u. a. abhängig von der jeweiligen Staatsform und von historischen und sozialen Gegebenheiten (z. B. Durchsetzung der Interessen einer Gruppe, Errichtung einer am Gleichheitsprinzip orientierten, sozialistischen Gesellschaft). In der demokratischen politischen Ordnung kann der für ihre Funktionsfähigkeit notwendige Konsens über → Verfassungsprinzipien und → Verfassungsorgane als wesentliches Element des Gemeinwohls betrachtet werden. Doch bezieht sich diese Bestimmung des Gemeinwohlbegriffs noch nicht auf die in der Politik zu realisierenden Inhalte. Gemeinwohl ist demnach nicht vorgegeben, sondern eine Aufgabe.

General Agreement on Tariffs and Trade → WTO

Generationenvertrag Prinzip, das in Deutschland dem gesetzlichen Rentensystem (→ Sozialversicherung) zugrunde liegt. Der Generationenvertrag basiert darauf, dass die erwerbstätige aktive Generation die ältere Rentengeneration über Transferzahlungen (Einkommensübertragungen) mit Einkommen versorgt. Dies geschieht in der durch Gesetz und Verfassung (→ Sozialstaat) abgesicherten Erwartung, dass die nachrückende junge Generation diese Pflicht ebenso übernehmen wird etc. Das strukturelle Problem der Rentenversicherung in Deutschland und des damit verbundenen Generationenvertrags liegt in dem wachsenden Ungleichgewicht zwischen der Altersgruppe der 20- bis 64-Jährigen (1999: 62,6 %, 2050: 54,0 %) und der Gruppe der 65-Jährigen und älteren (1999: 15,9 %, 2050: 30,2 %), also zwischen den Beitragszahlern und den Rentenempfängern (→ Bevölkerungsentwicklung). So macht der geschätzte Anteil der über 60-Jährigen im Jahr 2030 ein Drittel der Bevölkerung aus: 1993 versorgten 100 Beitragszahler 35 Rentner, 2030 werden 100 Beitragszahler 61 Rentner versorgen müssen. Ursachen für die Veränderung der Altersstruktur sind u. a. der Geburtenrückgang nach 1964 durch den „Pillenknick" und der Strukturwandel der Familie – handwerkliche Familienbetriebe und bäuerliche Großfamilien verlieren im Zuge der Entwicklung hin zu einer → Dienstleistungsgesellschaft mehr und mehr an Bedeutung. Auch ein veränderter Lebensstil, die Emanzipation der Frau und bessere Möglichkeiten der Familienplanung (Verhütung), wachsende gesellschaftliche Akzeptanz von Kinderlosigkeit, Abnahme der Säuglingssterblichkeit, zunehmende Lebenserwartung und verbesserte medizinische Versorgung sind wichtige Ursachen. Angesichts dieses strukturellen Problems stellt sich die Frage, ob das staatliche Rentenversicherungssystem in Deutschland aufrechterhalten werden kann, da die Renten und das Gesundheitssystem kaum mehr von Arbeitnehmern und Arbeitgebern finanzierbar sind. Im Rahmen des Systems gibt es nur Lösungsmöglichkeiten, die schnell an finanzielle Grenzen stoßen und in verschiedenen Variationen bei Reformvorhaben angesprochen wurden: Entlastung der Rentenversicherung durch späteres Renteneintrittsalter, geringerer Anstieg der Renten, Anstieg der Beitragssätze (der Arbeitnehmer und Arbeitgeber) und Abbau versicherungsfremder Leistungen wie Renten für Kindererziehungs- oder Ausbildungszeiten.

Gerechter Krieg Konzept aus der politischen Theorie. Obwohl der Begriff des gerechten Krieges bereits in der Antike benutzt wurde (→ Cicero), geht die klassische Lehre auf → Thomas von Aquin zu-

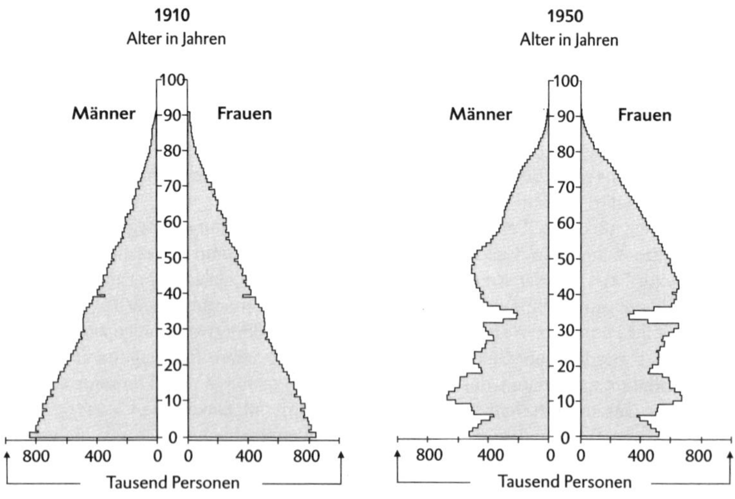

Die prognostizierte Bevölkerungsentwicklung in der Bundesrepublik Deutschland verdeutlicht die Problematik,

rück. Er nahm Bezug auf → Augustinus, der bereits eine erste Interpretation aus christlicher Sicht lieferte. Thomas nannte folgende Merkmale, die einen gerechten → Krieg kennzeichnen: Nur eine rechtmäßige Regierung darf einen Krieg führen, es muss ein gerechter Anlass gegeben sein und dem Krieg muss eine aufrechte Absicht zugrunde liegen. Diese Definition bot aber Möglichkeiten zum Missbrauch, da jeder Kriegführende versuchte, sein Vorgehen moralisch zu legitimieren. Laut Thomas darf der Krieg jedoch immer nur Mittel zum Zweck sein, um eine gute Ordnung der Gesellschaft zu schaffen oder wiederherzustellen.

Gerechtigkeit Vorstellung, nach der (politisches) Handeln so ausgerichtet sein soll, dass es den Interessen aller Beteiligten entspricht. (1) In einer Gesellschaft stehen → Gleichheit und → Freiheit in einem Spannungsverhältnis: Je stärker die Lebensbedingungen der Menschen angeglichen werden, umso geringer die individuellen Möglichkeiten der Selbstentfaltung und je größer die Freiheitsbereiche der Individuen, desto eher besteht die Chance, dass es zu Ungleichheiten zwischen den Bürgern kommt. Deshalb kann nur von Gerechtigkeit gesprochen werden, wenn die weitaus größte Mehrheit der Bürger glaubt, dass das Verhältnis zwischen Freiheit und Gleichheit in etwa ausgeglichen ist. Der Begriff Gerechtigkeit wird allerdings nur in den Fällen sinnvoll angewandt, in denen auch für schwächere Glieder der Gesellschaft humane Bedingungen zur Selbstentfaltung bestehen. Im internationalen System existiert zumindest dann Gerechtigkeit, wenn alle Staaten ihre legitimen Interessen zur Zufriedenheit verwirklichen können. Dies setzt voraus, dass keine Gewaltbeziehungen zwischen den Staaten bestehen und dass Freiheit und Gleichheit in der Gestaltung der internationalen Beziehungen berücksichtigt werden. (2) Soziale Gerechtigkeit ist ein Gestaltungsprinzip der sozialen → Marktwirtschaft. Soziale Gerechtigkeit hat in der sozialen Marktwirtschaft neben dem Freiheitsprinzip eine Struktur bildende Bedeutung. Ihr Grundgedanke ist, dass der Staat korrigierend in das Wirtschaftssystem eingreifen soll. Das tut er durch

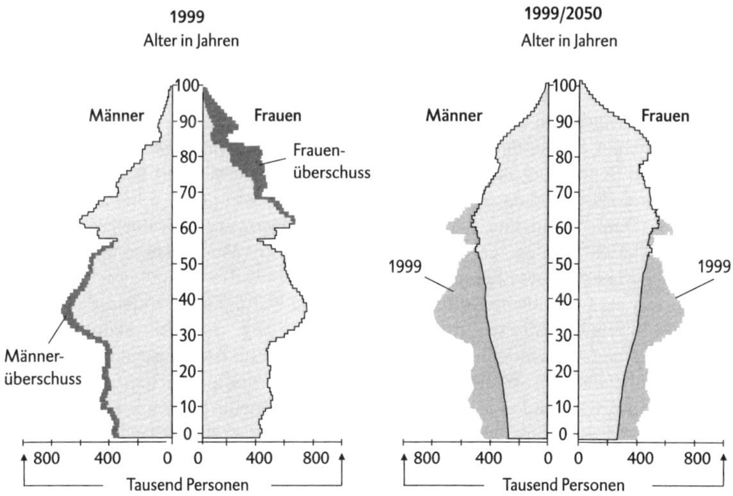

die in Zukunft auf die Konzeption des Generationenvertrags zukommt.

soziale Leistungen (→ Soziales Netz), wie z. B. im Bereich der Renten-, der Kranken- und der Arbeitslosenversicherung (→ Sozialstaat, → Sozialversicherung) sowie anhand von Wohnungsbauzuschüssen etc. Durch diese Maßnahmen sollen auch Gruppen mit niedrigem Einkommen am wirtschaftlichen Fortschritt teilhaben können. Weitere Gesichtspunkte der sozialen Gerechtigkeit sind der Ausbau einer gerechten Arbeits- und Sozialordnung (Mitbestimmung der Arbeiter in den Betrieben → Partizipation, Kündigungsschutz, Jugendschutzgesetz) und die Verpflichtung des Staates, durch entsprechende Konjunktur- und Wirtschaftspolitik für stabile Preise und ein angemessenes wirtschaftliches Wachstum zu sorgen, um die Arbeitslosigkeit und soziale Missstände zu bekämpfen.

Gericht Unabhängiges Organ, das für die Rechtsprechung zuständig ist. Die Rechtsprechung stellt entsprechend der im → Grundgesetz verankerten → Rechtsstaatlichkeit eine selbstständige Staatsgewalt (→ Judikative) dar, die gleichberechtigt neben → Exekutive und → Legislative steht (→ Gewaltenteilung). Sie ist Richtern anvertraut und wird durch das → Bundesverfassungsgericht, die Bundesgerichte und durch Gerichte der Länder ausgeübt. Oberste Gerichtshöfe sind der Bundesgerichtshof in Karlsruhe, der Bundesfinanzhof in München, das Bundesarbeitsgericht in Erfurt, das Bundesverwaltungsgericht in Leipzig, und das Bundessozialgericht in Kassel. In Deutschland sind fünf selbstständige Gerichtszweige für die Rechtsprechung in bestimmten Bereichen verantwortlich (1) Ordentliche Gerichtsbarkeit (Zivil-, Strafgerichtsbarkeit) mit Amts-, Land- und Oberlandesgerichten und dem Bundesgerichtshof, (2) Sozialgerichtsbarkeit mit Sozial- und Landessozialgerichten und dem Bundessozialgericht, (3) Arbeitsgerichtsbarkeit mit Arbeits- und Landesarbeitsgerichten und dem Bundesarbeitsgericht, (4) Verwaltungsgerichtsbarkeit mit Verwaltungs- und Oberverwaltungsgerichten und dem Bundesverwaltungsgericht, (5) Finanzgerichtsbarkeit mit Finanzgerichten und dem Bundesfinanzhof. Die Finanz- und Sozialgerichte können als besondere Verwaltungsgerichte verstanden werden. Sie entscheiden wie allgemeine Verwaltungsgerichte über öffentlich-rechtliche Streitigkeiten nicht verfassungsrechtlicher Art. Typischerweise handelt es sich hierbei um Verfahren, in denen sich ein Bürger gegen behördliche Maßnahmen wendet oder mit denen er einen Anspruch auf eine staatliche Leistung durchsetzen will. Das Bundesverfassungsgericht kann nicht in jedem Fall als weitere Rechtsmittelinstanz angerufen werden. Es überprüft im Rahmen einer Verfassungsbeschwerde Gerichtsurteile nur darauf, ob die gerichtliche Entscheidung, und ggf. auch ihr zugrunde liegende Rechtsnormen, dem Verfassungsrecht widersprechen und ob der Einzelne dadurch in seinen Grundrechten verletzt worden ist.

Gesellschaft Alle Individuen in einem bestimmten Raum, ihre sozialen Beziehungen und Institutionen sowie die Ideen und Normen, nach denen sich die sozialen Beziehungen richten. Jede Gesellschaft ist immer wieder Wandlungen ausgesetzt, z. B. Veränderungen in Arbeitsbedingungen, Werthaltungen, sozialen Beziehungen und im Freizeitverhalten der Menschen, die Auswirkungen auf die Struktur der Gesamtgesellschaft haben. Seit einigen Jahren ist in den → Industriestaaten eine Tendenz zur Individualisierung festzustellen (→ Modernisierung). Diese ist das Ergebnis des technologischen, sozialen und kulturellen Wandels, der im Zusammenhang mit der ökonomischen, kommunikationstechnischen (Internet), kulturellen und politischen → Globalisierung eine neue Dynamik entfaltet. Zur Analyse der Gesellschaft wurden Modelle der sozialen Schichten (→ Schichtung) entwickelt. → Mittelstand

Gesellschaftliche Gerichte → DDR

Gesetz Jeder Akt des Parlaments, z. B. des → Bundestags, der in dem dafür vorgegebenen → Gesetzgebungsprozess zustande gekommen ist.

Gesetzesinitiative Einbringen einer Gesetzesvorlage. Die Gesetzesinitiative kann durch die → Bundesregierung, den → Bundesrat oder aus der Mitte des → Bundestags erfolgen.

Gesetzgebungsnotstand Handlung des → Bundespräsidenten in Krisensituationen zur Sicherstellung der Regierungsfähigkeit. Der Bundespräsident hat nach Artikel 81 GG das Recht, den Gesetzgebungsnotstand zu erklären, wenn nach einer gescheiterten → Vertrauensfrage des → Bundeskanzlers, der keine Auflösung des → Bundestags folgt, die → Bundesregierung diesen Gesetzgebungsnotstand beantragt und der → Bundesrat zustimmt. Ist der Gesetzgebungsnotstand vom Bundespräsidenten auf Antrag der Bundesregierung erklärt worden, können Gesetze auch ohne die Zustimmung des Bundestags angenommen werden, wenn der Bundesrat zustimmt. Der Gesetzgebungsnotstand, der in der Geschichte der Bundesrepublik Deutschland noch nie erklärt wurde, ist auf einen Zeitraum von sechs Monaten begrenzt.

Gesetzgebungsprozess Weg eines Gesetzes von seinem Entstehen bis zum Inkrafttreten. Die Gesetzesentwürfe der → Bundesregierung werden zuerst dem → Bundesrat zugeleitet. Bei sog. „zustimmungsbedürftigen Gesetzen", also Gesetzen, die die Verfassung oder die Länder im Einzelnen betreffen, muss der Bundesrat seine Zustimmung geben. Bei nicht zustimmungsbedürftigen Gesetzen kann ein Einspruch durch eine qualifizierte Mehrheit (→ Mehrheitsprinzip) des Bundestags überstimmt werden. Der Entwurf wird dann in mehreren Lesungen im Bundestag diskutiert, wobei Ausschüsse zum Einsatz kommen können. Die Ausschussberatung ist die bedeutendste Stufe im Gesetzgebungsverfahren, da hier das Gesetz unter allen Gesichtspunkten geprüft werden kann. Im Bundesrat wird dann nochmals jedes Gesetz geprüft und so lange diskutiert (Änderung, Billigung, Einspruch, Zustimmung, Überstimmung), bis es abgeschlossen ist. Zunächst unterzeichnen die Fachminister, anschließend der → Bundeskanzler. Wurde ein Gesetz verabschiedet, wird es dem → Bundespräsidenten zugeleitet. Dieser prüft das verfassungsmäßige Zustandekommen des Gesetzes und die Vereinbarkeit mit dem Grundgesetz, unterzeichnet es und verkündet es im Bundesgesetzblatt. Falls kein anderer Termin festgehalten wurde, wird das Gesetz 14 Tage nach seiner Verkündung rechtskräftig.

Gewalt Körperlicher oder psychischer Zwang, der ausgeübt oder angedroht wird. Im weitesten Sinne lässt sich somit jede Form von → Herrschaft als Gewalt verstehen. Im Gegensatz zu personeller Gewalt, die direkt von einem Akteur ausgeht, wird mit dem Begriff strukturelle Gewalt die ungleiche Verteilung gesellschaftlicher Ressourcen (ökonomische, bürokratisch-technische oder kulturelle Macht) bezeichnet. Strukturelle Gewalt hat keinen direkten Akteur und bezeichnet somit die Dominanz gesellschaftlicher Gruppen oder Klassen, durch die soziale Ungerechtigkeit entsteht. In Deutschland herrscht → Gewaltenteilung, durch die ein Missbrauch der Staatsgewalt verhindert werden soll.

Gewaltenkontrolle → Gewaltenteilung

Gewaltenteilung Liberales Prinzip der staatlichen Organisation. Zur Verhinderung des Machtmissbrauchs soll eine personelle Trennung zwischen den verschiedenen Trägern staatlicher Gewalt existieren. Das zur Rechtsstaatlichkeit (→ Rechtsstaat) gehörende Prinzip der Gewaltenteilung oder Gewaltenkontrolle (→ Montesquieu) ist nicht nur ein theoretisches Organisationsprinzip des Staates, nach dem die → Exekutive, → Judika-

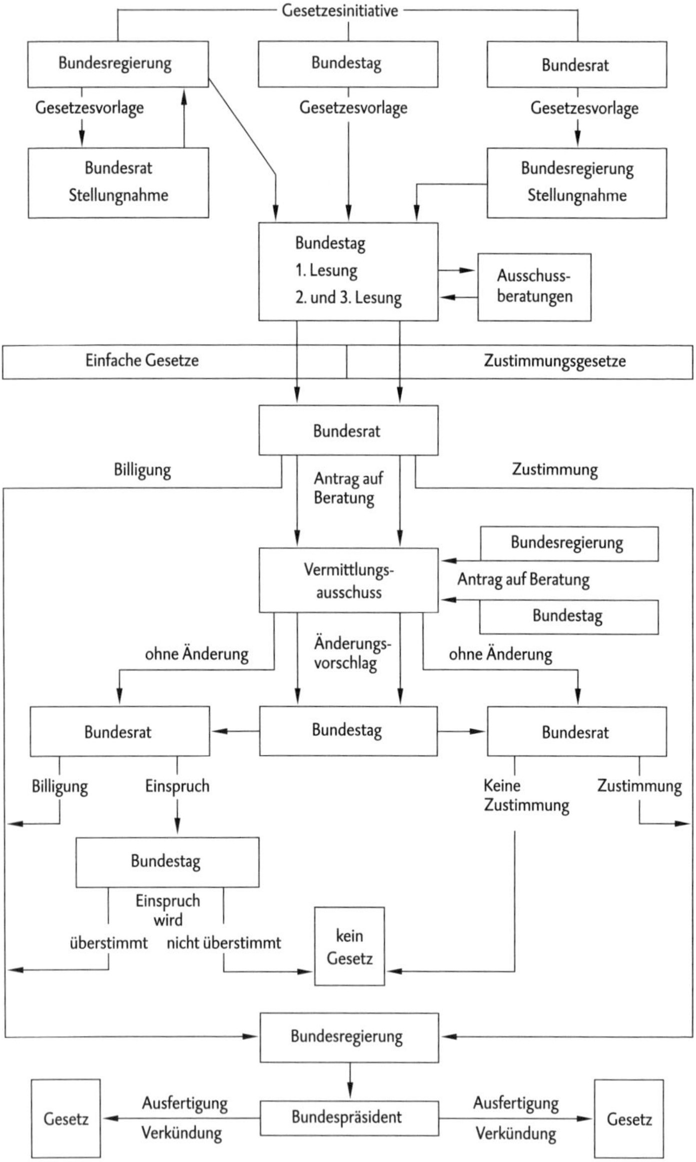

Systematischer Überblick zum Gesetzgebungsprozess in der Bundesrepublik Deutschland (verfassungsändernde Gesetze erfordern eine 2/3-Mehrheit im Bundestag und im Bundesrat).

tive und → Legislative sich gegenseitig kontrollieren sollen. Es wirkt vielmehr unmittelbar in den Lebensbereich des Bürgers hinein, da es den Machtmissbrauch eines Verfassungsorgans verhindern soll und der Bürger z. B. gegen eine Verwaltungsentscheidung (Exekutive) vor einem Gericht (Judikative) klagen kann. Nach dem Prinzip der Gewaltenteilung kontrolliert in Deutschland der → Bundestag die → Bundesregierung und diese ist gegenüber dem Bundestag rechenschaftspflichtig. Ein weiteres Beispiel für Gewaltenkontrolle ist das Recht des Bundestags, gegen Entscheidungen der Bundesregierung vor dem → Bundesverfassungsgericht zu klagen, das seine Entscheidungen unabhängig von den anderen → Verfassungsorganen fällt. Die in der Praxis vorhandene Gewaltenverschränkung steht in keinem Widerspruch zu der vom Prinzip der Gewaltenteilung verlangten grundsätzlichen Unabhängigkeit der Gewalten. Denn obwohl im parlamentarischen System Deutschlands eine zunehmende Verschränkung zwischen Regierung und Parlamentsmehrheit existiert – die Regierungsmitglieder sind in der Regel auch → Abgeordnete der jeweiligen Parlamente auf Bundes- bzw. auf Landesebene –, treffen die Institutionen formal-rechtlich im Rahmen ihrer Kompetenzen, z. B. der Gesetzgebungskompetenz der Parlamente, gültige Entscheidungen. Die horizontale Gewaltenteilung zwischen der judikativen, legislativen und exekutiven Gewalt, muss von der vertikalen Gewaltenteilung unterschieden werden, die die staatlichen Ebenen (Bund, Länder und Gemeinden) berechtigt, im Rahmen ihres Kompetenzbereichs selbstständig zu entscheiden.

Gewaltenverschränkung → Gewaltenteilung

Gewerkschaft Organisation gehalts- bzw. lohnabhängiger Arbeitnehmer mit dem Zweck, ihre wirtschaftlichen und gesellschaftlichen Interessen durchzusetzen. Das Grundgesetz hebt insbesondere das Recht hervor, Gewerkschaften und Arbeitgeberverbände zu gründen, weil diese für die Lebens- und Arbeitsbedingungen der Menschen in der sozialen → Marktwirtschaft von besonderer Bedeutung sind. → DGB, → FDGB, → Streik, → Tarifautonomie, → Tarifvertrag

Gipfeltreffen Zusammenkommen hochrangiger Politiker. Der Zweck eines Gipfeltreffens liegt hauptsächlich in der Darstellung der Kooperation, der öffentlichkeitswirksamen Unterzeichnung von Verträgen bzw. in der Klärung von Detailfragen. Die eigentliche Vertragsaushandlung geht dem Gipfeltreffen voraus und wird von Ministerien, Behörden oder Diplomaten der beteiligten Staaten erledigt.

Gleichgewicht der Kräfte Zustand im internationalen politischen System, in dem zwei oder mehrere Staaten bzw. Blöcke über etwa gleich starke Streitkräfte oder wirtschaftliche Leistungsfähigkeit verfügen. Beim Gleichgewicht der Kräfte wird eine militärische Auseinandersetzung wegen ihrer völligen Unberechenbarkeit unwahrscheinlich. Dieser Zustand herrschte während des → Kalten Krieges.

Gleichgewicht des Schreckens Prinzip der Politik gegenseitiger nuklearer → Abschreckung der → Supermächte zur Zeit des → Kalten Krieges. Auf beiden Seiten glaubte man, nur durch Androhung der völligen Vernichtung des Gegners im Kriegsfall den → Frieden sichern zu können. Daher basierte das Gleichgewicht zwischen den USA und der Sowjetunion auf der Schreckensvision eines Atomkriegs (→ Atomwaffen).

Gleichheit Tatbestand, dass alle Bürger vor dem Gesetz gleich sind und gleiche Startchancen zur Verwirklichung ihrer → Freiheit besitzen. In der internationalen Politik kann unter Gleichheit der Tatbestand oder die Forderung verstanden werden, dass die Staaten ihre Interessen (ökonomische und kulturelle Interessen sowie Sicherheitsinteressen etc.) verwirklichen können, ohne durch die Macht anderer Staaten wesentlich eingeschränkt zu sein.

Globalisierung Wachsende Verflechtung der Weltwirtschaft, Öffnung der Märkte und Zunahme weltweiter Konkurrenz. Die Globalisierung bietet einerseits den → Staaten und Wirtschaftseliten die Chance der optimalen Nutzung der internationalen Arbeitsteilung, birgt aber auch hohe Risiken für die einzelnen Volkswirtschaften. Durch die extreme Geschwindigkeit, mit der Investoren heute Kapital anlegen bzw. wieder abziehen können, besteht die Gefahr der Aushöhlung der Staatstätigkeit. Schon heute sind multinationale Großkonzerne oft in der Lage, Nationalstaaten unter Druck zu setzen, indem sie eine Abwanderung ins Ausland androhen. So werden unter Umständen Sonderrechte erwirkt, wie etwa Steuervergünstigungen oder eine Absenkung nationaler Umweltstandards. In Deutschland hat die Globalisierung zur Diskussion um die → Lohnnebenkosten geführt (→ Standortfaktoren) und ist von Arbeitgeberseite immer wieder zum Anlass genommen worden, die Flexibilisierung der Arbeitszeiten und den Verzicht auf Lohnerhöhungen zu fordern. Die Politik sieht sich nun vor der Aufgabe, die hohe Arbeitslosigkeit zu bekämpfen und gleichzeitig die deutschen Ausgangsbedingungen für eine erfolgreiche Teilnahme am Weltmarkt zu verbessern. Die Thematik der Globalisierung ist in der Gesellschaft heftig umstritten. Globalisierungsgegner sehen eine Ausbeutung der Länder der → Dritten Welt durch die → Industriestaaten. Am Rand von internationalen Konferenzen zum Thema Globalisierung kam es in den letzten Jahren mehrfach zu Großdemonstrationen und teils auch zu gewaltsamen Ausschreitungen. So wurde das Gipfeltreffen der → G-8 in Genua (Juli 2001) vom Tod eines Demonstranten überschattet.

Golfkrieg → Krieg in der Region des Persischen Golfs. (1) Der erste Golfkrieg brach am 23.9.1980 aus, als irakische Truppen in die iranische Provinz Khusistan einmarschierten. Irak wollte mit dem Feldzug die vermeintliche Schwäche des von revolutionären Unruhen erschütterten Iran zu einem irakischen Gebietsgewinn ausnutzen. Die Grenzprobleme zwischen beiden Staaten, die historisch weit zurückreichen, wurden durch die ideologischen und religiösen Gegensätze der Regierungen noch verschärft (sozialistische, totalitäre → Diktatur im Irak, islamischer → Fundamentalismus schiitischer Prägung im Iran). Der Irak wurde im ersten Golfkrieg sowohl von der Sowjetunion und ihren Verbündeten als auch von den USA und Westeuropa unterstützt. Zudem flossen große Summen aus Kuwait und Saudi-Arabien in die irakische Kriegskasse, da diese Staaten die Ausbreitung der islamischen Revolution nach iranischem Vorbild fürchteten. Nach wechselhaften Kämpfen, die den Irak mehrmals an den Rand des Zusammenbruchs gebracht hatten und bei denen sowohl Giftgas als auch Raketen gegen zivile Ziele eingesetzt wurden, drohte 1984 eine Internationalisierung des Konflikts, da der Irak und Iran mittlerweile einen Wirtschaftskrieg führten, der auch die zivile Schifffahrt am Golf bedrohte. 1988 kam es auf Vermittlung des → UN-Generalsekretärs Perez de Cuéllar zu einem Waffenstillstand. 1990, als der Irak bereits den zweiten Golfkrieg führte, akzeptierte Präsident Saddam Hussein die iranischen Gebietsforderungen und die verfeindeten Staaten einigten sich auf den Vorkriegszustand. Etwa eine Million Menschen kamen im ersten Golfkrieg ums Leben. (2) Der zweite Golfkrieg begann am 1.8.1990 mit dem Überfall der irakischen Armee auf Kuwait, das innerhalb der nächsten drei Tage vollkommen besetzt wurde. Der Irak, der sich mit der Unabhängigkeit Kuwaits nie abgefunden hatte, versuchte, die → Annexion mit der historischen Einheit der – damals noch unter osmanischer Herrschaft stehenden –

Region zu rechtfertigen. Außerdem wurden Kuwait Grenzverletzungen und wirtschaftliche Erpressung vorgeworfen. Am 25. August wurde auf Drängen der USA von den Vereinten Nationen (→ UN) ein Wirtschaftsembargo (→ Embargo) gegen den Irak beschlossen. Die USA und ihre Verbündeten, darunter Großbritannien, Frankreich, Syrien, Ägypten und kleinere Scheichtümer am Golf, begannen mit der Truppenstationierung in Saudi-Arabien. Um einen amerikanischen Angriff zu verhindern, setzte Saddam Hussein einige hundert westliche Bürger, die im Irak arbeiteten, fest und drohte, sie als „menschliche Schutzschilde" zu benutzen. Nach mehreren erfolglosen diplomatischen Initiativen des Westens, den Irak zum Abzug aus Kuwait zu bewegen, stellten die USA unter Androhung militärischer Gewalt ein → Ultimatum. Als die irakische Führung dieses verstreichen ließ, begann die Anti-Irak-Koalition unter Führung der USA im Januar 1991 mit Bombenangriffen auf Ziele im Irak und dem besetzten Kuwait. Der Irak beantwortete dies mit Raketenangriffen auf Israel. Der Versuch, Israel in den Krieg zu ziehen und so die Solidarität der arabischen Nachbarn zu gewinnen, scheiterte jedoch. Nach einem Monat Luftkrieg begannen die Alliierten mit der Bodenoffensive, die den Irak schon nach wenigen Tagen zum Einlenken zwang – irakische Truppen zogen sich aus Kuwait zurück und ein Waffenstillstand wurde ausgehandelt. Über die Zahl der Opfer, die der Krieg forderte, gibt es verschiedene Spekulationen, die bis zu über hunderttausend getöteten Irakern reichen. Nach Ende des Golfkriegs schlug Hussein den Aufstand kurdischer Rebellen blutig nieder. In der Folgezeit wurde ein internationales Embargo gegen den Irak errichtet, da dieser sich weigerte, die UN-Auflagen (v. a. Inspektion des Kernwaffenprogramms) zu akzeptieren. Während des zweiten Golfkriegs berichteten Reporter des amerikanischen Nachrichtensenders CNN aus dem bombardierten Bagdad. Der Krieg wurde so zu einem Ereignis der → Medien. Die US-Militärs nutzten dies, indem sie Bilder ziviler Opfer zensierten und stattdessen Aufnahmen vermeintlich „sauberer" und präziser Luftschläge veröffentlichten. (3) Der dritte Golfkrieg, der mit einem Angriff amerikanischer und britischer Truppen auf den Irak im März 2003 begann, endete bereits im April mit einem Sturz des diktatorischen Regimes von Saddam Hussein. Vorausgegangen waren Vorwürfe der US-Regierung, der Irak entwickle Massenvernichtungswaffen und unterstütze das terroristische Al-Kaida Netzwerk. Die politische Zukunft des teilweise von US-Truppen besetzten Irak ist wegen ethnischer, religiöser und machtpolitischer Spannungen ungewiss.

Gorbatschow, Michail (geb. 2. 3. 1931 in Priwolnoje bei Stawropol) Generalsekretär der Kommunistischen Partei der → Sowjetunion (KPdSU) von 1985 bis 1991. Gorbatschow, Jurist und Agrarökonom, wurde nach dem Tod Tschernenkos als dessen Nachfolger zum Generalsekretär gewählt. Er setzte einen revolutionären Wandel des politischen, gesellschaftlichen und wirtschaftlichen Systems der Sowjetunion sowie einen Wandel der sowjetischen Außenpolitik in Gang. Seine Politik der „Perestroika", der Umgestaltung und des Umbaus von Partei, Staat und Gesellschaft, war eine Reaktion auf die Krisensymptome des Landes (Staatsverschuldung durch Rüstungsausgaben, Korruption in Staat und Gesellschaft, Ineffektivität der Planwirtschaft u. a.) Mithilfe von „Glasnost", der Politik der Offenheit und Transparenz, wollte er eine öffentliche Unterstützung und Mobilisierung für die notwendigen Reformen des Sowjetsystems schaffen. In der Außenpolitik legte er den Grundstein für eine Entspannung der Beziehungen zum Westen. Da die sowjetische Führung für ihre innenpolitischen Reformen ein wohlwollendes internationales Klima benötigte, strebten er und Außenminister Schewardnadse eine engere Kooperation mit dem Westen an, die auf verschiedenen → Gipfeltreffen mit den amerikanischen Präsidenten Reagan und Bush ihren Ausdruck fand. Gorbatschow setzte sich für eine Reduzierung der atomaren Mittelstreckenraketen (→ SALT-/START-Verträge) ein und begann mit dem Abzug der → Roten Armee aus Afghanistan (→ Afghanistankrieg). Neu an der Politik gegenüber den Verbündeten war der Verzicht auf die Anwendung von Zwangsmitteln, insbesondere militärischer Gewalt, angesichts des Strebens der osteuropäischen Staaten nach Selbstbestimmung. Durch die faktische Beendigung des → Kalten Krieges ermöglichte Gorbatschow auch die friedlichen Umbrüche in Osteuropa und die → deutsche Einheit. Die von ihm durchgeführten inneren Reformen stießen jedoch auf Gegenwehr. Im August 1991 kam es zu einem Putschversuch, der durch das Eingreifen → Jelzins verhindert wurde. Der gescheiterte Putsch beschleunigte den Untergang des sowjetischen Staates und zum Jahresende 1991 wurde die Sowjetunion aufgelöst. An ihre Stelle trat der lose Verbund der Gemeinschaft unabhängiger Staaten (→ GUS). Gorbatschow trat am 25.12.1991 von seinem Amt zurück. Auf dem Gebiet der ehemaligen Sowjetunion kam es dann zu Nationalitätenkonflikten, von denen einige bis heute andauern. → Tschetschenienkrieg

Großbritannien (1) Politisches System: Im europäischen „Mutterland der Demokratie" existiert keine geschriebene Verfassung, weshalb bei Debatten über die Rechtmäßigkeit politischer Handlungen dem Rückgriff auf historische Beispiele eine besondere Bedeutung zukommt. Die konstitutionelle → Monarchie Großbritannien zeichnet sich durch ein parlamentarisches Regierungssystem aus, da das Parlament die Regierung bestellen und auch wieder abberufen kann. Das Parlament besteht aus zwei Kammern, dem gewählten Unterhaus (*House of Commons*) und dem Oberhaus (*House of Lords*), das überwiegend aus adligen Würdenträgern besteht. Großbritannien hat ein klassisches Zweiparteiensystem (Konservative, Labour), kleinere Parteien sind, bedingt durch das relative Mehrheitswahlrecht (→ Wahlsystem), stark benachteiligt. Die

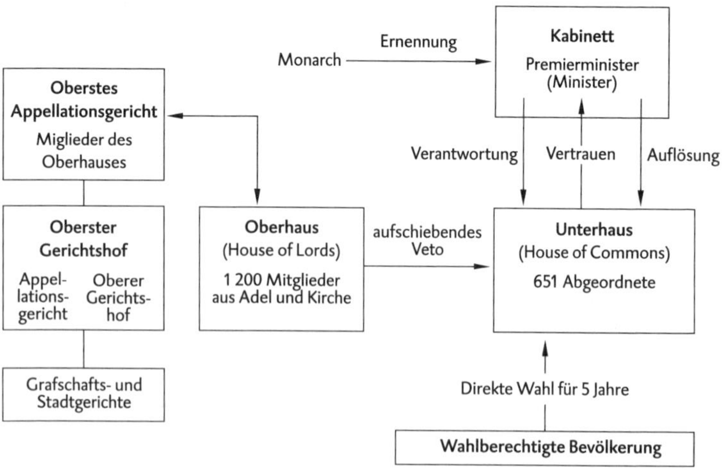

Systematischer Überblick zum politischen System Großbritanniens.

Der seit 1997 regierende britische Premierminister Tony Blair mit dem ehemaligen Präsidenten Südafrikas, Nelson Mandela. Margaret Thatcher (Premierministerin 1979–1990) hatte politisch viele Gemeinsamkeiten mit US-Präsident Ronald Reagan.

englische Krone hat nur repräsentativen Charakter und kaum noch politische Bedeutung. → Magna Charta (2) Geschichte: Anfang des 20. Jahrhunderts verfügte Großbritannien als führende Macht des → Imperialismus weltweit über große koloniale Gebiete, darunter → Indien, Südafrika und Ägypten. In der Außenpolitik verfolgte das Land die Politik des Machtgleichgewichts (*balance of power*). Durch die Flottenrüstung Kaiser Wilhelms II. wuchs die Furcht vor einem übermächtig werdenden deutschen → Kaiserreich. Daraufhin schloss Großbritannien 1904 ein Bündnis mit → Frankreich (Entente Cordiale). Nachdem deutsche Truppen die belgische Neutralität verletzt hatten, erklärte Großbritannien Deutschland den Krieg (→ Erster Weltkrieg). Kriegsziel war es, die deutsche Flotte als künftige Gefahrenquelle zu beseitigen sowie die deutschen Kolonien zu übernehmen. Im Lauf des Krieges gewannen jedoch nationale Unabhängigkeitsbewegungen in den Kolonien Zulauf und Großbritannien musste 1917/18 Kanada, Neuseeland, Australien und Südafrika als gleichberechtigte Staaten innerhalb des → Commonwealth anerkennen. Gegenüber dem nationalsozialistischen Deutschland verfolgte Großbritannien im Vorfeld des → Zweiten Weltkriegs eine Politik der Beschwichtigung („*Appeasement*"-Politik). Als Hitler 1939 Polen angriff, gab das Land die *Appeasement*-Politik auf und erklärte Deutschland den Krieg. Nach Kriegsende nahm Großbritannien ebenfalls am → Marshall-Plan teil. Großbritanniens Rolle bei der europäischen → Integration ist einerseits von dem Wunsch nach Mitbestimmung, aber andererseits von dem Willen zur Eigenständigkeit geprägt. So wurde das Land erst im Jahr 1973 Mitglied der Europäischen Gemeinschaft (→ EG) und nimmt vorerst nicht an der gemeinsamen europäischen Währung → Euro teil.

Grundgesetz → Verfassung der Bundesrepublik Deutschland. Das Grundgesetz wurde vom Parlamentarischen Rat, der am 1. 9. 1948 in Bonn zusammentrat und aus 65 gewählten Abgeordneten der elf westdeutschen Bundesländer bestand, beraten und am 23. 5. 1949 mit 53 gegen zwölf Stimmen verabschiedet. Damit das Grundgesetz auch in Kraft treten konnte, mussten die Militärgouverneure der französischen, englischen und amerikanischen Besatzungsmacht sowie zwei Drittel der westdeutschen Landtage zustimmen. Der Name „Grundgesetz" machte deutlich, dass dieses Werk nur als vorläufige Verfassung für die westdeutschen Bundesländer gelten sollte, bis es politisch möglich war, dass die unter russischer und polnischer Verwaltung stehenden Gebiete des Deutschen Reiches in den Grenzen von 1937 sowie die sowjetische → Besatzungszone dem Grundgesetz beitreten bzw. eine neue Verfassung schaffen könnten (→ Präambel, → Alleinvertretungsanspruch, → Grundlagenvertrag). Nach der Herstellung der → deutschen Einheit gilt das Grundgesetz als rechtliche Rahmenordnung für das vereinigte Deutschland. Nach ihr müssen sich die → Verfassungsorgane, die gesellschaftlichen Kräfte und die einzelnen Bürger richten. Im Grundgesetz gibt es vier → Verfassungsprinzipien, die nicht durch Verfassungsänderungen aufgehoben werden dürfen. Im Unterschied zur Weimarer Reichsverfassung stehen die → Grundrechte am Anfang des Verfassungstextes, um zu verdeutlichen, dass die → Menschenrechte den Mittelpunkt und die zentrale Legitimationsgrundlage der neuen politischen Ordnung in Deutschland bilden. → Demokratie, → Republik, → Staat

Grundlagenvertrag Vertrag über die Beziehungen der beiden deutschen Staaten, abgeschlossen zwischen der Bundesrepublik Deutschland und der DDR am 21. 12. 1972. Der Grundlagenvertrag stellt einen Wendepunkt in den deutsch-deutschen Beziehungen dar. Bis dahin hatten unterschiedliche Interessen eine Annäherung der beiden Staaten verhindert. So verlangte die Regierung der DDR die Aufgabe des → Alleinvertretungsanspruchs und der Wiedervereinigungspolitik der Bundesrepublik Deutschland, die Anerkennung der Eigenstaatlichkeit, der Souveränität und der DDR-Staatsangehörigkeit und die Mitgliedschaft in internationalen Organisationen (insbesondere der → UN). Die Bundesrepublik forderte die Wiedervereinigung in freier Selbstbestimmung, die Verantwortlichkeit der Siegermächte für Berlin und Deutschland als Ganzes und wünschte eine Intensivierung der Bindungen auf allen Ebenen, besonders im humanitären Bereich. Nach Abschluss des Vertrags betonte die Bundesregierung, dieser stehe nicht im Widerspruch zu dem politischen Ziel, auf einen Zustand in Europa hinzuwirken, in dem das deutsche Volk in freier Selbstbestimmung seine Einheit wiedererlange. Der Grundlagenvertrag und die Errichtung der Ständigen Vertretungen in Bonn und Ost-Berlin (2. 5. 1974) bildeten die Grundlage für den Ausbau der Beziehungen zwischen den beiden deutschen Staaten. Es wurden Abkommen in den Bereichen Gesundheitswesen, Verkehr, innerdeutscher Handel, innerdeutsche Reiseerleichterungen, Post, Kultur, Umwelt, Transitwege, und Kapitalhilfe für die DDR geschlossen, die das Leben für die Menschen im geteilten Deutschland bis zur Herstellung der Einheit am 3. 10. 1990 erleichterten.

Grundrechte Durch die Verfassung garantierte, fundamentale Rechte der Individuen in einem Staat. Die Grundrechte, die im Grundgesetz in Art. 1–19 niedergeschrieben sind, orientieren sich an den → Menschenrechten und stimmen in ihrem Wesensgehalt mit diesen überein. Sie beschreiben die Stellung des Menschen in der demokratischen politischen Ordnung. Die Grundrechte umfassen Abwehrrechte zum Schutz der Menschen vor dem Staat (z. B. Brief-, Postgeheimnis), Mitwirkungsrechte (z. B. → Wahlrecht) und Leistungsrechte (z. B. Sozialhilfe). Erwähnenswert ist besonders die Tatsache, dass die Grundrechte unmittelbar geltendes Recht sind, an das die staatlichen Organe gebunden sind. Gegen eine Grundrechtsverletzung können die Bürger vor dem → Bundesverfassungsgericht klagen.

Grüne → Bündnis 90/Die Grünen

Guerilla (span. Kleinkrieg) Bewaffnete Rebellengruppe, die einen partisanenartigen Kampf gegen die Regierung führt. Der Begriff Guerilla wird zumeist für Aufständische in den lateinamerikanischen Staaten verwendet. Der Guerilla-Krieg ist eine Form des Krieges, die nicht durch feste Fronten und reguläre Armeen gekennzeichnet ist, sondern bei der bewaffnete Rebellen Überfälle auf Armeestützpunkte sowie Regierungseinrichtungen durchführen. Insbesondere im → Marxismus erhielt der Guerilla-Krieg eine theoretische Begründung, etwa durch → Mao Tse-tung und Ernesto „Che“ → Guevara. Durch den Guerilla-Krieg, der auf die Mitarbeit der Bevölkerung setzt, sollten die kapitalistischen Systeme in Staaten der → Dritten Welt gestürzt und durch sozialistische Regime ersetzt werden.

„Che“ Guevara, der gemeinsam mit Fidel Castro auf Kuba gegen den Diktator Batista kämpfte, wurde bald nach seinem Tod zum Mythos verklärt.

Guevara Serna, Ernesto „Che“ (geb. 14.6.1928 in Rosario, Argentinien, gest. 9.10.1967 bei Higueras, Bolivien) Lateinamerikanischer Revolutionär. Ausgebildet als Arzt nahm Guevara an der Seite → Castros am Kampf gegen den kubanischen Diktator Batista teil. Nach der sozialistischen → Revolution in → Kuba wurde er Präsident der Nationalbank, später Industrieminister. Guevara war für die Verstaatlichung von US-Firmen und die Enteignung der Großgrundbesitzer verantwortlich. 1965 ging er nach Bolivien und bemühte sich, dort eine Rebellenbewegung aufzubauen, um die Regierung zu stürzen. Seine Pläne scheiterten jedoch und er wurde von der Armee gefangen genommen und erschossen. Che Guevara veröffentlichte neben marxistischen Schriften auch eine Abhandlung über „Theorie und Methode“ der → Guerilla. Nach seinem Tod wurde er, insbesondere für linke Bewegungen, zur Ikone der Rebellion gegen Unterdrückung.

GUS (Gemeinschaft unabhängiger Staaten) Ende 1991 gegründete, lose Konföderation, die aus ehemaligen Mitgliedern der → Sowjetunion (u. a. → Russland, Weißrussland und Ukraine) besteht. Die Zusammensetzung der GUS wechselte seit der Gründung mehrmals. Die drei baltischen Staaten Estland, Lettland und Litauen blieben ihr fern. Die von den Mitgliedsstaaten mit der Ländergemeinschaft verbundenen politischen Zielsetzungen weichen stark voneinander ab. So wird sie von Kommunisten bzw. russischen Nationalisten als die Vorstufe einer neuen Union gesehen, während sie für Reformer ein Mittel zur friedlichen Unabhängigkeit der neu entstandenen Staaten ist. Die GUS soll v. a. helfen, wirtschaftliche Schwierigkeiten (→ Transformationsprobleme), die sich mit dem Zerfall der integrierten und arbeitsteiligen Sowjetwirtschaft ergaben, zu lösen. Russland verfolgte mit der Gründung der GUS zudem das Ziel, ehemalige Sowjetstaaten von einer Integration in westliche Institutionen (insbesondere die → NATO) abzuhalten. Die Probleme der Gemeinschaft liegen v. a. in der enormen Nationalitätenvielfalt (→ Tschetschenienkrieg). Russland, dessen Einfluss weit über die eigenen Staatsgrenzen hinaus reicht, griff in den 1990er-Jahren mehrmals in die Nationalitätenkonflikte und inneren Streitigkeiten ein, so z. B. in Georgien und Moldawien.

Güter Materielle (Sachgüter) und immaterielle (Dienste und Rechte) Mittel, die geeignet sind, menschliche Bedürfnisse zu befriedigen. Der Wert eines Gutes hängt v. a. von Knappheit und Nutzen ab. → Haushalt

H

Habermas, Jürgen (geb. 18.6.1929 in Düsseldorf) Soziologe und Philosoph. Habermas gehört der → Frankfurter Schule an. Er studierte ab 1949 Philosophie, Psychologie, deutsche Literatur und Ökonomie. 1964 übernahm er eine Professur für Philosophie und Soziologie an der Universität Frankfurt am Main. Während der Studentenunruhen der späten 1960er-Jahre zählte er sich zu den „verfassungsloyalen Linken“ und distanzierte sich von radikalen Studentengruppen. Von 1980 bis 1982 war Habermas Direktor am Max-Planck-Institut für Sozialwissenschaften in München. Im sog. Historikerstreit (ab 1986) wandte er sich gegen eine geistige Verknüpfung der NS-Verbrechen mit denen der Stalin-Ära. Habermas ist Träger des Friedenspreises des Deutschen Buchhandels 2001. Thema seiner theoretischen Schriften ist die Suche nach Maßstäben für demokratische Handlungs- und Kommunikationsprozesse. Dabei geht es ihm um die Einbeziehung ethischer Werte in die politische Diskussion. Er entwarf ein Idealmodell einer Gesprächssituation, die durch die Gleichheit aller Gesprächsteilnehmer und die Freiheit von störenden Einflüssen wie Zwang gekennzeichnet ist. Unter diesen idealen Umständen komme es zu einer Durchsetzung der vernünftigsten Argumente. Habermas unterscheidet scharf zwischen dem → politischen System (Staat) und der → Volkssouveränität. Diese wirkt zwar durch Kommunikation auf die Politik, darf sich aber nicht vollständig des Staates bemächtigen, da ansonsten die Gefahr des → Totalitarismus bestehe.

Hallstein-Doktrin Nach dem ehemaligen Staatssekretär im Auswärtigen Amt, Walter Hallstein (1901–1982), benannte außenpolitische Handlungsmaxime der Bundesrepublik Deutschland. Die → Bundesregierungen ließen sich bis Mitte der 1960er-Jahre bei der Ost- und Deutschlandpolitik von dieser Doktrin leiten. Ausgehend vom → Alleinvertretungsanspruch der Bundesrepublik empfanden die Bundesregierungen die Aufnahme diplomatischer Beziehungen eines Staates zur DDR als „unfreundlichen Akt“. Sie versuchten, durch wirtschaftlichen Druck und die Androhung des Abbruchs diplomatischer Beziehungen, die in verschiedenen Fällen verwirklicht wurde, die Anerkennung der DDR zu verhindern und sie somit international zu isolieren. Konsequent angewendet wurde die Hallsteindoktrin nur 1957 und 1963, als Deutschland die Beziehungen zu Jugoslawien bzw. zu Kuba unterbrach. Tatsächlich gelang es bis Ende der 1960er-Jahre, die diplomatische Anerkennung der DDR durch nicht kommunistische Staaten weitgehend zu verhindern.

Jürgen Habermas, eigenwilliger Philosoph und Träger des Friedenspreises des Deutschen Buchhandels 2001.

Haushalt Gemeinsam wirtschaftende und zusammen wohnende Gruppe. Haushalte stellen Betrieben die Produktionsfaktoren Boden (Grundstück für Produktionsanlagen aber auch Rohstoffe), Arbeit (Arbeitskraft) und Kapital zur Verfügung. Das Kapital gelangt als Ersparnisse der Haushalte über die Banken oder in Form von Aktienkäufen (→ Aktie) in die Unternehmen. Für die Bereitstellung der Produktionsfaktoren erhalten die Haushalte von den Betrieben Löhne und Gehälter, Zinsen, Mieten und Pachten. Diese Gelder werden wiederum für Konsumgüter ausgegeben oder gespart.

Hegemonie Vorherrschaft eines Staates gegenüber anderen, die auf militärischer oder wirtschaftlicher Überlegenheit beruht. Die Hegemonie äußert sich in einer direkten oder indirekten Einflussnahme des vorherrschenden Staates auf die Angelegenheiten der anderen (meist benachbarten) Staaten, lässt diesen aber zumindest formell ihre → Souveränität.

Herrschaft Institutionalisierte Form politischer und sozialer → Macht. Herrschaft ist die Fähigkeit, eigene Interessen gegenüber den Interessen anderer durchzusetzen. Politische Macht ist in staatliche Institutionen eingebunden. In demokratischen → politischen Systemen wird die politische Herrschaft eingeschränkt, z. B. durch gegenseitige Kontrollen des Parlaments, der Regierung und der Gerichte (→ Gewaltenteilung).

Hitler, Adolf (geb. 20. 4. 1889 in Braunau am Inn, gest. 30. 4. 1945 in Berlin). „Führer" und Reichskanzler Deutschlands von 1933 bis 1945. 1914 siedelte Hitler nach München um und nahm am Ersten Weltkrieg teil. 1919 trat er in die „Deutsche Arbeiterpartei" ein, die eine völkisch-antisemitische Politik betrieb und 1920 in „Nationalsozialistische Deutsche Arbeiterpartei" (NSDAP, → Nationalsozialismus) umbenannt wurde. 1923 unternahmen Hitler und seine Anhänger auf dem Höhepunkt der → Inflation einen Putschversuch, der aber misslang. Hitler wurde zu einer fünfjährigen Haftstrafe verurteilt, jedoch bereits nach acht Monaten entlassen. Die NSDAP entwickelte sich vor dem Hintergrund der Weltwirtschaftskrise 1929 zu einer Massenpartei und wurde 1932 mit einem Wahlergebnis von 37,8 % stärkste Partei in Deutschland. Adolf Hitler wurde am 30. 1. 1933 von Reichspräsident Hindenburg zum Reichskanzler ernannt und errichtete ein diktatorisches System, in dem er als Führer die alleinige und absolute Entscheidungsgewalt über alle Bereiche der Politik innehatte (Führerprinzip). Außenpolitisch stellte Hitler zunächst die friedliche Revision des Versailler Vertrags (→ Erster Weltkrieg) in den Vordergrund, ließ währenddessen aber massiv aufrüsten. Die außenpolitischen Erfolge, insbesondere der Anschluss Österreichs 1938, und die Reduzierung der Arbeitslosigkeit sorgten für eine nahezu mythische Verehrung Hitlers durch viele Deutsche. Die Treue zum „Führer" blieb auch in den ersten Jahren des → Zweiten Weltkriegs ungebrochen. Hitler beging kurz vor der Einnahme Berlins durch die → Rote Armee Selbstmord.

Hobbes' Schrift „Leviathan" widerspiegelt ein mechanistisches Staatsverständnis und die Sehnsucht nach einer überstarken Staatsgewalt.

Hobbes, Thomas (geb. 5. 4. 1588 in Westport, gest. 4. 12. 1679 in Hartwick) Politischer Philosoph und Theoretiker des → Absolutismus. Hobbes, der in einer Zeit größter religiöser und politischer Unruhen lebte (englischer Bürgerkrieg, Dreißigjähriger Krieg in Europa), sprach sich für einen absoluten Machtanspruch der englischen Krone aus und musste 1640 nach Paris fliehen. Dort publizierte er seine staatsphilosophische Schrift „De cive", die er später überarbeitet unter dem Titel „Leviathan" auch in London veröffentlichen konnte (1651). Hobbes geht vom → Naturzustand aus, der vom Krieg aller gegen alle geprägt ist. Diese bürgerkriegsartige Situation könne nur mithilfe eines übermächtigen Staates beseitigt werden, gleichgültig ob dieser als → Monarchie, → Aristokratie oder → Demokratie organisiert sei. Jeder einzelne Bürger solle deshalb seine persönliche → Souveränität an den Staat abtreten. Hobbes traute nur den Wissenschaften zu, die wahre Ordnung dieses Staatswesens bestimmen zu können, dessen wichtigstes Ziel in der Aufrechterhaltung der Stabilität und des Friedens liege. Ähnlich wie eine naturwissenschaftliche Theorie lasse sich auch ein ideales Staatsmodell entwerfen, denn wie eine Maschine den Gesetzen der Mechanik so folge auch der Staat allgemein gültigen Regeln. Die bisherige Staatstheorie, so Hobbes, sei diesem Anspruch nicht gerecht geworden. Er konstruiert einen absolutistischen Staat, der mit aller nur denkbaren Macht ausgestattet ist, um den inneren Frieden zu garantieren und sich über alle Einzelinteressen zu stellen. Politische Freiheit ist in dem Staatsmodell nicht vorgesehen, der Staat allein entscheidet über alle Belange und somit auch über das Schicksal seiner Untertanen. Eine Staatsreligion solle religiöse Auseinandersetzungen verhindern. Hobbes geht mit seiner Theorie weit über das Staatsmodell → Bodins hinaus.

Hochrechnung (Projektion) Wichtige Methode der empirischen → Sozialforschung, bei der mithilfe von Befragungen ermittelte Meinungen einer repräsentativen Gruppe auf das Meinungsbild einer größeren Gruppe oder sogar eines ganzen Volkes projiziert werden. Wichtig ist hierbei, dass die Zusammensetzung der repräsentativen Gruppe so gewählt wird, dass sie mit der Gruppe übereinstimmt, auf die geschlossen werden soll. Um z. B. auf das Wahlverhalten aller Frauen unter 40 Jahren schließen zu können, befragt man eine bestimmte Anzahl (meist ca. 1000 Personen) von Frauen unter 40 Jahren nach ihren Wahlpräferenzen. Die Gruppe der Befragten muss nach festgelegten Merkmalen wie Bildung, Einkommen, Beruf, → sozialer Status etc. so ausgewählt werden, dass sie in etwa mit der zu projizierenden Gruppe übereinstimmt. Aus dem Ergebnis der Befragung kann mithilfe statistischer Berechnungen auf das zu erwartende Wahlverhalten aller Frauen unter 40 Jahren geschlossen werden.

Humanismus (1) Geistige Strömung in der frühen Neuzeit. Der Humanismus wandte sich ab von dem von der Kirche verbreiteten mittelalterlichen Menschenbild, wonach das Leben vollkommen auf das Jenseits, die Zeit nach dem Tod und die Belohnung oder Bestrafung durch Gott ausgerichtet war. Dieser Sichtweise stellte der Humanismus das Ideal des umfassend gebildeten Menschen entgegen, der sich durch das Erlernen von Sprachen, die Beschäftigung mit Kunst und Wissenschaft verwirklichen kann. Die im Humanismus praktizierte Verherrlichung von menschlicher Stärke ging bisweilen bis zur Bewunderung von Skrupellosigkeit. Humanisten setzten sich insbesondere mit der Sprache und Interpretation antiker Schriften auseinander. (2) Als historische Epoche versteht man unter dem Humanismus die Zeit zwischen dem 14. und dem 16. Jahrhundert. Seine Ausbreitung erfolgte von Norditalien in das übrige Europa. Wichtige Denker des Humanismus waren Erasmus von Rotterdam und in Deutschland → Ulrich von Hutten. Der Humanismus förderte durch seine Kritik an der Kirche die Ausbreitung der Reformation.

Humanitäre Intervention → Intervention

Hypothese Annahme von Tatsachen und Gesetzmäßigkeiten. Mithilfe der Methoden aus der empirischen → Sozialforschung sollen die Hypothesen verifiziert oder falsifiziert werden. D. h., ihre vorläufige Richtigkeit soll entweder bewiesen oder als falsch qualifiziert werden.

I

Identitätstheorie Theorie zur Staatsordnung. Zentral für die Identitätstheorie ist die Gleichheit von Regierenden und Regierten, d. h. das Fehlen jeglicher pluralistischer Tendenzen (→ Pluralismus). Die Willensbildung geschieht hauptsächlich durch → Plebiszite, wobei Teilinteressen nicht berücksichtigt werden. Das gesamte Volk wird als „Masse" gesehen und das Individuum kaum beachtet. Die Demokratie geht laut dieser Theorie von einem homogenen Volkswillen aus und setzt sich für ein objektives und einheitliches → Gemeinwohl ein. Voraussetzungen für einen nach der Identitätstheorie aufgebauten Staat sind u. a. eine geringe Fläche, weitgehende soziale Gleichheit, ein hohes Bildungsniveau, gemeinsame Ideologie und Autarkie. Die Identitätstheorie findet ihre Anwendung in der autoritären Staatslehre (Extremfall Führerstaat), in der radikalen Demokratie (Extremfall kommunistische Diktatur) und in einer „totalitären" Demokratie. Vertreter der Theorie setzen sehr großes politisches Interesse bei den Bürgern voraus und sind der Auffassung, dass politische → Partizipation ein bedeutender Teil der Selbstverwirklichung des Menschen ist. Die Theorie des Desinteresses der Bürger an der Politik und die von den Anhängern der → Repräsentationstheorie vertretene Meinung, die Bürger kümmerten sich hauptsächlich um ihre privaten Belange und begnügten sich mit der regelmäßigen Herrschaftsbestellung bei Wahlen, werden abgelehnt

Ideologie Politische Weltanschauung. Ideologien, die das 20. Jahrhundert entscheidend prägten, waren v. a. der → Sozialismus und der → Nationalismus. Jede Ideologie beinhaltet eine stark wertgebundene Sichtweise der Politik und der Geschichte. Zusätzlich erhebt eine Ideologie den Anspruch, allgemein gültige Wahrheiten, die aus der Gesellschaftslehre oder der Natur abgeleitet werden, erkannt zu haben. Dies bedeutet, dass keine Alternativen zur herrschenden Meinung vorgesehen sind. Faktisch ist somit keine legale → Opposition möglich, da diese lediglich als den Staatszielen im Weg stehend angesehen wird. Fühlt sich ein Staat

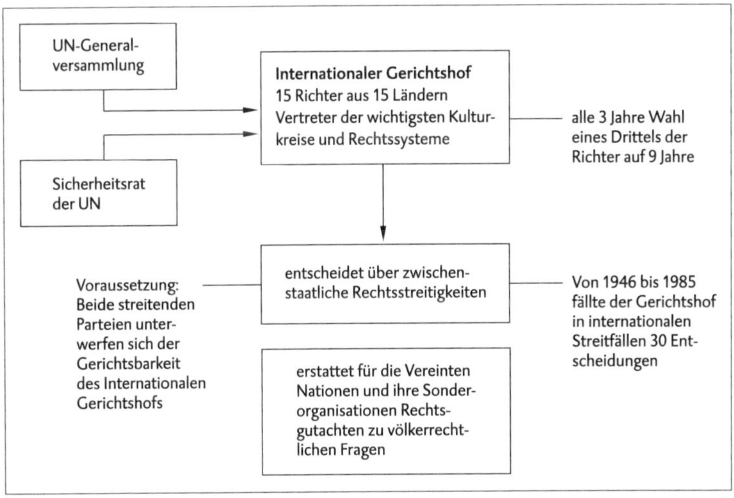

Systematischer Überblick der Struktur und Tätigkeit des Internationalen Gerichtshofs.

Titelblatt der „Deutschen Kolonialzeitung“ aus der Zeit des Imperialismus.

einer bestimmten Ideologie verpflichtet, so kann es zu einer Vernachlässigung praxisnaher Politik zugunsten ideologischer Zielsetzungen kommen. Ideologien tendieren dazu, alle Bereiche des staatlichen Lebens für sich einzunehmen (→ Totalitarismus). Die sozialistische Geschichtsschreibung z. B. sah ihre Aufgabe darin, die Gültigkeit der von → Marx entwickelten Geschichtsphilosophie zu belegen, die Historiker zur Zeit des → Nationalsozialismus schufen einen mythischen Nationalpathos, der mit dazu beitrug, die Rassenpolitik zu legitimieren.

IGH (Internationaler Gerichtshof) Organ der Vereinten Nationen (→ UN), das bei internationalen Streitfällen tätig werden kann. Der Internationale Gerichtshof wird bei internationalen Streitfällen tätig, wenn die Streitparteien (nur Staaten sind zugelassen) bereit sind, sich dem Urteil des IGH zu unterwerfen. Der → UN-Sicherheitsrat kann neben dem IGH auch örtliche Strafgerichtshöfe einrichten. Dies geschah 1993 für das ehemalige Jugoslawien und 1994 für Ruanda, um die begangenen Verbrechen aufzuklären und zu bestrafen. Ein wichtiger Erfolg für das Tribunal im Falle des ehemalige Jugoslawien war die Auslieferung des früheren jugoslawischen Staatspräsidenten Slobodan Milosevic, dem schwer wiegende Verbrechen zur Last gelegt werden (→ Balkankonflikt, → Kosovokrieg). → IStGH
@ http://www.icj-cij.org

Immunität → Abgeordneter

Imperatives Mandat → Mandat

Imperialismus (1) Bestreben eines Staates, seine Herrschaft und seine politische, wirtschaftliche und militärische Macht auf fremde Gebiete auszudehnen. Während des → Kalten Krieges wurde der Begriff Imperialismus benutzt, um die Wirtschafts- bzw. Militärpolitik des jeweils gegnerischen Lagers anzugreifen. So kam es besonders zur Zeit des → Vietnamkriegs bzw. des → Afghanistankriegs zum Vorwurf des Imperialismus. (2) Zeitalter der europäischen Expansion: Hauptsächlich in den Jahren 1880 bis 1914 ergriff der Imperialismus (→ Kolonialismus) weite Teile der Welt und gewann durch die vorausgegangene → Industrialisierung eine enorme Dynamik. Die weltweit führende Macht war → Großbritannien, das ein Weltreich unter Einschluss Ägyptens und → Indiens errichtete.

Import Einfuhr von → Gütern in eine Volkswirtschaft.

Indemnität → Abgeordneter

Indien (1) Politisches System: Die indische Demokratie ist ihrem Staatsaufbau nach eine parlamentarische Bundesrepublik und verfügt über ein Zwei-Kammern-System (Oberhaus und Unterhaus). Jeder Bundesstaat hat ein eigenes Parlament. (2) Geschichte: Indien erhielt nach langem gewaltlosen Widerstand der Bevölkerung unter der Führung „Mahatma" → Gandhis am 15. 8. 1947 seine → Autonomie von der Kolonialmacht → Großbritannien. Nach dem Abzug der britischen Truppen weiteten sich die Unruhen zwischen Moslems und Hindus aber aus, was schließlich zur Teilung des Landes in ein überwiegend hinduistisches Indien und ein islamisches Pakistan führte. Indien hat in seiner gesamten Geschichte seit der Unabhängigkeit unter den Spannungen zwischen den Hindus, die mit 80 % den größten Teil der Bevölkerung stellen, und den Moslems gelitten. Der Konflikt mit Pakistan um die Kaschmir-Region schwelt weiterhin und eskalierte mehrmals bis hin zum Krieg. Indien, nach China das bevölkerungsreichste Land der Erde, hat mit großen sozialen Unterschieden zu kämpfen, da mindestens 300 Millionen Menschen in → Armut leben. 1998 unternahm Indien Atomtests, worauf Pakistan mit dem Aufbau einer eigenen Nuklearstreitmacht antwortete.

Industrialisierung Umwandlung von einer → Agrar- in eine → Industriegesellschaft, bei der die maschinelle Produktion eines Staates die Landwirtschaft als wichtigste Erwerbsgrundlage ablöst. In Europa erlangte Großbritannien ab der zweiten Hälfte des 18. Jahrhunderts einen deutlichen industriellen Vorsprung. Wichtige Stationen der klassischen Industrialisierung waren die Erfindung der Dampfmaschine, der Spinnmaschine (beide 1769) und der Anfang des 19. Jahrhunderts einsetzende Bau von Eisenbahnstrecken. Die Industrialisierung hatte bedeutende soziale Konsequenzen: Es kam zu einer Abwanderung der Bevölkerung aus ländlichen Gebieten hin zu den Industriestandorten und der Entstehung einer neuen sozialen Schicht abhängiger Arbeiter (→ Industriestaaten). Wegen des hohen Tempos der Industrialisierung in Europa redet man auch von einer „industriellen Revolution". Heute befinden sich zahlreiche → Entwicklungsländer im Stadium der Industrialisierung (→ Schwellenländer).

Industriegesellschaft Gesellschaft, bei der die Lebensgrundlage der meisten Arbeitskräfte durch die industrielle Güterherstellung im → sekundären Sektor gewährleistet wird. Die Industriegesellschaft ist wirtschaftlich hoch entwickelt und u. a. geprägt von starker Arbeitsteilung, Massenproduktion und einer Konzentration der Arbeitnehmer in Ballungsgebieten. → Agrargesellschaft, → Dienstleistungsgesellschaft

Industriestaaten Staaten, in denen Wirtschaft und Wohlstand v. a. auf der maschinellen Produktion von Gütern beruht, wobei aber der → tertiäre Sektor gegenüber dem → sekundären Sektor eine immer größere Rolle spielt. Als Industriestaaten gelten somit die Staaten Europas, Japan, die USA, Kanada, Russland und diejenigen afrikanischen, südamerikanischen und asiatischen Staaten, die bereits eine erfolgreiche → Industrialisierung durchlaufen haben. Die acht weltweit wichtigsten Industriestaaten (→ G-8) treffen sich

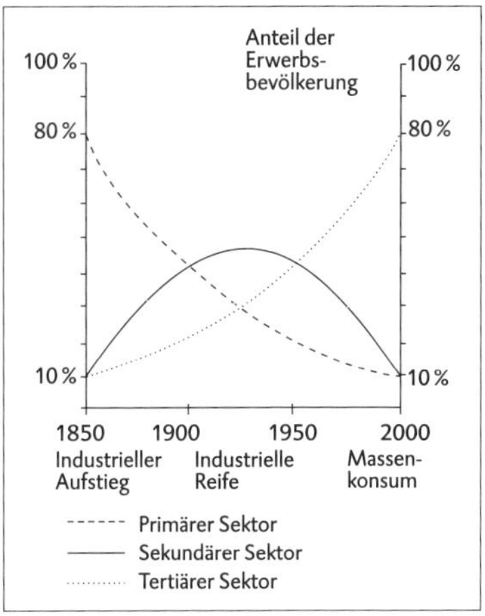

Die Phasen der Industrialisierung.

regelmäßig zu Konsultationen. Die Mehrzahl befindet sich zur Zeit im Übergang zur sog. → Informationsgesellschaft.

Inflation Längerfristiger Prozess der Geldentwertung. Inflation bewirkt, dass der Konsument für die gleiche Geldmenge weniger erhält, da die → Preise gestiegen sind. Gesamtwirtschaftlich gesehen besteht bei Inflation ein Ungleichgewicht zwischen dem vorhandenen Geld und den produzierten → Gütern. In Deutschland kam es im Anschluss an den Ersten Weltkrieg zu einer starken Inflation, die ihren Höhepunkt 1923 erreichte – die Ersparnisse der Bevölkerung waren praktisch völlig wertlos geworden. Ursache hierfür war die → Geldpolitik der Reichsbank, die versuchte, die staatlichen Schulden durch den Druck immer neuer Geldscheine zu tilgen.

Informationsgesellschaft Gesellschaft, die durch die Computertechnik geprägt und in der die Mehrheit der Arbeitnehmer mit der Produktion und Verarbeitung von Informationen beschäftigt ist. Die Informationsgesellschaft ist eine hoch technologisierte → Industriegesellschaft, in der Informations- und Kommunikationstechniken maßgeblich das wirtschaftliche, kulturelle und soziale Leben beeinflussen, weshalb die Fähigkeit zur Nutzung der neuen → Medien von großer Bedeutung ist.

Infrastruktur Alle Einrichtungen, die zur wirtschaftlichen und sozialen Entwicklung und Versorgung einer Region notwendig sind. Infrastruktur umfasst sowohl Verkehrswege und -mittel, Telefon-, Wasser- und Elektrizitätsleitungen als auch Schulen, Theater und Krankenhäuser. In Deutschland weist v.a. das Ruhrgebiet eine dichte Infrastruktur auf (Flughäfen, Schienennetz, Straßen, große Industrie- und Dienstleistungsbranche). Die Infrastruktur einer Region ist einer der wichtigsten → Standortfaktoren.

Innenpolitik Staatliche Aktionen innerhalb der eigenen Grenzen. Besonders die innere → Sicherheit, die durch die Polizei und die Sicherheitsorgane gewährleistet wird, fällt unter den Begriff Innenpolitik. In einem umfassenderen Sinne gehören zur Innenpolitik aber alle Maßnahmen, auch die der Wirtschafts- und Sozialpolitik, die die Lebensbedingungen der Bürger in einem Staatsgebiet beeinflussen. In einer Zeit wachsender gegenseitiger Abhängigkeit sind diese Bedingungen immer weniger allein durch nationale Maßnahmen zu schaffen. Deshalb wird zunehmend eine intensivere Kooperation in diesen Fragen im Bereich der Europäischen Union (→ EU) gefordert.

Institution Einrichtung zur Erfüllung bestimmter öffentlicher oder privater Zwecke (Amt, Organisation). In der Soziologie Bezeichnung für eine gesellschaftliche Gruppierung (Partei, Bürgerinitiative, Freundeskreis), die regelmäßig und gewohnheitsmäßig dieselben Handlungen wiederholen. Diese Institutionalisierungsprozesse vereinfachen zwischenmenschliche Kommunikation und → Interaktion.

Integration (1) Zusammenarbeit von Staaten zum Zweck der Vereinheitlichung bestimmter Politikbereiche und Abgabe von Hoheitsrechten an → supranationale Organisationen. Die europäische Integration, die nach dem Zweiten Weltkrieg einsetzte, ist durch den Aufbau gemeinschaftlicher Institutionen (→ EG, → EU) gekennzeichnet. Ziel ist eine möglichst enge und nutzbringende wirtschaftliche Verflechtung. (2) Im innerstaatlichen Bereich bedeutet Integration meist die Aufnahme und Eingliederung von → Ausländern in die Gesellschaft.

Integrität (1) Politisch: Unverletzlichkeit der staatlichen Grenzen. Integrität bedeutet hier also die Einheit des gesamten Staatsgebietes. (2) Privat: Unbestechlichkeit einer Person.

Interaktion Aufeinander bezogenes Handeln zwischen zwei oder mehr Personen. In der Soziologie Bezeichnung für die Wechselbeziehung zwischen Individuen und gesellschaftlichen Gruppen und die Orientierung des eigenen Handelns an Erwartungen der anderen in Gruppen und sozialen Systemen (Rollendefinition). Eine nähere Untersuchung der Alltagswelt der Menschen zeigt vier Elemente der Interaktion, die gleichzeitig Elemente der Ausbildung einer persönlichen Identität darstellen. (1) Übernahme der Rolle des anderen als Reaktion auf die Umwelt. Dieses im Kinderspiel zu beobachtende Verhalten ist ein Element des individuellen Bewusstseins- und Persönlichkeitsbildungsprozesses. Das Individuum erlernt durch Rollenübernahme in seiner Alltagswelt (Familie, Freundesgruppe, Beruf, in Massenmedien aufgezeigte Rollen) nicht nur allgemeine soziale Verhaltensweisen, sondern auch politischen Einstellungen, Werte und Verhaltensweisen. (2) Ausrichtung des eigenen Denkens und Handelns an der tatsächlichen oder vermuteten Reaktion des anderen. Indem das Individuum seine Handlungsweise in der Reflexion auf den anderen ausrichtet, bildet es seine Einstellung zu sich selbst aus (wechselseitige Interpretation). (3) Bedeutung der Gemeinschaft für die eigene Bewusstseinsbildung. Die Gemeinschaft erscheint dem Individuum nicht in ihrer Pluralität, sondern als Einheit. Indem der Mensch die Haltung der Gemeinschaft ihm gegenüber übernimmt, wird er sich seiner selbst als Objekt oder Individuum bewusst und entwickelt somit eine Identität der Persönlichkeit. (4) Übertragung der wechselseitigen Perspektive auf die gesamtgesellschaftlichen Interaktionen. In der Politik identifiziert sich der Einzelne z. B. mit einer politischen Partei und übernimmt deren Haltung gegenüber der Gemeinschaft und gegenüber Problemen, die sich der Partei innerhalb der jeweiligen gesellschaftlichen Situation stellen. Die vier Elemente des Interaktionsprozesses und der politischen Identitätsbildung wirken nicht in einer zeitlichen Reihenfolge, sondern sind in unbestimmbarer Weise miteinander im Bewusstsein des Individuums verbunden.

Interdependenz Zustand gegenseitiger Abhängigkeit. In der → internationalen Politik spricht man von Interdependenz, wenn zwei oder mehr Staaten enge wirtschaftliche, politische oder militärische Beziehungen pflegen. Das internationale Staatensystem ist, insbesondere durch die Ausweitung des Welthandels (→ Weltwirtschaftsordnung), von einer zunehmenden Interdependenz geprägt. So ist für die Herstellung technisch hoch komplizierter Güter, wie sie etwa in der Luft- und Raumfahrtindustrie eingesetzt werden, die Zusammenarbeit von Firmen aus zahlreichen Staaten notwendig.

Interessengruppe → Verband

Internationale, sozialistische → Internationalismus, sozialistischer

Internationale Beziehungen → Internationale Politik

Internationale Organisation Durch den Abschluss von Verträgen zwischen mehreren Staaten entstandene, nicht national begrenzte Vereinigung. Man unterscheidet zwischen internationalen staatlichen Organisationen (engl. *International Governmental Organisation IGO*), wie der → OPEC und internationalen nicht staatlichen Organisationen (engl. *International Non-Governmental Organisation INGO*, → NGO), wie Greenpeace. In der heutigen Politik spielen internationale Organisationen eine wichtige Rolle, da Nationalstaaten allein längst nicht mehr in der Lage sind, dem gewachsenen Problemdruck angemessen zu begegnen. Zudem verlangt die → Globalisierung die weitere Ausgestaltung des internationalen Rechts. Hierbei können die internationalen Organisationen mitwirken, da sie zumeist durch ihre Ausrichtung auf ein bestimmtes Politikfeld über große Kompetenzen verfügen. Staatliche internationale Organisationen bieten den Nationalstaaten zudem die Möglichkeit, ihre gemeinsamen Interessen nach außen zu vertreten.

Internationale Politik Beziehungen zwischen zwei oder mehr Staaten, die von politischen → Akteuren getragen werden. Internationale Politik wird nicht nur von → Regierungen, sondern auch von → supranationalen Organisationen mitgestaltet. Sie ist einerseits von moralischen Ordnungsprinzipien (→ Ideologien, Wunsch nach → Frieden und → Sicherheit), andererseits von machtpolitisch durchsetzbarer → Realpolitik geprägt. Das → Völkerrecht sowie Verträge, Konferenzen und bilaterale Abkommen bilden das Regelwerk, in dem sich internationale Politik betätigt. In der jüngsten Zeit ist die internationale Politik von einer starken Ausweitung der Beziehungen sowie einer gegenseitigen Abhängigkeit gekennzeichnet (→ Interdependenz). Pflegten in früheren Zeiten nur die jeweiligen Regierungen Beziehungen zueinander, so existieren heute viele Organisationen (→ NGOs) bzw. gesellschaftliche Gruppen, die sich zum Ziel gesetzt haben, die Kontakte zu intensivieren und den kulturellen und wirtschaftlichen Austausch zu fördern.

Internationaler Gerichtshof → IGH

Internationaler Strafgerichtshof → IStGH

Internationaler Währungsfonds → IWF

Internationales politisches System Beziehungsgeflecht regionaler und globaler politischer → Akteure. Generell lassen sich für das internationale politische System jeder Zeitperiode bestimmte Merkmale ausmachen. So war die Zeit nach dem Zweiten Weltkrieg von dem sich abzeichnenden Beginn des → Kalten Krieges und der Rivalität der beiden → Supermächte geprägt (→ Bipolarität). Charakteristiken des internationalen politischen Systems heute sind die weltweit zunehmende Verflechtung der Märkte (→ Globalisierung), die → Transformationsprobleme ehemaliger Ostblockstaaten und das Aufkommen neuer Regionalmächte (→ Multipolarität).

Internationalismus, sozialistischer Begriff aus der kommunistischen → Ideologie, der ihren internationalen Anspruch verdeutlichen sollte. So gründete Karl → Marx 1864 die „Internationale Arbeiterassoziation". Große Erfolge konnte die „sozialistische Internationale" nicht verzeichnen und spätestens der Erste Weltkrieg zeigte, dass sich Arbeiter in allen europäischen Staaten nicht miteinander gegen den Krieg solidarisierten, sondern sich hinter die nationalen Regierungen stellten. Nach der → Oktoberrevolution war es Lenin, der von der (dritten) „sozialistischen Internationale" forderte, nationale Belange dem weltweiten revolutionären Kampf unterzuordnen. Unter → Stalin wurde der Begriff „Internationalismus" umgedeutet – weil die Sowjetunion Ausgangspunkt aller revolutionären Bewegungen sei, müsse diese von allen „Internationalisten" bedingungslos geschützt werden. Nach dem Zweiten Weltkrieg kam es zur Abspaltung einiger Kommunistischer Parteien (KPs) von der Moskauer Zentrale und Jugoslawien, Albanien und China wandten sich gegen die Bevormundung durch die Sowjetunion. Die Kominform („Informationsbüro der Kommunistischen und Arbeiterparteien"), die nur von 1947 bis 1956 bestand, erlangte nie wirklichen politischen Einfluss auf die westeuropäischen KPs, die ebenfalls ein Konzept der Unabhängigkeit verfolgten. Somit war der sozialistische Internationalismus bis zur friedlichen Revolution von 1989/90 zwar immer ein Propagandabegriff, nie jedoch Realität, denn zu deutlich beanspruchte die Sowjetunion die Vormachtstellung im sozialistischen Lager.

Intervention Eingriff eines Staates oder einer Gruppe von Staaten in die Angelegenheiten eines anderen souveränen Staates. (1) Humanitäre Intervention: Meist international von den Vereinten Nationen (→ UN, → UN-Sicherheitsrat) koordinierte Hilfsaktion auf dem Gebiet eines fremden Staates. Gerät ein Staat in eine Notlage, die er aus eigener Kraft nicht bewältigt, kann eine humanitäre Intervention dazu beitragen, die Stabilität wiederherzustellen und die Grundversorgung der Bevölkerung mit Wasser und Nahrungsmitteln zu gewährleisten. Der Begriff „humanitäre Intervention" wird häufig zur Verschleierung von Machtinteressen missbraucht. (2) Militärische Intervention: Einsatz von Truppen in einem bzw. gegen einen fremden Staat. Die politischen Ziele einer Militärintervention reichen von der Durchsetzung eigener Machtinteressen über den Schutz von Zivilisten bis hin zur Durchsetzung von Resolutionen der Vereinten Nationen. So war die internationale Militärintervention gegen den Irak von der UN legitimiert (→ Golfkrieg). Für den → Kosovokrieg lag dagegen keine solche Legitimation vor. Die Entscheidung zu einer militärischen Intervention ist immer dann besonders kritisch, wenn der betroffene Staat dies mit Hinweis auf seine → Souveränität ablehnt. (3) Wirtschaftliche Intervention: Eingriff supranationaler oder nationaler Institutionen in die Wirtschaft. Ziel einer solchen Intervention ist meist die unmittelbare Sicherung von Arbeitsplätzen.

Intifada (arab. abschütteln, wach werden, sich erheben) Aufstand der Palästinenser gegen die israelische Herrschaft in den besetzten Gebieten (→ Nahostkonflikt). Die erste Phase der Intifada begann 1987. Die zeitweilige Verbesserung der israelisch-palästinensischen Beziehungen ab 1993 brachte zunächst ein Abflauen des Palästinenseraufstandes. Durch einen Besuch des damaligen Oppositionsführers und jetzigen israelischen Ministerpräsidenten Ariel Scharon im September 2000 auf dem Tempelberg, einer heiligen Stätte der Moslems, wurde jedoch eine neue Phase der Intifada, die sog. „Al Aksa-Intifada" ausgelöst. Die Intifada äußert sich auf verschiedene Weise – war die erste Phase noch ein „Krieg der Steine", so stieg die Gewalt auf beiden Seiten mit der Al-Aksa-Intifada deutlich an. Die Führung der → PLO versucht, die Intifada – je nach politischer Lage – zu nutzen.

Irakkrieg → Golfkrieg

Isolationismus Politische Strömung, die sich gegen eine tiefer gehende Beteiligung des Staates an der internationalen Politik ausspricht. Im 19. Jahrhundert war der Isolationismus in den USA lange Zeit maßgebliche außenpolitische Haltung – teils wegen der geografischen Distanz zu Europa, teils aus dem Wunsch, die Probleme der alten Welt (v. a. religiöser Fanatismus und absolutistische Fürstenherrschaft) hinter sich zu lassen. Durch die zunehmende Verflechtung der Weltwirtschaft und -politik verlor der Isolationismus an Bedeutung und der umstrittene Eintritt der USA in den → Ersten Weltkrieg stellte eine deutliche Abkehr von der vorigen isolationistischen Politik dar. Beide Weltkriege führten zu einer Stärkung der Position der USA im → internationalen politischen System. Die weltpolitische Konstellation der → Bipolarität im → Kalten Krieg führte dazu, dass die USA weit reichende Bündnisverpflichtungen, insbesondere in Europa und in Südostasien eingingen, die einen erneuten Rückzug in den Isolationismus unmöglich werden ließen. Nach dem Zusammenbruch der sozialistischen Systeme in Osteuropa kam es in der Politik zu einer Debatte über die Reduzierung des weltweiten US-Engagements.

IStGH (Internationaler Strafgerichtshof, engl. *International Criminal Court ICC*) Im Juli 1998 von der → UN beschlossenes Weltstrafgericht. Der Internationale Strafgerichtshof mit zukünftigem Sitz in Den Haag trat am 1. 7. 2002 in Kraft, nachdem im April 2002 die erforderliche Zahl von 60 Ratifikationen überschritten wurde. Zu den 66 Staaten, die das Römische Statut des Strafgerichtshofs ratifiziert haben, gehören neben allen EU-Mitgliedsstaaten u. a. auch Norwegen und Kanada. Der Strafgerichtshof wird strafverfolgend tä-

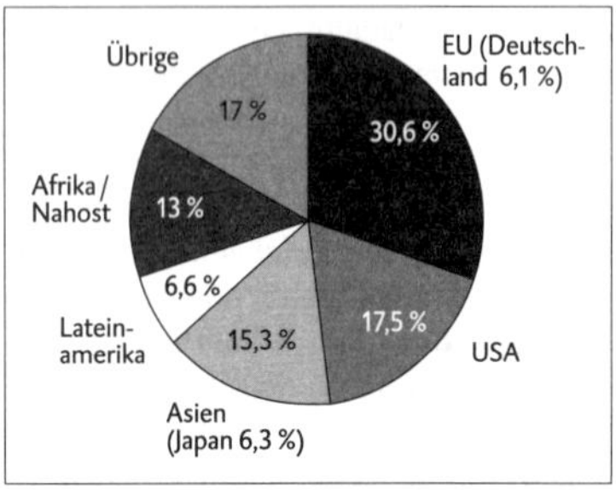

Stimmrechtsanteile nach Mitgliedsstaaten im Internationalen Währungsfonds (Stand 2001).

tig, wenn Staaten nicht willens oder nicht in der Lage sind, Kriegsverbrechen, Völkermord oder sog. „Verbrechen gegen die Menschlichkeit" zu ahnden. Er beginnt seine Untersuchung aufgrund einer Staatenbeschwerde, eines Anklägers oder einer Initiative des → UN-Sicherheitsrats. Die Gerichtsbarkeit kann ausgeübt werden, wenn entweder der Staat, auf dessen Territorium sich die Verbrechen ereignet haben, oder der Staat, dessen Staatsangehörigkeit der mutmaßliche Täter besitzt, die Gerichtsbarkeit des Gerichtshofs anerkannt hat. Der Strafgerichtshof ist außerdem nur für Verbrechen zuständig, die nach seiner Einrichtung verübt wurden. Die US-amerikanische Regierung unter Präsident George W. → Bush lehnt den Gerichtshof und das gesamte Konzept einer internationalen Strafgerichtsbarkeit ab. Auch die Staaten China und Russland stehen der Einrichtung mit großer Skepsis gegenüber, da sie Eingriffe in ihre → Souveränität fürchten.
@ http://www.un.org/law/icc/

IWF (Internationaler Währungsfonds, engl. *International Monetary Fund, IMF*) Sonderorganisation der Vereinten Nationen (→ UN). Ebenso wie die → Weltbank wurde der IWF 1944 auf der Konferenz von Bretton Woods ins Leben gerufen. Ziel war die Neuordnung der internationalen Wirtschaftsbeziehungen. Das IWF-Abkommen sah vor, die Währungspolitik der 183 Mitgliedsstaaten (2002) aufeinander abzustimmen und die finanzielle Stabilität sowie das Wachstum zu fördern. Ein Staat kann, sofern der IWF zustimmt, Währungsreserven eines anderen Staates gegen Gold oder Landeswährung aufkaufen, um eine Störung der Zahlungsbilanzen, wie etwa ein Missverhältnis zwischen Im- und Export, auszugleichen. Die Struktur des IWF sieht vor, das Stimmrecht eines Mitgliedsstaates nach dessen finanzieller Beteiligung zu gewichten.
@ http://www.imf.org

J

Japan (1) Politisches System: Japan verfügt über ein Zweikammer-Parlament, die größte und einflussreichste Partei sind die Liberaldemokraten. Die Verfassung von 1947 schreibt dem Kaiser (Tenno) lediglich eine repräsentative Rolle zu, jedoch genießt er weiterhin große Verehrung. (2) Geschichte: Die japanische Verfassung von 1888 (bis 1945 in Kraft) gab dem Kaiser, der als Nachfahre der Götter galt, eine faktische Allmacht über den Staat. Um die Jahrhundertwende erwarb Japan Gebiete von Russland und China, nahm im Ersten Weltkrieg deutsche Kolonialgebiete in Südostasien ein und erlebte einen wirtschaftlichen Aufschwung, der bis 1920 andauerte. Die Krisen der Folgezeit – japanische Produkte waren auf dem Weltmarkt nicht konkurrenzfähig – führten zu einer politischen Instabilität, die schließlich den → Nationalismus im Land verstärkte und den Einfluss der Militärs erhöhte. Im → Zweiten Weltkrieg verfolgte Japan ehrgeizige Expansionspläne zur Schaffung eines südostasiatischen Großreichs. Der Angriff auf die US-Flotte in Pearl Harbor im Dezember 1941 bewirkte den Kriegseintritt der → USA. Kurz vor Kriegsende kam es zum Abwurf von Atombomben auf die Städte Hiroshima

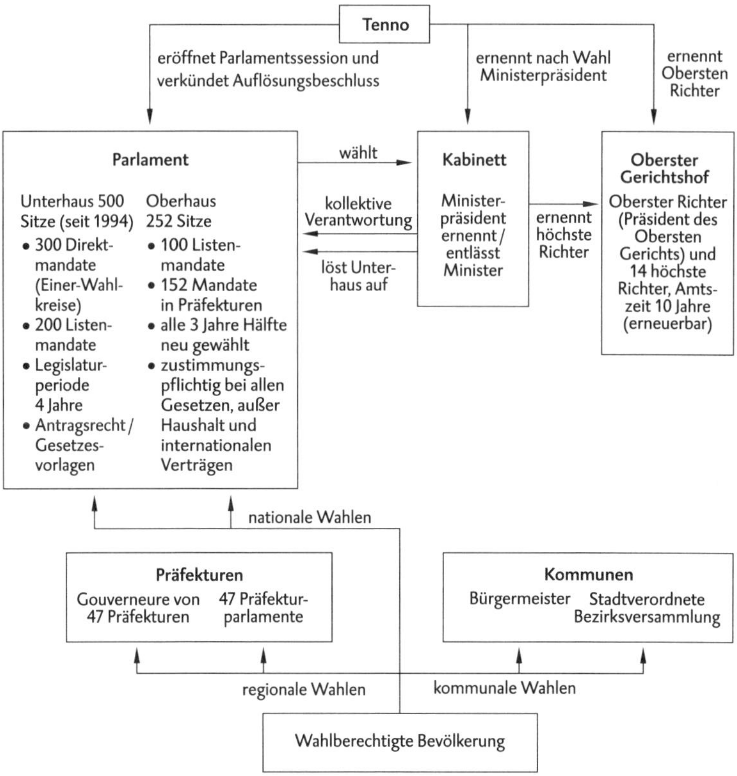

Systematischer Überblick zum politischen System Japans. An der Spitze des Staates steht der Kaiser (Tenno).

und Nagasaki. Japan kapitulierte im Sommer 1945. In der Folgezeit übten die USA großen Druck aus, der zu einer Umgestaltung des politischen und wirtschaftlichen Systems führte. Japan wurde eine Demokratie nach westlichem Vorbild, die zwar die alten Traditionen des Kaisertums nicht infrage stellte, jedoch dem Tenno die Aura des Göttlichen nahm. Dem Land gelang bald ein wirtschaftlicher Wiederaufstieg. Sicherheitspolitisch orientierte sich Japan an den USA. Heute gehört Japan neben Europa und den USA zu den führenden Produzenten im technologischen Bereich. Im Gegensatz zu Westeuropa oder den USA herrscht in Japan keine absolute Konkurrenz der Unternehmen untereinander, mitunter entscheidet das Wirtschaftsministerium über die Zusammenarbeit der Firmen, etwa in der Forschung und bei der Entwicklung neuer Produkte. Zwischen Wirtschaft und Politik existiert eine enge Verflechtung der Eliten, wie nicht zuletzt in der Asienkrise 1997 deutlich wurde. Ein starker Rückgang der Wirtschaftsleistung und ein Vertrauensverlust in das kollektivistische Erfolgsmodell Asiens waren die Folgen, die bis heute zu spüren sind.
@ http://www.kantei.go.jp
@ http://www.shugiin.go.jp
@ http://www.sangiin.go.jp

Jelzin, Boris (geb. 1. 2. 1931 in Swerdlowsk) Russischer Präsident von 1991 bis 1999. Der ehemalige Bauingenieur Jelzin wurde 1961 Mitglied der Kommunistischen Partei der Sowjetunion (KpdSU). Von → Gorbatschow als Reformer nach Moskau geholt, nahm er eine Umgestaltung der Administration vor und startete einen Kampf gegen die → Korruption. Wegen reformfeindlicher Kräfte verlor er sein Amt als Moskauer Parteichef. 1990 trat Jelzin aus der KPdSU aus und forderte eine Beschleunigung der Reformen.

Jelzin konnte die in ihn gesetzten Erwartungen nicht erfüllen. Soziale Spannungen und der Tschetschenienkrieg überschatteten seine Regierungszeit.

Im Verlaufe des Putschversuchs gegen Michail Gorbatschow gelang es ihm, den Widerstand gegen die Putschisten zu organisieren. Jelzin siegte 1991 in der ersten freien Wahl in der Geschichte → Russlands. Die radikalen marktwirtschaftlichen Reformen in seiner Regierungszeit zeigten keine unmittelbaren Erfolge und die Innenpolitik wurde vom → Tschetschenienkrieg überschattet. Im Sommer 1996 wieder gewählt, ernannte der seit längerer Zeit schwer herzkranke Jelzin zum Jahresbeginn 2000 Wladimir → Putin zu seinem Nachfolger.

Judikative Rechtsprechende Gewalt in einem → Staat. → Gerichte, → Gewaltenteilung

K

Kabinett Kollegium von mehreren Ministern, die die Regierungsgeschäfte eines Staates führen.

Kader Im kommunistischen Sprachgebrauch Gruppe von Personen, die im politischen, wirtschaftlichen und gesellschaftlichen Leben mit wichtigen Aufgaben betraut sind. In einem Kader sind insbesondere leitende Funktionäre der Partei und der Massenorganisationen, aber oft auch Wirtschaftsfachleute vertreten. Nach → Lenin sind Kader konspirativ arbeitende Berufsrevolutionäre, die die Partei lenken und die Massen organisieren.

Kaiserreich Von 1871 bis zur Abdankung Kaiser Wilhelms II. im November 1918 (→ Erster Weltkrieg, → Weimarer Republik) bestehender preußisch-deutscher Staat. (1) Politisches System: Das deutsche Kaiserreich war eine konstitutionelle → Monarchie, in der ein → Dreiklassenwahlrecht herrschte, das die Stimmen der oberen Bevölkerungsschichten stark übergewichtete. (2) Geschichte: Der Gründung des Kaiserreichs durch → Bismarck waren erfolgreiche Kriege mit dem ebenfalls nach → Hegemonie strebenden Österreich (1866 Auflösung des Deutschen Bundes) und Frankreich (1870/71) vorausgegangen. Im Januar 1871 wurde der preußische König in Versailles zum deutschen Kaiser ausgerufen. Bismarck verstand es, den neuen Staat durch geschickte Bündnispolitik im Gefüge der europäischen Mächte zu etablieren. Innenpolitisch versuchte er, sowohl den kirchlichen als auch den sozialdemokratischen Einfluss zu beschränken. Im März 1890 wurde Bismarck von Kaiser Wilhelm II. (1859–1941) entlassen, da er die Handlungsfreiheit des Kanzlers einschränken und den eigenen Kurs durchsetzen wollte. Eine Reihe (außen-)politischer Fehlentscheidungen kennzeichneten die Jahre bis zum Ersten Weltkrieg. Durch die Nichtverlängerung des sog. Rückversicherungsvertrags mit → Russland entfremdete der Kaiser den ehemaligen Verbündeten. Die Flottenaufrüstung Deutschlands sowie die offensive Kolonialpolitik des Landes vergrößerten den deutsch-englischen Interessengegensatz. Im Verlauf der Novemberrevolution (→ Erster Weltkrieg) floh Wilhelm II. in die Niederlande und verzichtete am 28. 11. 1918 auf den Thron. → Imperialismus

Kalter Krieg Konflikt zwischen den → USA und Westeuropa auf der einen und der → Sowjetunion und Osteuropa auf der anderen Seite. Der Kalte Krieg begann nach Ende des Zweiten Weltkriegs (→ Ost-West-Konflikt). In den 1950er-Jahren, als die Sowjetunion → Atomwaffen herstellen konnte und so das Monopol der USA auf diese Waffen brach, begann sich ein → Gleichgewicht der Kräfte einzustellen, das den Kalten Krieg entscheidend prägen sollte: Um eine direkte Konfrontation („heißer" Krieg) zu verhindern, bemühten sich die → Supermächte, ihre Konflikte in nicht militärische Bereiche zu verlagern. Deshalb konkurrierten sie wirtschaftlich und propagandistisch um Einfluss in der Welt, militärische Auseinandersetzungen wurden v. a. in den Entwicklungsländern ausgetragen (→ Stellvertreterkrieg). 1962 führte die → Kubakrise als Höhepunkt des Kalten Krieges die Welt an den Rand eines Atomkriegs. Konflikte, an denen sich die Supermächte massiv und direkt beteiligten, waren u. a. der → Vietnamkrieg und der → Afghanistankrieg. Strategisch setzte man im Westen wie im Osten auf Abschreckung (→ Massive Vergeltung, → Flexible Reaktion), jeweilige → Einflusssphären wurden aber respektiert. Reformbewegungen, die sich innerhalb der Ostblockstaaten bildeten, wurden von der Sowjetunion gewaltsam unterdrückt (→ DDR, → Prager Frühling, → Ungarnaufstand). Die Vereinten Nationen waren meist handlungsunfähig, weil sich die Supermächte im → UN-Sicherheitsrat gegenseitig blockierten. In den

1970er-Jahren kam es zu ersten Maßnahmen in der Rüstungsbegrenzung (→ Entspannungspolitik). Anfang der 1980er-Jahre trat eine Abkühlung in den Beziehungen zwischen Ost und West ein und das erneute Wettrüsten in Mitteleuropa wurde mit der Stationierung weiterer Mittelstreckenraketen eingeleitet. Unter Präsident Reagan begannen die USA mit der Erprobung eines Raketenabwehrsystems im Weltraum (*Strategic Defense Initiative SDI*). Der Sowjetunion war es wirtschaftlich unmöglich, bei der Aufrüstung mitzuhalten, weshalb der sowjetische Generalsekretär → Gorbatschow auf eine Reform des sowjetischen Wirtschaftssystems sowie auf neue Abrüstungsgespräche mit den USA setzte. Das Ergebnis der Bemühungen war der Abschluss des INF-Vertrags (*Intermediate-Range Nuclear Forces*) am 8. 12. 1987, der erstmals nicht nur eine Rüstungsbegrenzung, sondern eine reale Abrüstung der nuklearen Mittelstreckenraketen vorsah. Der Kalte Krieg endete 1989/90 mit dem Zerfall des Ostblocks und der Auflösung des → Warschauer Pakts. Befürchtungen vor einem erneuten Aufleben des Kalten Krieges haben sich trotz immer wieder auftretender Differenzen zwischen den USA und Russland u. a. beim → Kosovo- und → Tschetschenienkrieg, bisher nicht bestätigt.

„**Kampf der Kulturen**“ (engl. *clash of civilizations*) Politische Theorie im Bereich der → internationalen Politik. Der „Kampf der Kulturen“ ist die von dem US-amerikanischen Politikwissenschaftler Samuel Huntington entwickelte Vorstellung, dass sich die internationale Politik in Zukunft entlang kultureller Grenzen ordnet. Huntington sieht → Konflikte zwischen den verschiedenen „Kulturkreisen“ (u. a. westlich/islamisch/orthodox) voraus. Hierbei richtet sich sein Hauptaugenmerk auf den Islam, der als besonders konfliktfreudig und aggressiv angesehen wird. Huntington löste mit dem Erscheinen seiner Theorie „The Clash of Civilizations“ (1993 als Aufsatz und 1996 als Buch) eine kontroverse Diskussion aus und wurde auch häufig kritisiert. Zum einen warf man ihm vor, nach Ende des → Kalten Krieges auf der Suche nach einem neuen Feindbild für die USA zu sein. Zum anderen richtete sich die Kritik gegen offensichtliche Mängel in der Argumentation. Neue Nahrung bekam die Diskussion um den „Kampf der Kulturen“ im September 2001 durch die von islamistischen Fundamentalisten ausgeübten Terroranschläge auf die Städte New York und Washington D. C.

Kant, Immanuel (geb. 22. 4. 1724 in Königsberg, gest. 12. 2. 1804 in Königsberg) Philosoph der → Aufklärung sowie Vordenker des deutschen → Liberalismus. Kant studierte bis 1746 u. a. Mathematik, Theologie und Philosophie in Königsberg, 1755 promovierte und von 1770 bis 1796 lehrte er an der Königsberger Universität. Kant beschäftigte sich intensiv mit Überlegungen zu den Grenzen des Denkens und der Erkenntnis. Er strebte eine Reform der Philosophie an, die es dem Menschen erlauben sollte, durch den reinen Gebrauch der Vernunft einen Ausgang aus der „selbstverschuldeten Unmündigkeit“ zu finden. Zu politischen Fragen nahm er in mehreren Aufsätzen Stellung, darunter in der Schrift „Zum ewigen Frieden“, die wesentliche Grundgedanken eines → Völkerrechts beschreibt, etwa die Nichteinmischung in fremde Angelegenheiten, die Abschaffung stehender Heere und ein Verbot von kriegerischen und kriegsvorbereitenden Verträgen. Innenpolitisch sollte der Staat republikanisch verfasst sein, wobei Kant als Staatsform die → Monarchie oder → Aristokratie der → Demokratie vorzog. Er befürwortete eine → Gewaltenteilung, weil dadurch ein Höchstmaß an Freiheit garantiert werden könne. Kant ist Schöpfer des kategorischen Imperativs der besagt, jeder solle so handeln, dass die Maxime seines Willens jederzeit als Prinzip einer allgemeinen Gesetzgebung gelten könne.

Kapitalflucht Abzug von Vermögen aus einer bestimmten Firma, Bank, Branche oder Region. Kapitalflucht kommt zustande, weil Anleger andernorts profitablere Anlagemöglichkeiten sehen oder hohen Steuern entgehen wollen. Durch die weitgehenden wirtschaftlichen Verflechtungen und der mit der → Globalisierung entstandenen Möglichkeit, Kapital weltweit und in kurzer Zeit umzuschichten, kann die Kapitalflucht zu einer ernsthaften Bedrohung für die Wirtschaft ganzer Staaten oder Staatengruppen werden. Um Kapitalflucht zu vermeiden, bemühen sich die Staaten bzw. lokale und regionale Wirtschaftsverbände, die → Standortfaktoren zu verbessern.

Kapitalismus Wirtschaftssystem, in dem die überwiegende Mehrheit der Produktionsmittel wie Maschinen und Rohstoffe im privaten Besitz ist, der Staat also die Wirtschaft nicht kontrolliert. Häufig ist der Begriff auch eine abwertende Bezeichnung für → Marktwirtschaft. Der Kapitalismus setzt auf das Erwerbsstreben des einzelnen Bürgers. Der dadurch erreichte Wohlstand soll nicht nur der wirtschaftlichen Elite, sondern der gesamten Gesellschaft zugute kommen. Im Gegensatz zum sozialistischen Wirtschaftsmodell, bei dem der Staat (fast) alle Produktionsmittel besitzt, sieht der Kapitalismus den staatlichen Eingriff in die wirtschaftliche Entwicklung als in der Regel kontraproduktiv an (→ Neoliberalismus). Im marxistischen Sprachgebrauch wurde der Begriff Kapitalismus negativ für die letzte Entwicklungsphase eines Staates vor dem Übergang zum → Sozialismus verwendet. In Deutschland besteht das System der sozialen Marktwirtschaft.

Kartell Zusammenschluss oder auch Zusammenarbeit von Unternehmen mit dem Ziel, → Preise, Lieferungs-, und Zahlungsbedingungen abzusprechen.

Kartellgesetz Gesetz, das die Machtkonzentration in der → Marktwirtschaft verhindern und freien Wettbewerb garantieren soll. Die Existenz vieler Anbieter ist die wichtigste Voraussetzung für das Funktionieren von Angebot und Nachfrage und für die Entstehung marktgerechter → Preise. Nach dem Kartellgesetz sind Vereinbarungen zwischen Unternehmen, die den Wettbewerb einschränken, verboten. So sind Zusammenschlüsse von Unternehmen dann untersagt, wenn dadurch eine marktbeherrschende Stellung entsteht. Das Bundeskartellamt soll die Einhaltung der im Kartellgesetz enthaltenen Prinzipien überprüfen und entsprechende Maßnahmen, z. B. das Verbot von Zusammenschlüssen, einleiten.
@ http://www.bundeskartellamt.de

John F. Kennedy erfreute sich großer Beliebtheit und war Hoffnungsträger der jungen Generation.

Kennedy, John F. (geb. 29. 5. 1917 in Brookline, Massachusetts, gest. 22. 11. 1963 in Dallas) Präsident der USA von 1961 bis 1963. Kennedy, im → Zweiten Weltkrieg Marineoffizier, wurde 1953 demokratischer Senator für Massachusetts. 1960 gewann er als erster Katholik die Präsidentschaftswahlen der USA. Innenpolitisch wollte er unter dem Schlagwort der „New Frontier" umfangreiche Sozialreformen einleiten, stieß aber auf den Widerstand des republikanisch dominierten Kongresses. 1961 ließ Kennedy Exilkubaner unterstützen, die einen Sturz von Fidel → Castros sozialistischem Regime auf Kuba planten. Die Aktion in der sog. Schweinebucht scheiterte aber und trug zur Verhärtung der Fronten des → Kalten Krieges bei. Als die Sowjetunion versuchte, auf Kuba → Atomwaffen zu stationieren, reagierte Kennedy mit einer Seeblockade (→ Kubakrise). Nach Beendigung der Auseinandersetzung kam es zu einer Entspannung (→ Entspannungspolitik) in den Beziehungen zur Sowjetunion. Unter Kennedy wurden militärische Vorbereitungen für eine US-Intervention in Vietnam getroffen (→ Vietnamkrieg). Kennedys Rede in Berlin vom 23. 6. 1963, in der er den Symbolwert der Stadt für die Auseinandersetzung mit dem → Kommunismus hervorhob, sorgte für seine Popularität in der Bundesrepublik Deutschland. Er starb durch Schüsse eines Attentäters – die Hintergründe des Anschlags sind bis heute nicht eindeutig geklärt.

Keynesianismus Wirtschaftswissenschaftliche Theorie, benannt nach dem britischen Ökonom John Maynard Keynes (1883–1946). Der Keynesianismus sieht die Gesamtnachfrage nach → Gütern als wichtigsten Faktor für die Höhe von Einkommen und Beschäftigungsgrad der Bevölkerung an. Kommt es zu einer wirtschaftlichen Krise und einem Rückgang der Kaufkraft und damit der Nachfrage, soll der Staat eingreifen. Dies darf jedoch nicht durch Sparmaßnahmen geschehen, da diese nach Sicht des Keynesianismus die Krise nur verschärfen würden. Stattdessen soll der Staat verstärkt Aufträge an die Wirtschaft vergeben. Dadurch sinke die Arbeitslosigkeit, die Güternachfrage steige und die Wirtschaft werde angekurbelt. Laut der Theorie kommt es zeitweilig zwar zur Inkaufnahme von Nachteilen, wie z. B. einem Anstieg der → Inflation und der Staatsverschuldung, insgesamt tritt aber eine langfristige Verbesserung der Situation ein. Kritik an Keynes kommt v. a. vonseiten des → Monetarismus. In der heutigen, von der → Globalisierung gekennzeichneten Wirtschaft, wirkt die von Keynes befürwortete Programmatik vielfach unzeitgemäß. Die ökonomischen Verflechtungen sind inzwischen zu einem Ausmaß angewachsen, das den Einfluss einzelner Staaten auf ihre Wirtschaft deutlich schmälert. Dadurch verlieren nationale Wirtschaftsförderungsprogramme, wie sie der Keynesianismus befürwortet, größtenteils ihre Wirkung.

Kirchen Soziale Organisationsformen von Religionen/Religionsgemeinschaften, insbesondere christlicher Bekenntnisse.

Klasse Bevölkerungsgruppierung, deren Angehörige durch eine gemeinsame ökonomische und soziale Lage und die damit verbundenen sozialen und politischen → Interessen gekennzeichnet sind. Klasse wird oft mit dem Begriff Schicht gleichgesetzt (→ Schichtung).

Klassenkampf Sozialistisches Schlagwort (→ Sozialismus), das die Auseinandersetzungen zwischen „Arbeiterklasse" und „Besitzbürgertum" bezeichnet. Nach sozialistischer Auffassung kommt dem Klassenkampf eine entscheidende Bedeutung bei der Entwicklung der Gesellschaft in Richtung des → Kommunismus zu. So sind es laut → Marx die Arbeiter, die den Staat schließlich nach ihren Forderungen umgestalten bzw. umstürzen und vor der Verwirklichung des reinen Kommunismus eine „Diktatur des Proletariats" errichten.

Koalition Regierungsbündnis, das aus mindestens zwei → Parteien zum Zweck der Wahl einer → Regierung und des Regierungschefs besteht. Die Koalition wird dann gebildet, wenn keine Partei die absolute Mehrheit (→ Mehrheitsprinzip) erhält. Hierbei koalieren meist eine „größere" und eine „kleinere" Partei. In Deutschland besteht z. B. die Möglichkeit einer sog. „Ampelkoalition", einem Bündnis aus Rot (SPD), Gelb (FDP) und Grün (Bündnis 90/Die Grünen), um die Handlungsfähigkeit im Bundestag zu erhalten. In Krisenzeiten kommt es vor, dass sich auch eine Koalition der stärksten Parteien bildet, um einen möglichst breiten gesellschaftlichen Konsens zu erreichen („große Koalition"). Eine Koalition ist mit der Wahl der Regierung nicht beendet, sondern besteht während der ganzen → Legislaturperiode bis zur nächsten Wahl oder dem Bruch der Koalition weiter.

Kollektive Sicherheit Globale oder regionale Zusammenarbeit in der → Sicherheitspolitik. Der erste Versuch, ein System der kollektiven Sicherheit zu bilden, war der → Völkerbund. Zum Zweck der kollektiven Sicherheit entwickeln die Vereinten Nationen (→ UN) und regionale Sicherheitsorganisationen (→ OSZE) Programme, die zu einer friedlichen Lösung von internationalen Streitigkeiten beitragen sollen.

Kolonialismus Politik eines Staates, die auf den Erwerb bzw. die Eroberung meist überseeischer und kriegstechnisch unterlegener Gebiete zielt. → Imperialismus

Kolonie Gebiet, das von einer fremden Macht verwaltet wird und also keine staatliche → Autonomie genießt. In der Zeit ab ca. 1500 und besonders in der Blütezeit des → Imperialismus gerieten zahlreiche Regionen der Welt unter den Einfluss europäischer Mächte und wurden Kolonien. Die größten Kolonialmächte waren → Großbritannien, Spanien, Frankreich, Holland, Portugal und Russland. Später beteiligte sich auch das Deutsche → Kaiserreich an dem „Wettlauf" um die Aufteilung der Welt. Viele nationale Befreiungsbewegungen, die hauptsächlich nach dem Zweiten Weltkrieg an Bedeutung gewannen, setzten sich für Autonomie ein. → Entkolonialisierung

Kominform → Internationalismus, sozialistischer

Kommunalpolitik Gesamtheit aller die Kommunen (Stadt, Gemeinde, Kreis) betreffenden politischen Handlungen des Staates, der Kommunen, der politischen Parteien und der Verbände. Die kommunale Selbstverwaltung und die Möglichkeit der → Partizipation stehen in engem Zusammenhang, weil die Bürger ihre Interessen „vor Ort" in den politischen Entscheidungsprozess einbringen können. In den Kommunen besteht z. B. die Möglichkeit, entsprechend den in den Ländern existierenden Kommunalverfassungen an Sachentscheidungen teilzunehmen oder aber die Kommunalparlamente durch ein → Volksbegehren aufzufordern, sich mit kommunalen Problemen (Bau von Grünanlagen, Straßen, Sportplätzen, Schulen etc.) zu beschäftigen. → Föderalismus, → Subsidiarität

Kommunikation Erscheinungsform sozialen Handelns, die auf Verständigung ausgerichtet ist. Zwischenmenschliche Kommunikation dient der „gemeinsamen Aktualisierung von Sinn" (→ Luhmann) und sie wirkt ein auf Gefühle, Gedanken oder Tätigkeiten des Kommunikationspartners. Kommunikation setzt mindestens einen Sender (Kommunikator), eine Mitteilung (Aussage) und einen Empfänger (Rezipient) voraus. Beim Kommunikationsprozess wandelt der Kommunikator seine Mitteilungsabsicht in ein für den Empfänger verständliches Zeichensystem um. Dieser deutet und interpretiert dann die akustisch oder optisch wahrgenommenen Zeichen (Sprache, Schrift, Gestik).

Kommunismus (1) Utopischer gesellschaftlicher Zustand, der nach → Marx zwangsläufig am Ende der historischen Entwicklung stehen wird. Die Verstaatlichung aller Firmen sowie die Ablehnung der → Marktwirtschaft ist die Grundlage für den Weg zum Kommunismus. Die Voraussetzung für den absoluten Kommunismus ist die Abschaffung des Privateigentums und die Überwindung aller Klassenunterschiede. Nur dieser führt zur Gleichheit aller Bürger und zum „Absterben des Staates". (2) → Ideologie, die oft auch als → Sozialismus bezeichnet wird. Die kommunistische Ideologie gewann mit der russischen → Oktoberrevolution 1917 weltweite Bedeutung, die bis zum Ende des → Kalten Krieges anhielt. Heute bekennen sich nur noch wenige Staaten, u. a. Nordkorea, → Kuba und → China, das jedoch faktisch eine Marktwirtschaft ist, zu dieser Ideologie. → Marxismus

Kompromiss Konfliktlösung, die vorhandene Interessen beteiligter Gruppen oder Staaten nach deren Meinung etwa gleichberechtigt berücksichtigt.

Konflikt Kontroversen, die durch Interessengegensätze zwischen Individuen, Gruppen, Organisationen oder Staaten entstehen. Die Lösung gesellschaftlicher Konflikte kann sowohl friedlich (→ Tarifvertrag) als auch gewaltsam angegangen werden (→ Extremismus).

Konflikt, ethnischer Spannungen, die zwischen meist gemeinsam im gleichen Staat lebenden Volksgruppen auftreten. Oft sind diese Konflikte die Ursachen eines → Bürgerkriegs. Ein ethnischer Konflikt führt zu Gewaltausbrüchen, wenn sich eine Volksgruppe auf Dauer unterdrückt oder bedroht fühlt. Der Zerfall des sozialistischen Machtsystems hat zu einem Wiederaufleben der ethnischen Konflikte in Osteuropa und auf dem Gebiet der ehemaligen Sowjetunion geführt. In den letzten Jahren waren Burundi (1993/94), wo sich die Stämme Tutsi und Hutu bekämpften, und die Teilstaaten Jugoslawiens ab 1992 (→ Balkankonflikt, → Kosovokrieg), Schauplätze brutaler, ethnisch motivierter Konflikte.

Konjunkturpolitik Maßnahmen, die sich an den Vorgaben des → Stabilitätsgesetzes von 1967 orientieren, u. a. mit dem Ziel der → Vollbeschäftigung, der Preisstabilität (→ Preis), des → außenwirtschaftlichen Gleichgewichts sowie des → Wirtschaftswachstums. Die staatliche Konjunkturpolitik ist z. B. die Steuer- und → Strukturpolitik. Die konjunkturpolitischen Aufgaben der Deutschen Bundesbank (→ Geldpolitik) wurden im Zuge der Herstellung der europäischen → Währungsunion auf die Europäische Zentralbank (→ EZB) übertragen. Die Konjunkturphasen sind durch Schwankungen des Bruttosozialprodukts (→ BIP), durch die Anzahl der Beschäftigten und die Preise und Löhne geprägt.

Konkurrenztheorie Staatsordnungstheorie. (1) Traditionell-liberale (angelsächsische) Theorie: Die an den Ideen von → Locke und dessen → Repräsentationstheorie anknüpfende Theorie wurde in einem der 85 Kommentare zur US-Bundesverfassung („Federalist No. 10") von James Madison (Präsident der USA von 1809 bis 1817) entwickelt. Die Konkurrenztheorie geht nicht vom einheitlichen Willen, sondern von der Gespaltenheit der Gesellschaft in unterschiedliche ökonomische Interessen und politische Willensrichtungen aus, weshalb das → Mehrheitsprinzip als Grundlage für Entscheidungen gilt. Um eine „Tyrannei der Mehrheit" zu vermeiden, stellt der → Minderheitenschutz einen wichtigen Bestandteil der Theorie dar. Madison entwarf in seiner Schrift die Skizze einer → Republik (heute repräsentative Demokratie) mit unvermeidlich unterschiedlichen Interessengruppen (den „*factions*"), einer großen Flächenausdehnung, einer bundesstaatlichen Struktur und repräsentativen Institutionen (Herrschaft durch gewählte Vertreter). (2) Moderne Theorie: Diese Theorie betrachtet Demokratie v. a. als ein System von Spielregeln, in dem Streitigkeiten ausgetragen werden. Ausgangspunkt ist die Annahme, das Interesse der Bürger richte sich hauptsächlich auf seine privaten Geschäfte und nicht auf die unmittelbare Beeinflussung der politischen Entscheidungen. Joseph Schumpeter (1883–1950), ein Hauptvertreter der modernen Konkurrenztheorie, sah die Bürgerrolle darauf beschränkt, das politische Personal unter den miteinander konkurrierenden Parteien auszuwählen, d. h. er schrieb ihnen nur die Aufgabe der Herrschaftsbestellung zu und definierte Politik als Geschäft der Eliten (→ Machtelite). Eine Weiterentwicklung der Theorie ist die → Pluralismustheorie.

Konservatismus Politische Haltung, die sich im frühen 19. Jahrhundert als Gegenbewegung zur Französischen Revolution entwickelte. Grundgedanke des Konservatismus ist die Befürwortung historisch gewachsener Herrschaftsstrukturen, in damaliger Zeit etwa der → Monarchie und der → Aristokratie. Abgelehnt werden insbesondere revolutionäre Umwälzungen (→ Revolution). Der → Staat gilt dem Konservatismus als organisches Wesen, weshalb nicht die → Gleichheit der Bürger, sondern ihre individuelle Entfaltung nach dem jeweiligen Platz in der Gesellschaft angestrebt wird. Die → Legitimation der → Herrschaft erfolgt durch die gottgewollte königliche Erbfolge und steht damit im Gegensatz zur → Volkssouveränität. Der Religion kommt die bedeutende Aufgabe zu, moralische und sittliche Werte im Staat zu fördern. Der Konservatismus betrachtet die Modernisierung und v. a. die industriellen Umbrüche äußerst skeptisch, da sie ihm eine Entfremdung des Menschen von der Natur bedeuten. Ende des 19. Jahrhunderts lehnte sich der Konservatismus an das Gedankengut des → Nationalismus an. In der Weimarer Republik kam es schließlich zu einer Zusammenarbeit konservativer und nationalsozialistischer Kräfte, die mit zum Untergang der Demokratie beitrug. Nach Ende des Zweiten Weltkriegs sah sich der Konservatismus wegen dieser Kooperation heftiger Kritik ausgesetzt. In Deutschland bildet der Konservatismus, zumindest dem Namen nach, keine eigenständige politische Kraft mehr, wenn sich auch in Parteien wie der CDU oder der FDP Vertreter demokratisch-konservativer Positionen finden.

Konsulate Vertretungen eines Staates im Ausland, die sich mit dem Schutz der Interessen des Entsendestaates und dessen Angehöriger beschäftigen und wirtschaftliche und kulturelle Beziehungen pflegen. Konsulate stehen unterhalb der Ebene der → Botschaften, da sie keine unmittelbaren außenpolitischen Funktionen im völkerrechtlichen Sinne wahrnehmen.

Konventionelle Kriegsführung Art der Kriegsführung, bei der nur sog. „konventionelle“, also Waffen wie Kanonen, Panzer, Kriegsschiffe und Flugzeuge, jedoch keine atomaren, biologischen oder chemischen Kampfmittel (→ ABC-Waffen) eingesetzt werden. Diese Unterscheidung spielt eine psychologische Rolle bei der → Eskalation. Mit dem Aufkommen von taktischen, auf dem Gefechtsfeld nutzbaren → Atomwaffen sind die Grenzen der konventionellen Kriegsführung jedoch nicht mehr eindeutig.

Konvergenzkriterien → Währungsunion

Koreakrieg Konflikt zwischen den Armeen Nord- und Südkoreas und UN-Truppen zur Zeit des → Kalten Krieges. Nach Ende des Zweiten Weltkriegs und dem Rückzug der Japaner rückten die Truppen der Sowjetunion im Norden, die der USA im Süden Koreas ein. Korea wurde geteilt und zum Schauplatz des Kalten Krieges. Mit Unterstützung der jeweiligen Besatzungsmächte wurden die selbstständigen Staaten Nord- und Südkorea gegründet. In der Folgezeit kam es zu Gefechten und im Juni 1950 überschritten nordkoreanische Truppen den 38. Breitengrad, der als international garantierte Grenze festgelegt worden war, und eroberten die südkoreanische Hauptstadt Seoul. Nach der Verurteilung dieser Aggression durch den → UN-Sicherheitsrat (was wegen der Abwesenheit der Sowjetunion möglich war, die den Sitzungen wegen der Aufnahme Taiwans in das Gremium aus Protest fernblieb), wurde von diesem die Intervention beschlossen. Oberbefehlshaber der UN-Streitkräfte, die u. a. aus US-amerikanischen, kanadischen, britischen und französischen Truppen bestanden, wurde der US-General Douglas McArthur. Im Oktober gelang es den UN-Truppen, Pjöngjang, die Hauptstadt Nordkoreas, einzunehmen und, trotz Warnungen der chinesischen Regierung unter → Mao Tse-tung, bis zur chinesischen Grenze vorzustoßen. Daraufhin rückten chinesische „Freiwilligenverbände“ in Nordkorea ein, um den kommunistischen Verbündeten zu unterstützen. Die UN-Truppen wurden anfangs weit zurückgeworfen, konnten ihre Front aber schließlich stabilisieren. McArthur drohte, bei einer Annäherung chinesischer Truppen an den 38. Breitengrad den Krieg auf China auszudehnen und Atomwaffen einzusetzen. Mao ignorierte diese Drohung und McArthur stieß erneut über die Demarkationslinie hinaus. Daraufhin setzte ihn US-Präsident Truman wegen eigenmächtigen Handelns ab und ernannte US-General Matthew Ridgeway zum neuen Kommandeur. In der Folgezeit kam es zu einem Stellungskrieg, der über zwei Jahre andauerte. Der im Juli 1953 unterzeichnete Waffenstillstandsvertrag sah eine Demilitarisierung des gesamten Gebiets um den 38. Breitengrad vor. Der Krieg hatte somit lediglich die Zementierung der koreanischen Teilung zur Folge. Nordkorea wurde 1994/95 wegen seiner Misswirtschaft von einer großen Hungersnot heimgesucht. Das Regime, das noch heute einen Personenkult betreibt, verletzte in jüngster Zeit mehrmals die Hoheitsgewässer des südlichen Nachbarstaates, eine erneute → Eskalation blieb aber aus. Außerdem versucht Nordkorea, Mittelstreckenraketen und ein eigenes Atomprogramm zu entwickeln. In den letzten Jahren kam es jedoch insgesamt zu einer Verbesserung der Beziehungen zu den USA und Südkorea. So konnten nordkoreanische Bürger erstmals seit Kriegsende ihre Verwandten im Süden besuchen und die beiden koreanischen Präsidenten trafen sich im Juni 2000 in Pjöngjang. Im gleichen Jahr erhielt der südkoreanische Präsident Kim Dae-jung für seine sog. *Sunshine-Policy* gegenüber Nordkorea den Friedensnobelpreis.

Korporatismus (Neokorporatismus) Beteiligung von → Verbänden bzw. Nichtregierungsorganisationen (→ NGO) an politischen Steuerungsprozessen durch Beziehungen zwischen der Regierung und

Im Koreakrieg kämpften nordkoreanische Truppen (links oben gefangener nordkoreanischer Soldat, der von US-Truppen zum Verhör geführt wird) gegen Streitkräfte Südkoreas, die hauptsächlich von US-Truppen im Namen der UN unterstützt wurden (rechts oben US-Fallschirmjägereinsatz hinter den feindlichen Linien). Am 28.7.1953 wurde das Waffenstillstandsabkommen unterzeichnet.

politischer Verwaltung einerseits und stark zentralisierten Verbänden andererseits. Der Korporatismus bewirkt entweder, dass die Verbände ihre Ziele durchsetzen können oder aber ihre Vereinnahmung durch den Staat (faschistischer Korporatismus). In einem allgemeineren Sinn bezeichnet der Begriff die Verflechtung von Großindustrie und Politik (*corporate state* in den USA). In Deutschland existiert Korporatismus u. a. im Gesundheitswesen, in der Bildung und der → Tarifpolitik. Die zentrale These der in den 1970er-Jahren entwickelten neokorporatistischen Theorie lautet, dass Staat, Verbände und Parteien in einem Netz vielfältiger Beziehungen verknüpft sind. Dies trägt zur Entlastung der Politik bei, weil es die Kompetenz der Verbände nutzen und zu Problemlösungen führen kann, ohne dass ein weiteres Eingreifen des Staates notwendig wäre (→ Subsidiarität). So können bei Streitigkeiten bereits im Vorfeld Vereinbarungen erzielt werden, und die Regierung stellt nur den Moderator dar, der die Konfliktparteien bei der Suche nach Lösungsstrategien unterstützt. Ein Beispiel ist das von Bundeskanzler Schröder ins Leben gerufene „Bündnis für Arbeit", in dem Arbeitnehmer- und Arbeitgebervertreter unter Leitung der Bundesregierung an einem Tisch sitzen. Das Parlament als Träger der Volkssouveränität wird hierbei abgewertet, da Entscheidungen extern getroffen werden und dem Parlament nur die Fleißarbeit der Ausschüsse und die Öffentlichkeitswirkung der Debatten im Plenum bleibt. Nach der Theorie des Neokorporatismus ist die enge Verflechtung zwischen Verbänden und Ministerialbürokratie der Preis für die Regierbarkeit moderner und komplexer Industriegesellschaften, da hierfür der Fachverstand aller beteiligten Gruppen notwendig ist. Der → Pluralismustheorie wird vonseiten des Neokorporatismus vorgeworfen, sie erfasse die Verflechtung gesellschaftlicher Interessen mit staatlicher Politik nur unzureichend, da dort davon ausgegangen werde, dass die vielfältigen Interessen „nur" auf die Entscheidungen im politischen System Einfluss zu nehmen versuchen. Schon bei der Erstellung von Gesetzesentwürfen jedoch würden regelmäßig Stellungnahmen der betroffenen Verbände und Fachkreise eingeholt. Insofern seien die Interessenverbände oft tätig, bevor die gewählten Vertreter sich mit den entsprechenden Themen beschäftigten. Die im Konzept des Neokorporatismus erfassten und in der politischen Realität festzustellenden offensichtlichen demokratischen Defizite könnten durch eine Stärkung der parlamentarischen Kontrolle und durch eine Erhöhung der Partizipation in politischen Parteien und gesellschaftlichen Teilbereichen behoben werden. Die Gefahr autoritärer Herrschaft, die sich durch die enge Verknüpfung von Verbandseliten und Ministerialbürokratie auszeichnet, ohne dass Parlament und Parteien diese kontrollierten, kann langfristig gebannt werden, wenn eine demokratische kritische Öffentlichkeit existiert, die Bürger sich in Verbänden und demokratischen Parteien, Bürgerinitiativen etc. engagieren und insbesondere die → Tarifautonomie weiter besteht.

Korruption Bestechung, Bestechlichkeit.

Kosovokrieg Konflikt in der jugoslawischen Provinz Kosovo. Der Kosovokrieg ist Teil des übergeordneten → Balkankonflikts. Er flammte 1998 auf, als die Bevölkerung des Kosovo, die zu ca. 85 % aus Albanern besteht, ihre seit 1989 eingeschränkten → Autonomierechte zurückforderten. Als die Proteste unterdrückt wurden, formierte sich die Nationale Befreiungsarmee des Kosovo UÇK, eine albanische Miliz. Der serbische Präsident Slobodan Milosevic nahm dies zum Vorwand, die Armee in die Krisenprovinz einmarschieren zu lassen und die albanische Bevölkerung zu vertreiben. Nachdem die → NATO signalisiert hatte, dass sie diese

Ein Kontingent der deutschen Einsatzbrigade der internationalen KFOR-Truppen überwacht die Situation nach Ende des Kosovokriegs. Trotzdem kam es zu Ausschreitungen gegen serbische Bewohner.

Maßnahmen nicht tolerieren würde, kam es zu einem letzten Versuch, den Konflikt am Verhandlungstisch beizulegen. Auf der Konferenz von Rambouillet (Frankreich) bemühten sich Albaner und Serben, unter erheblichem Druck von NATO und → EU, eine friedliche Lösung zu finden. Nachdem dies gescheitert war und die Vertreibungen fortgesetzt wurden, entschloss sich die NATO am 23. 3. 1999 zu einem Luftkrieg gegen die serbischen Truppen. Dieser Einsatz war international umstritten und besonders Russland und China forderten die Einstellung des Bombardements. Nachdem der Luftkrieg anfangs nicht den Rückzug der serbischen Armee, sondern im Gegenteil die Intensivierung der Vertreibungen bewirkte, weitete man die Bombardierungen auf serbische Regierungseinrichtungen, den Privatbesitz des Milosevic-Clans sowie die → Infrastruktur Jugoslawiens aus. Zunehmend wurde die serbische Zivilbevölkerung durch die NATO-Luftangriffe und die → Sanktionen vom Krieg betroffen, zumal die Anzahl der bei den Bombenangriffen getöteten Zivilisten wuchs. Als die chinesische Botschaft in Belgrad von Raketen getroffen wurde, kam es in China zu antiwestlichen Kundgebungen. Währenddessen drohte die NATO mit dem Einmarsch von Bodentruppen im Kosovo. Nachdem Russland Milosevic signalisiert hatte, dass er nicht mit Unterstützung von dieser Seite rechnen könne, akzeptierte er die NATO-Bedingungen. Am 10. 6. 1999 wurde der Luftkrieg eingestellt, die jugoslawische Armee zog sich aus dem Kosovo zurück und die von der NATO geführte internationale Militärstreitmacht *Kosovo-Force* (*KFOR*) rückte zur Sicherung des Friedens ein. Die kosovarischen Flüchtlinge, die zum größten Teil Aufnahme in Mazedonien, Albanien und anderen Nachbarstaaten gefunden hatten, kehrten in ihre Heimat zurück. Die UÇK wandelte sich offiziell in das sog. Kosovo-Verteidigungskorps um, behielt aber ihre militärische Struktur und, wie die KFOR fürchtet, auch einen Teil ihrer Waffen. Seit dem Einrücken der KFOR kam es zu zahlreichen Anschlägen gegen die im Kosovo verbliebenen Serben. Der Kosovokrieg führte in Deutschland zu einer Spaltung der öffentlichen Meinung, da deutsche Soldaten erstmals seit Ende des Zweiten Weltkriegs an Kampfhandlungen teilnahmen. Insbesondere in der pazifistisch orientierten Partei → Bündnis 90/Die Grünen kam es zu heftigen Auseinandersetzungen aufgrund der deutschen Beteiligung am NATO-Einsatz.

Krieg Gewaltsame, organisierte und über einen längeren Zeitraum dauernde Auseinandersetzung zwischen verschiedenen bewaffneten Gruppen, an der mindestens eine reguläre Armee beteiligt ist. Der Begriff Krieg kann sowohl einen → Bürgerkrieg innerhalb eines Staates als auch einen zwischenstaatlichen Konflikt bezeichnen. In der Menschheitsgeschichte war der Krieg ein oft genutztes Mittel der Interessendurchsetzung. Immer bemühten sich jedoch die Herrschenden, dem Krieg eine tiefer gehende Rechtfertigung (→ Gerechter Krieg) zu verschaffen. Sah der preußische General Karl von Clausewitz im Krieg noch ein legitimes Instrument staatlicher Politik (→ Legitimität), so hat das Aufkommen immer zerstörerischer Waffen dazu beigetragen, dass der Gedanke der Kriegsvermeidung zunehmend an Bedeutung gewann. Die Kriege des 20. Jahrhunderts, besonders der → Zweite Weltkrieg, führten den Völkern Europas die gewaltige Zerstörungskraft moderner Kriege vor Augen. Im nuklearen Zeitalter (→ Atomwaffen) kann ein Krieg das Überleben der gesamten Menschheit gefährden. Deshalb gibt es heute eine Vielzahl regionaler und überregionaler Sicherheitssysteme, die künftige Kriege ausschließen sollen. Internationale Organisationen wie die Vereinten Nationen (→ UN) sind bemüht, Konflikte auf friedlichem Wege beizulegen.

Kritische Theorie → Frankfurter Schule

KSZE → OSZE

Kuba (1) Politisches System: Kuba ist seit 1959 eine sozialistische Republik, einzige Partei ist die Kommunistische Partei, die alle Abgeordneten der Nationalversammlung stellt. Kuba ist eines der letzten Länder, das weiterhin am → Sozialismus festhält. Präsident Fidel → Castro verfügt über umfassende Vollmachten, eine → Opposition wird nicht geduldet. (2) Geschichte: Nach dem Ende des Spanisch-Amerikanischen Kriegs 1898 wurde Kuba vom US-Militär besetzt und erhielt 1902 seine formelle → Autonomie. Die USA sicherten sich jedoch ein Interventionsrecht sowie den Marinestützpunkt Guantanamo. Wechselnde Militärdikta-

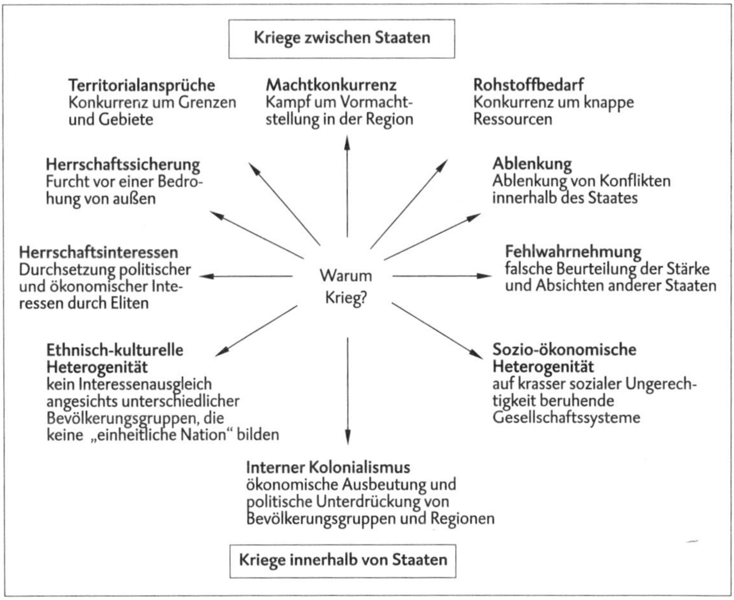

Mögliche Kriegsursachen.

turen und innenpolitische Wirren prägten das Geschehen auf Kuba. 1952 unternahm Fulgencio Batista einen (unblutigen) → Putsch und baute anschließend seine Herrschaft mit Duldung der USA aus. 1959 fiel das korrupte Batista-Regime der → Revolution Castros zum Opfer, der das Land in eine sozialistische Diktatur umwandelte. Die amerikanischen Feindseligkeiten und Umsturzversuche führten zu einer Anlehnung Kubas an die → Sowjetunion. 1962 kam es zur → Kubakrise, an deren Ende die (inoffizielle) US-Zusage an die Sowjetunion stand, keine gewaltsamen Aktionen in Kuba zu unternehmen – Castros Herrschaft war damit gesichert, die Beziehungen zu den USA sind jedoch bis heute angespannt. Das Ausbleiben von Reformen, das weiterhin bestehende US-Embargo sowie das Wegbrechen der Wirtschaftshilfen aus der Sowjetunion haben zur Verschlechterung der Lebensbedingungen in Kuba geführt. Viele Kubaner versuchen, ihr Land zu verlassen und in das nahe gelegene Florida zu fliehen.

Kubakrise Spannungen zwischen den → USA und der → Sowjetunion im → Kalten Krieg. Im Oktober 1962 fand der US-Geheimdienst Anzeichen dafür, dass die Sowjetunion begonnen hatte, Stellungen für Atomraketen auf Kuba zu errichten. US-Präsident → Kennedy ordnete daraufhin an, die Insel durch Marineeinheiten zu isolieren und weitere sowjetische Waffentransporte nach Kuba notfalls mit Gewalt zu unterbinden. Als bekannt wurde, dass ein sowjetischer Flottenverband in Richtung Kuba unterwegs war, stand der Konflikt kurz vor einer → Eskalation. Am 28. Oktober lenkte der sowjetische Regierungschef → Chruschtschow jedoch ein, nachdem ein inoffizielles Arrangement mit den USA getroffen worden war. Dieses sah u. a. den Abzug der auf die Sowjetunion gerichteten Jupiter-Raketen aus der Türkei und die amerikanische Garantie, in Kuba nicht gewaltsam einzugreifen, vor. Die Kubakrise gilt als gefährlichste Konfrontation des Kalten Krieges und führte beiden Seiten das Risiko eines Atomkriegs vor Augen, weshalb danach an einer Verbesserung der Kommunikation zwischen den USA und der UdSSR gearbeitet wurde (→ Vertrauensbildende Maßnahmen), um künftigen Konflikten vorzubeugen.

Kumulieren Wahlmethode, bei der einem Kandidaten mehrere Stimmen gegeben werden können.

Kyoto-Protokoll 1997 von den → Industriestaaten im japanischen Kyoto gefasste Beschlüsse zum Klimaschutz. Das Kyoto-Protokoll sieht eine Reduzierung des Ausstoßes Klima schädigender Treibhausgase um 5 %, gemessen an den Daten von 1990, vor. Damit das Protokoll verbindlich in Kraft treten kann, müssen 55 der 160 teilnehmenden Staaten zustimmen bzw. so viele Nationen zusammenkommen, dass sie 55 % der weltweiten Treibhausgas-Emissionen aus dem Jahr 1990 repräsentieren. Die USA haben das Abkommen nicht ratifiziert, da es nach Ansicht von Präsident → Bush zulasten der Wirtschaft geht. Die Zustimmung Japans auf dem Klimagipfel von Bonn (Juli 2001) ermöglicht aber dennoch die Umsetzung, wenn auch nicht im ursprünglich geplanten Umfang. → Umweltpolitik

L

Länderfinanzausgleich System, das Steuern zwischen den einzelnen Bundesländern verteilt, um die unterschiedliche Finanzkraft auszugleichen (horizontaler Ausgleich).

Landesliste Der bei der Bundestagswahl für ein Bundesland geltende Wahlvorschlag einer → Partei. Für die Wahlen werden neben den Wahlkreiskandidaten auch Kandidaten auf Landeslisten in bestimmter Reihenfolge aufgestellt, die die Bürger mit ihrer Zweitstimme (→ Wahlen) wählen können. Die Festlegung der Reihenfolge bei der Aufstellung der Landeslisten erfolgt in geheimer → Abstimmung. Scheidet ein → Abgeordneter, der über die Landesliste in den Bundestag gewählt wurde, aus dem Parlament aus, rückt der nächste Kandidat der Landesliste seiner Partei in den Bundestag nach.

Landesverfassungen → Verfassung der einzelnen Länder in einem Bundesstaat. Die Staatlichkeit der → Bundesländer gibt diesen das Recht zur Gestaltung einer verfassungsmäßigen Ordnung.

Landtage Aus demokratischen Wahlen hervorgegangene Volksvertretungen der → Bundesländer.

Legalität Übereinstimmung von privatem Handeln oder dem Handeln von Politikern bzw. den Vertretern von → Exekutive, → Judikative und → Legislative mit den → Gesetzen.

Legislative Gesetzgebende Gewalt im → Staat. → Bundesrat, → Bundestag

Legislaturperiode Zeitspanne, für die ein → Parlament gewählt ist.

Legitimation Rechtfertigung politischer → Herrschaft. Jede politische Ordnung wird durch eine Anzahl legitimierender oder → regulativer Ideen gerechtfertigt. Für Deutschland sind dies die in Artikel 20 des Grundgesetzes festgelegten → Verfassungsprinzipien. Der Begriff der Legitimation bezieht sich stärker als der Begriff der → Legitimität auf den Prozess der Rechtfertigung politischer Herrschaft, indem z. B. die im Demokratieprinzip begründeten → Wahlen in die Überlegung mit einbezogen werden.

Legitimität Rechtmäßigkeit einer → politischen Ordnung. Legitimität bezieht sich stärker als der Begriff → Legitimation auf die grundlegenden Werte und Überzeugungen, nach denen menschliches Zusammenleben möglich ist und aus denen sich Ideen über die Begründung politischer → Herrschaft ergeben.

Lenin, Wladimir I. (geb. 22. 4. 1870 in Simbirsk, gest. 21. 4. 1924 in Gorki) Russischer Revolutionär, sozialistischer Theoretiker und Gründer der → Sowjetunion. Lenin ging 1900, nach einer dreijährigen Verbannung wegen antizaristischer Aktivitäten, ins Exil. Von London, München und Genf aus steuerte er dann den Aufbau einer kommunistischen Partei (→ Kommunismus, → Sozialismus). 1905 nahm er an der weitgehend erfolglosen russischen Revolution teil und reiste 1906 wieder nach Westeuropa. Im → Ersten Weltkrieg kehrte er mithilfe der deutschen Heeresleitung nach Russland zurück. Die → Oktoberrevolution von 1917 brachte schließlich den von Lenin beabsichtigten Umsturz, doch bis 1922 regte sich noch vom Ausland unterstützter Widerstand gegen die Herrschaft der Kommunisten. Lenin wandte sich in seinem politischen Testament gegen → Stalin als Nachfolger.

Liberalismus (1) Politisches Weltbild: Der Liberalismus geht von der Selbstverantwortung jedes Einzelnen für das eigene Schicksal aus. Daher sollen dem Staat möglichst wenig politische Einflussmöglichkeiten auf das Leben der Bürger gegeben werden. Der sog. liberale „Nachtwächterstaat" ist lediglich für die äußere und innere → Sicherheit verantwortlich und soll gewährleisten, dass jeder Bürger sich nach seinen Vorstellungen entfalten kann. Klassiker der liberalen politischen Theorie sind insbesondere → Kant, → Locke und → Montesquieu. (2) Epoche: Als Zeitalter des Liberalismus gelten das 18. und 19. Jahrhundert, als sich im Zuge der Französischen Revolution in Europa liberale Ideen ausbreiteten. Der politische Liberalismus ist mit dem sog. „Wirtschaftsliberalismus“ verbunden. → Neoliberalismus

Lobbyismus Bemühungen, durch gezieltes Ansprechen politischer Entscheidungsträger eigene Interessen durchzusetzen. Lobbyisten nutzen dabei verschiedenste Mittel, von Öffentlichkeitsarbeit bis hin zu direktem Druck auf einzelne → Abgeordnete. Besonders in den USA ist der Lobbyismus weit verbreitet. Staaten, Organisationen, Unternehmen oder ethnische/religiöse Gruppen, die über eine starke Lobby verfügen, nehmen auf diese Weise deutlichen Einfluss auf die Politik.

Locke, John (geb. 29. 8. 1632 in Wrington bei Bristol, gest. 28. 8. 1704 in Oates, Essex) Früher Vertreter des politischen → Liberalismus und der → Repräsentationstheorie. John Locke durchlief als Sohn eines Rechtsgelehrten die streng royalistische Westminster School und übernahm das Amt eines Staatssekretärs für Kirchen- und Handelsfragen. Wegen einer Verschwörung gegen König Karl II. Stuart musste Locke ins holländische Exil fliehen. Dort verfasste er neben seinem Hauptwerk „Zwei Abhandlungen über die Regierung“ weitere politische und ökonomische Schriften. Wichtigster Gedanke in Lockes Werken ist der Schutz des vernunftbegabten Individuums vor einem übermächtigen Staat. Im Gegensatz zu → Hobbes zieht Locke den anarchischen → Naturzustand des Kampfes aller gegen alle dem staatlichen → Absolutismus vor. Der Mensch habe ein Recht, die Natur für seine Zwecke zu nutzen, wobei dieses Recht allen Individuen, unabhängig von ihrer gesellschaftlichen Stellung, zugute kommen solle. Der Staat müsse diese Rechte schützen, indem er dem Einzelnen Sicherheit vor Willkür und Machtmissbrauch gewährt. Oberste Gewalt ist die → Legislative, die nicht mit der → Exekutive identisch sein darf. Neben der → Gewaltenteilung forderte er die Trennung von Kirche und Staat. Lockes Schriften erregten großes Aufsehen. Die amerikanische Unabhängigkeitserklärung (1776) ist deutlich von ihren Ideen geprägt.

Lohnnebenkosten Zusatzkosten, die der Arbeitgeber dem Arbeitnehmer nicht als Lohn auszahlt, sondern die in die Kranken- bzw. Rentenkasse fließen (→ Sozialversicherungen). Die Höhe der Lohnnebenkosten ist ein zentrales Thema in der Debatte um → Standortfaktoren des Industriestandorts Deutschland.

Luhmann, Niklas (geb. 8. 12. 1927 in Lüneburg, gest. 6. 11. 1998 in Örlinghausen bei Bielefeld) Begründer der Systemtheorie. Luhmann studierte von 1946 bis 1949 Rechtswissenschaften und ging an das Oberverwaltungsgericht Lüneburg. 1968 übernahm er eine Professur an der Universität Bielefeld (bis 1993). Zu Luhmanns Hauptwerken gehören „Theorie der Gesellschaft“ (1971, gemeinsam mit Jürgen → Habermas), „Soziale Systeme: Grundriss einer allgemeinen Theorie“, 1984 und „Die Gesellschaft der Gesellschaft“, 1997. Luhmann entwarf eine Gesellschaftstheorie und berücksichtigte dabei viele gesellschaftliche und kulturelle Bereiche (Wirtschaft, Recht, Politik, Wissenschaft, Kunst, Erziehung, Liebe). Diese betrachtete er als funktionale Systeme mit unterschiedlichen Aufgaben. Die Systeme verfügen über weitgehende Selbstständigkeit – sie schaffen sich Regeln und Gesetze und bestimmen sogar über ihren inneren Aufbau und Zusammensetzung. Schlüsselbegriff für alle Handlungen von Systemen ist die → Kommunikation, die sich jedoch je nach systemeigener Logik gestaltet. Kommunikation zwischen Systemen oder Individuen erweist sich daher oft als problematisch und missverständlich. Luhmanns Hauptthema war nicht die Gesellschaftsstruktur an sich, sondern die Informationsaufnahme und -verarbeitung durch Menschen bzw. soziale Systeme.

M

Maastrichter Vertrag → EU

Machiavelli, Niccolò (geb. 3. 5. 1469 in Florenz, gest. 22. 6. 1527 in Florenz) Staatsbeamter und Autor. Machiavelli war von 1498 bis 1512 Staatssekretär für Außen- und Verteidigungspolitik in der Republik Florenz und unternahm viele Reisen als Gesandter der Stadt. 1512 wurde er von den nach Florenz zurückgekehrten Medici verbannt. Im Exil verfasste Machiavelli die viel diskutierte Schrift „Der Fürst" (ital. *Il Principe*), die aufgrund ihrer Thesen immer wieder Anlass zu Spekulationen über das wirkliche Anliegen Machiavellis bot, da er das Werk dem Mediciherrscher widmete. 1525 wurde er wieder in die Dienste von Florenz übernommen, starb jedoch kurz danach. „Der Fürst" beinhaltet Forderungen nach einer absoluten Fürstenherrschaft, die keinerlei moralischen Prinzipien unterworfen ist. Nur wenn der Herrscher bereit sei, seine Interessen kaltblütig und zielgerichtet zu verfolgen, könne er seine Herrschaft sichern. Geschlossene Verträge sollten nur so lange eingehalten werden, wie sie den eigenen Interessen nützen. Grausamkeit sei manchmal auch notwendig, um den Gehorsam der Untergebenen zu erzwingen. Machiavelli wandte sich somit radikal von der aristotelischen Frage nach dem moralisch guten Staatswesen ab. Allerdings kann die Schrift „Der Fürst" eher als eine zynische und ironische Charakterisierung unmoralischer Herrschaft denn als Handbuch für Macht orientierte Herrscher angesehen werden, da Machiavelli zeitlebens Republikaner war. Neben vielen anderen Autoren fühlte sich auch Preußenkönig Friedrich II. veranlasst, die Thesen Machiavellis anzugreifen (1739 „Anti-Machiavel"). Um 1600 wurde die negativ besetzte Bezeichnung „Machiavellismus" geprägt, der eine Politik bezeichnet, die zum Schutz des Staates den Einsatz aller Mittel rechtfertigt. Machiavellismus wird auch heute noch als abwertendes Schlagwort zur Brandmarkung einer gewissenlosen und einzig auf den Machterwerb bzw. -erhalt gerichteten Politik gebraucht.

Macht Fähigkeit, Interessen eines Individuums, einer Gruppe, eines Staates oder einer Staatengruppe gegenüber den Interessen anderer durchzusetzen, gleichgültig, worauf diese Durchsetzungsfähigkeit beruht (Überzeugungskraft, Gewalt, Diplomatie, Militär, ökonomische Leistungsfähigkeit etc.).

Machiavelli schilderte in seiner Schrift „Der Fürst" die Faktoren erfolgreicher Herrschaft, darunter Skrupellosigkeit und Brutalität.

Machtelite Inhaber von Machtpositionen. Zur Machtelite in Deutschland werden diejenigen Personen gezählt, die in Politik, Wirtschaft, Bürokratie und im Medienbereich den größten Einfluss ausüben und die Entscheidungen in den verschiedenen gesellschaftlichen Bereichen fällen. In diesem Sinn handelt es sich um eine Funktionselite, da sie für die Übernahme von Spitzenpositionen in einer demokratischen Gesellschaft über entsprechende Qualifikationen verfügen muss.

Machtpotenzial Tatbestände, die als Voraussetzungen für die Durchsetzung der Interessen von Individuen, Gruppen, Staaten oder Staatengruppen angesehen werden. Hierzu zählen z. B. physische und geistige Überlegenheit von Individuen, Lage der Staaten, Mitgliederstärke von Gruppen, Verfügungsmacht über Kapital oder Rohstoffquellen, Größe des Militärs, moralische Autorität etc.

Magna Charta (Magna Charta libertatum, engl: *The Great Charter*) Abkommen über persönliche Freiheitsrechte. Die Magna Charta, ein 1215 vom englischen

König Johann I. (ohne Land) und adeligen bzw. kirchlichen Würdenträgern abgeschlossener Vertrag, sah vor, dass alle Freien Schutz vor einer willkürlichen Verhaftung genießen und nur durch ihresgleichen abgeurteilt werden konnten. Zudem wurde die Krone der Kontrolle des Adels unterworfen. Die Magna Charta gilt als Meilenstein im aufkommenden britischen → Parlamentarismus, da sie erstmals ein legales Widerstandsrecht gegen die Krone vorsah. Die verfassungsrechtlichen Bestimmungen in Großbritannien und den USA sind wesentlich von den Vorstellungen der Magna Charta geprägt.

Mandat Übertragung politischer Aufgaben und Rechte auf → Abgeordnete durch die Wähler in einer repräsentativen → Demokratie. Die Wähler beauftragen den Abgeordneten, für eine bestimmte Zeit, in ihrem Namen an den politischen Entscheidungen mitzuwirken. (1) Freies Mandat: In Deutschland gilt, wie auch in vielen anderen repräsentativen Demokratien, der Grundsatz des freien Mandats. Nach Art. 38 GG ist der → Bundestagsabgeordnete nur seinem Gewissen unterworfen und an Aufträge und Weisungen der Wähler oder seiner Partei nicht gebunden. Er muss demnach immer überprüfen, ob die Interessen seiner Wähler in dem → Wahlkreis mit den Allgemeininteressen übereinstimmen. (2) Imperatives Mandat: Gegensätzliches Prinzip des freien Mandats, das bis ins 19. Jahrhundert in Ständeversammlungen üblich war. Dort waren die Ständevertreter ihren Wählern Rechenschaft schuldig und konnten abberufen werden, wenn sie ihren Weisungen nicht nachkamen. Ein imperatives Mandat führt dazu, dass Abgeordnete in allen Entscheidungen von der Parteibasis abhängig sind. Sie müssen immer darauf achten, dass ihr Stimmverhalten die Zustimmung ihrer Wähler findet, weshalb Kompromisse stark erschwert werden.

Mao Tse-tung (geb. 26.12.1893 in Shaoshan, Provinz Hunan, gest. 9.9.1976 in Peking) Begründer der Volksrepublik → China und Theoretiker des → Kommunismus. Mao Tse-tung war 1921 einer der Mitbegründer der chinesischen Kommunistischen Partei (KP). Nach einem Zerwürfnis mit der chinesischen Nationalpartei Kuomintang errichtete Mao 1931 in Jiangxi einen Sowjetstaat und begann einen Guerillakrieg (→ Guerilla) gegen Nationalchina. Im Verlauf des → Zweiten Weltkriegs fielen japanische Truppen in China ein, was zu einem Bündnis Maos mit den nationalistischen Kräften führte.

Maos Politik bewirkte radikale Umbrüche in China, unter denen die Bevölkerung zum Teil stark zu leiden hatte.

Nachdem → Japan sich aus China zurückziehen musste, kam es zur Fortsetzung des → Bürgerkriegs, der 1949 mit dem Sieg der Kommunisten endete. Mao Tse-tung rief die Volksrepublik China aus und übernahm den Regierungsvorsitz. Seine Herrschaft war von massiven und brutalen gesellschaftlichen Umwälzungen geprägt („Großer Sprung nach vorn" 1958–1961, Kulturrevolution 1966–1969). 1959 verdrängte Liu Shaoqi Mao Tse-tung als Staatsoberhaupt, der jedoch seine Parteiämter behielt und 1968 den Parteiausschluss Shaoqis bewirken konnte. 1972 empfing Mao den US-Präsidenten Nixon im Zuge der Annäherung beider Staaten.

Markt Gedachter Ort, an dem Angebot und Nachfrage zusammentreffen und die → Preise für die → Güter ausgehandelt werden. In einer Volkswirtschaft gibt es viele Märkte. Diese werden in Märkte für die Produktionsfaktoren Boden, Arbeit und Kapital und in Märkte für Güter (Konsum- und Investitionsgüter, Dienstleistungen) eingeteilt.

Marktordnung Vereinbarung zwischen zwei oder mehr Staaten, die den wirtschaftlichen Austausch, die Zoll- und Preispolitik sowie die Zugangsrechte zu einem Markt bestimmter Güter festlegt. Die → EU verfügt über viele Marktordnungen (→ Agrarmarkt), um sich vor Konkurrenz aus Drittstaaten zu schützen, um Preisschwankungen zu vermeiden und um eine kontinuierliche Versorgung des Marktes zu gewährleisten.

Marktwirtschaft Wirtschaftsordnung mit dezentraler Lenkung vornehmlich durch die → Märkte. (1) Freie Marktwirtschaft: Der Staat stellt der Wirtschaft nur die Bedingungen für die Produktion und die Verteilung von Gütern. (2) Soziale Marktwirtschaft: Wirtschaftsordnung, in der Prinzipien der sozialen → Gerechtigkeit und das Freiheitsprinzip verknüpft werden. Dabei gilt die Maxime: Möglichst viel Freiheit für Unternehmer und Konsumenten. Korrekturen durch den Staat sollen nur dann erfolgen, wenn die Bedingungen für den Konkurrenzkampf völlig ungleich sind. In Deutschland schlägt sich das Freiheitsprinzip der sozialen Marktwirtschaft in folgenden Regelungen nieder: Eigentumsgarantie, Produktionsfreiheit der Unternehmer und Konsumfreiheit der Konsumenten, Preisbestimmung durch Angebot und Nachfrage, Wettbewerbsfreiheit, freie Berufswahl und freie Wahl des Arbeitsplatzes (→ Tarifautonomie). In der sozialen Marktwirtschaft gibt es keine Arbeitsplatzgarantie und keine Garantie für die Existenz der Betriebe.

Marshall-Plan Nach dem US-Außenminister George Marshall benannter Plan, der 1947 ein Wiederaufbauprogramm für das vom → Zweiten Weltkrieg in Mitleidenschaft gezogene Europa vorsah. Bis 1952 flossen neben Sachlieferungen etwa 13 Milliarden Dollar in die westeuropäische Wirtschaft und trugen so zu einer schnellen Erholung der Volkswirtschaften,

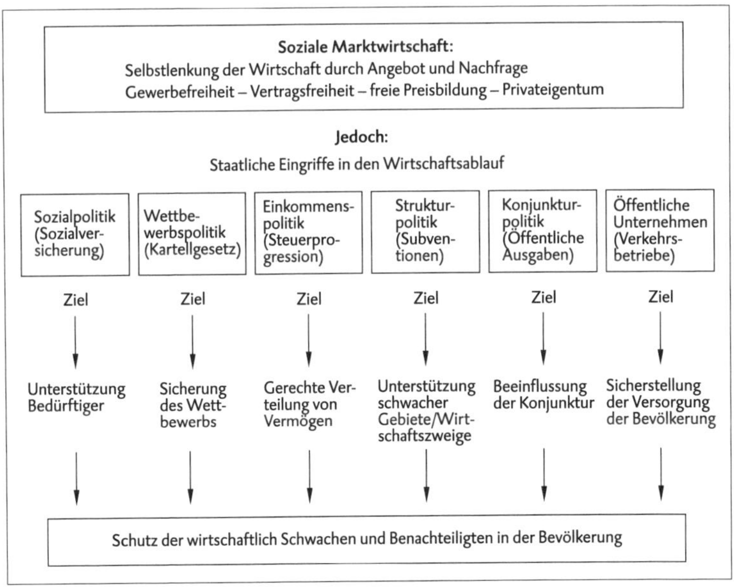

Systematischer Überblick zur Struktur der sozialen Marktwirtschaft.

besonders der Westdeutschlands, bei. Eine Teilnahme der osteuropäischen Staaten am Marshallplan wurde von der Sowjetunion verhindert.

Marx, Karl (geb. 5.5.1818 in Trier, gest. 14.3.1883 in London) Journalist und Jurist. Marx, geboren als Sohn einer jüdischen Familie, studierte ab 1835 in Bonn und Berlin Jura, Geschichte und Philosophie und promovierte 1841 an der Universität Jena. Seine Bemühungen, eine Universitätslaufbahn einzuschlagen, scheiterten an seiner kritischen politischen Einstellung. 1843 emigrierte Marx nach Paris, später nach Brüssel, wo er 1848 das „Kommunistische Manifest“ schrieb.

Marx betrachtete die Geschichte als zielgerichteten Prozess, an dessen Ende der Kommunismus stehen würde.

Sein Hauptwerk „Das Kapital“ wurde erst nach seinem Tod von Friedrich Engels vollständig veröffentlicht. Marx und Engels untersuchten verschiedene geschichtliche und politische Geschehnisse ihrer Zeit und meinten, daraus allgemein gültige Regeln und historische Gesetzmäßigkeiten ableiten zu können. Ihre Ideen beeinflussten die Theorie des → Sozialismus entscheidend. → Kommunismus, → Marxismus

Marxismus Auf Karl → Marx zurückgehende → Ideologie, die die Geschichte als Ziel gerichteten Prozess betrachtet, der auf die Verwirklichung einer idealisierten, vermeintlich gerechten Gesellschaft hinausläuft (→ Kommunismus). Nach der Theorie des sog. „historischen Materialismus“ entwickelt sich die menschliche Gesellschaft aufgrund des ständigen → Klassenkampfes von der Urgesellschaft über die Sklavenhaltergesellschaft, → Feudalismus, → Kapitalismus und → Sozialismus bis hin zum Kommunismus, der schließlich zum Absterben des Staates führe. Der Marxismus legt den Schwerpunkt seiner Betrachtungen auf ökonomische Aspekte. Die Ausbeutung des Menschen durch den Menschen im Kapitalismus bringe Widersprüche mit sich, die am Ende zum Zusammenbruch des Systems führten. Der Marxismus lieferte der Theorie des Sozialismus die gedankliche und methodische Grundlage.

Massenmedien Überbegriff für alle Kommunikationsmittel, die eine große Zahl an Menschen erreichen können. So sind sowohl Bücher und Zeitungen als auch Radio- und Fernsehsender sowie das Internet Massenmedien. Die Kommunikation, die von Massenmedien ausgeht, ist oft einseitig, da Leser, Zuschauer bzw. Zuhörer keine direkte Möglichkeit haben, Einfluss auf die Gestaltung der angebotenen Information zu nehmen. → Medien

Massenorganisation Organisation, die eine große Zahl von Menschen vertritt. Im Gegensatz zu den → Verbänden in der Bundesrepublik bestand die Aufgabe der Massenorganisationen der DDR darin, die Politik der → SED zu unterstützen, indem sie das „sozialistische Bewusstsein“ der jeweiligen Bevölkerungsgruppen bildeten und förderten. Zu den zentralen Aufgaben gehörte auch die Aufstellung von Kandidaten für die Volkskammerwahlen. Die Massenorganisationen bildeten in der → Volkskammer eigene Fraktionen, wobei ihre Willensbildung nach dem Prinzip des → demokratischen Zentralismus gestaltet war. Die Massenorganisationen in der DDR können nicht als echte Vertretungen der jeweiligen Bevölkerungsgruppe bezeichnet werden, da sie in erster Linie den Zielen der SED folgen sollten. Der Eintritt in eine Massenorganisation war meist mit praktischen Vorteilen verbunden, wohingegen eine Weigerung häufig schulische oder berufliche Nachteile mit sich brachte. Wichtige Massenorganisationen waren der Freie Deutsche Gewerkschaftsbund (→ FDGB), die Freie Deutsche Jugend (→ FDJ), der Kulturbund (KB), der Demokratische Frauenbund Deutschlands (DFD), die Gesellschaft für Deutsch-Sowjetische Freundschaft (GDSF) und die Gesellschaft für Sport und Technik (GST).

Massenvernichtungswaffen → ABC-Waffen

Massive Vergeltung US-amerikanische Militärdoktrin des → Kalten Krieges, die im Fall eines Angriffs auf Westeuropa einen groß angelegten Atomschlag gegen die angreifenden Staaten vorsah. Spätestens mit der → Kubakrise wurde jedoch deutlich, dass diese Drohung wegen ihrer selbstmörderischen Natur möglicherweise nicht ernst genommen wurde. Daher ging die amerikanische Regierung in den 1960er-Jahren zum Konzept der → flexiblen Reaktion über.

Medien Sowohl gedruckte (Zeitungen) als auch akustische (Rundfunk) und audio-visuelle (Fernsehen, Video, Internet) Kommunikationsmittel. Der Begriff „neue Medien“ ist eine Sammelbezeichnung für neue Trägermedien und Übertragungstechniken, z. B. Satelliten- und Kabelfernsehen, die eine große Ausdehnung des Fernsehprogrammangebots ermöglichen, Textübertragung (Videotext) und Internet, wodurch eine weltweite Kommunikation möglich ist. Hierdurch kommt es, unabhängig von Zeit und Ort, z. B. zur Zusammenarbeit von Geschäftspartnern. → Massenmedien

Mehrheitsprinzip Form der politischen Willensbildung (→ Politischer Prozess). Das Mehrheitsprinzip, bei dem für eine Entschlussfassung die Mehrzahl der Stimmen benötigt wird, ist in demokratischen politischen Ordnungen bei → Abstimmungen vorherrschend. Es wird davon ausgegangen, dass die konkreten Inhalte des → Gemeinwohls durch eine kontroverse Diskussion, die in eine politische Entscheidung einmünden muss, zu

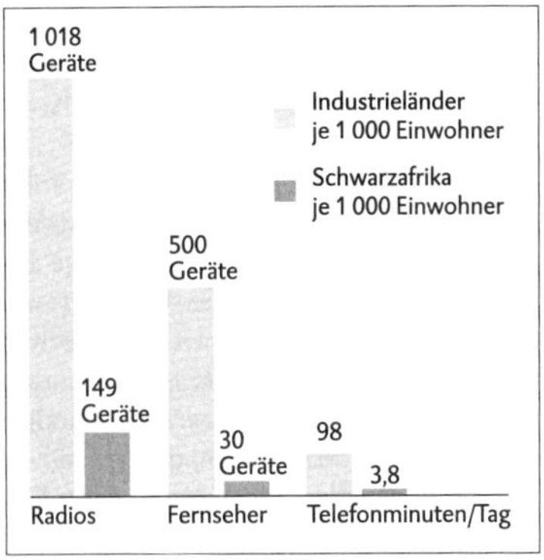

Die weltweite Verbreitung von Medien.

bestimmen sind. In den demokratisch gewählten Gremien wird ebenfalls von der → Gleichheit der Stimmen aller Beteiligten ausgegangen. Diese Annahme entspricht dem Mehrheitsprinzip im Rahmen der Entscheidungsfindung. Der Vorschlag, der die Mehrheit erhalten hat, gilt, im Gegensatz zum Verfahren des → Einstimmigkeitsprinzips, auch für die Unterlegenen. Allerdings kann in einer Satzung festgelegt werden, ob für bestimmte Fragen die Mehrheit der Mitglieder des Gremiums oder die Mehrheit der Anwesenden gelten soll. Bei Abstimmungen in den → Parlamenten unterscheidet man die relative Mehrheit – ein Vorschlag erhält mehr Stimmen als alle anderen – von der absoluten Mehrheit – ein Vorschlag erhält mehr als 50 % der Stimmen der anwesenden → Abgeordneten. Unter einer qualifizierten Mehrheit sind Mehrheiten von mehr als 50 %, z. B. eine Zweidrittelmehrheit bei Verfassungsänderungen, zu verstehen. Entscheidungen nach dem Mehrheitsprinzip werden begrenzt durch den → Minderheitenschutz.

Mehrheitswahl → Wahlsystem

Meistbegünstigung Verpflichtung eines Staates, die Erleichterungen für den → Import, die es einem Land gewährt, – etwa ein niedriger Zollsatz –, auch allen anderen Ländern, mit denen eine Übereinkunft über Meistbegünstigung getroffen wurde, zu gewähren. Ziel der Meistbegünstigungsklausel ist es, Handelsverzerrungen zu beseitigen.

Menschenbild Politische oder philosophische Auffassung vom Menschen. Das Menschenbild ist die Grundlage für Vorstellungen über die Gesellschaft und über die Aufgaben des Staates, die sich in den verschiedenen politischen Theorien wiederfinden. In der liberalen Theorie wird von dem Individuum, das in Freiheit seine individuellen Fähigkeiten in der Gesellschaft entfalten soll, ausgegangen. Der sozialistische und besonders der marxistische Theorieansatz geht von einem im Kollektiv eingebundenen Menschen aus.

Menschenrechte Theoretisch-ideale Vorstellung von Rechten, die allen Menschen zustehen. 1948 wurde die „Allgemeine Erklärung der Menschenrechte" (→ Menschenrechtskonvention) von der → UN-Generalversammlung verabschiedet. Sie erkennt folgende Rechte jedes Menschen, unabhängig von Staatsangehörigkeit, Religionszugehörigkeit, sozialer Stellung, Kultur, Hautfarbe und politischer Überzeugung an: Recht auf Leben, Freiheit, Sicherheit, Rechtsschutz, Arbeit und Wohlfahrt. Der Menschenrechtsschutz erweist sich jedoch besonders in Krisenregionen oder totalitären Staaten (→ Totalitarismus) als äußerst problematisch, da keine allgemeine Garantie möglich ist. Zudem sinkt die Sorge um die Beachtung der Menschenrechte, wenn die Lebensgrundlage der Bevölkerung nicht gesichert ist. Dies ist in vielen Staaten der → Dritten Welt der Fall.

Menschenrechtskonvention Völkerrechtlicher Vertrag über die allgemeine Garantie der → Menschenrechte. Auf supranationaler Ebene versuchen die Vereinten Nationen (→ UN), die weltweite Anerkennung und Garantie dieser Rechte durchzusetzen. Es existiert eine Vielzahl internationaler und regionaler Verträge zur Durchsetzung und Stärkung der Menschenrechte, die sich auch auf den kulturellen und sozialen Bereich erstrecken.

Menschenwürde Unantastbarer Bereich, der dem Menschen als Person zusteht (Art. 1 Abs. 1 GG).

Mercosur (span. *Mercado Común del Cono Sur* Gemeinsamer Südamerikanischer Markt) Regionale Wirtschaftsorganisation in Südamerika. Der Mercosur wurde am 26. 3. 1991 in Asunción (Paraguay) gegründet und trat am 1. 1. 1995 in Kraft. Die Mitgliedsstaaten Argentinien, Brasilien, Paraguay und Uruguay wollen einen freien Waren- und Dienstleistungs-

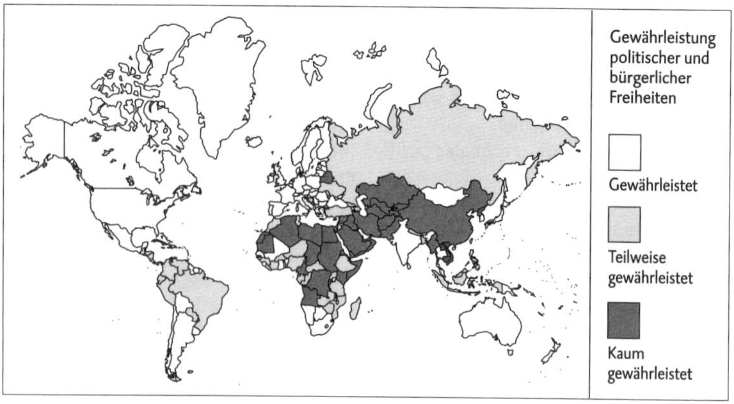

Übersichtskarte zum Schutz der Menschenrechte, der in vielen Teilen der Welt keine Selbstverständlichkeit ist.

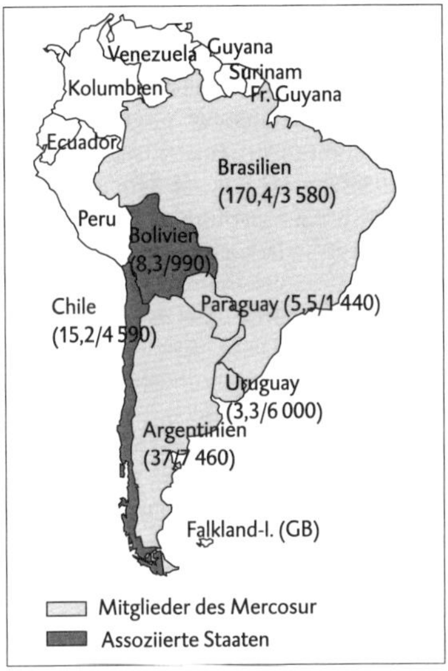

Der Mercosur (Mio. Einw./BSP pro Kopf in US $, 2000).

verkehr sowie eine → Zollunion schaffen. Zudem soll die Wirtschaftsgesetzgebung der Teilnehmerländer angeglichen werden. Mit Chile und Bolivien wurden Abkommen zur Assoziierung unterzeichnet. → Freihandelszone

@ http://www.mercosur.org

Migration Wanderungsprozesse von Einzelnen oder Gruppen innerhalb einer oder zwischen Gesellschaften. Die Migration innerhalb Deutschlands und die Zuwanderung nach Deutschland beeinflussen nicht nur die Einwohnerzahl, sondern verändern auch die Bevölkerungsstruktur (→ Bevölkerungsentwicklung, → Schichtung). Einerseits kann durch die Zuwanderung von qualifizierten Arbeitskräften ein wirtschaftlicher Aufschwung bewirkt bzw. durch kinderreiche Familien zur Verbesserung der Altersstruktur beigetragen werden. Andererseits kann eine zunehmende Zahl von Asylbewerbern (→ Asylant, → Asylrecht) die Staatskosten erhöhen und soziale Spannungen verschärfen. In Deutschland gab es verschiedene Migrationsphasen. Etwa 12 Mio. Vertriebene und Flüchtlinge aus den ehemaligen deutschen Ostgebieten (Schlesier, Sudetendeutsche, Ostpreußen u. a.) leisteten mit ihrem Arbeitskräftepotenzial einen wichtigen Beitrag für den Wirtschaftsaufschwung in Westdeutschland. Von 1945 bis 1961, dem Jahr des Mauerbaus, kamen 3,1 Mio. Flüchtlinge und Übersiedler aus der DDR in die Bundesrepublik (470 000 Abwanderungen aus der Bundesrepublik in die DDR und 2 Mio. Auswanderungen nach Übersee). Ab 1961, besonders bis 1974, fand eine Anwerbung ausländischer Arbeitnehmer statt, deren Zahl bis 1989 auf 4,85 Mio. stieg. Ab 1987 gab es eine verstärkte Zuwanderung von Spätaussiedlern aus Ost- und Südosteuropa (ab 1950 ca. 2,4 Mio. Zuwanderungen), die wegen der hohen Kinderzahl in der Bundesrepublik zu einer günstigeren Altersstruktur beitrugen. Ab 1988, besonders ab 1989 nach der Öffnung der Grenzen, gab es eine erneute Ausreisewelle aus der DDR (1988 bis zum 3. 10. 1990 ca. 700 000) nach Westdeutschland. Die Zahl der Asylbewerber schwankt jährlich, ab 1993 war wegen der Einschränkung des Asylrechts ein Rückgang zu verzeichnen.

Militärbündnis → Bündnissysteme

Militarismus Verherrlichung bzw. Glorifizierung der Streitkräfte, die meist gemeinsam mit einer zur Gewaltpolitik neigenden Grundhaltung auftritt. Eine Gesellschaft ist vom Militarismus geprägt, wenn die militärische Ordnung auch in zivilen Bereichen nachgeahmt oder angestrebt wird, z. B. durch Uniformierung oder einen streng hierarchischen Aufbau. Die Armee nimmt eine übergroße Rolle in der Gesellschaft ein. Dies war z. B. im → Nationalsozialismus der Fall.

Minderheitenschutz Völkerrechtliche Vorgabe (→ Völkerrecht), dass gesellschaftlichen Minderheiten die gleichen Rechte einzuräumen sind wie der Mehrheit. Der Minderheitenschutz, der in den → Grund- und → Menschenrechten begründet ist, kann nicht durch das Mehrheitsprinzip außer Kraft gesetzt werden. Minderheiten, die sich von der Mehrheit durch besondere Merkmale wie Sprache, Volkstum, Kultur, Religion etc. unterscheiden, sind in Deutschland nach Art. 3 Abs. 1 und 3 GG geschützt.

Ministerium für Staatssicherheit Staatliches Ministerium der DDR, das mit seinem umfangreichen Kontrollapparat und Informanten in allen gesellschaftlichen Bereichen und auf allen Ebenen neben der Staatsanwaltschaft, den Gerichten und der Polizei für die „Bewahrung" der sozialistischen Gesellschaftsordnung in der DDR sorgte. Die sog. Stasi griff rechtswidrig in die Privatsphäre der DDR-Bürger ein. In allen Betrieben und Organisationen arbeiteten ihre Informanten, sog. IMs, Inoffizielle Mitarbeiter, die ständig auf der Suche nach „Staatsfeinden" waren. Die in der Bevölkerung bekannten Aktivitäten der Staatssicherheit waren ein wichtiger Grund für gegenseitiges Misstrauen und Unsicherheit der Bürger untereinander. Das Ministerium für Staatssicherheit wurde 1990 aufgelöst und eine gleichzeitig gegründete Bundesbehörde (Gauck-Behörde) wurde beauftragt, die Unterlagen auszuwerten. Das Vermögen der Stasi wurde nach dem Beitritt der DDR zur Bundesrepublik Deutschland der → Treuhandanstalt übertragen.

Ministerrat In vielen Ländern Regierungsbezeichnung, z. B. in der DDR, aber auch Kurzbezeichnung des → Rats der EU. Der Ministerrat in der DDR, also die Regierung, leitete die Umsetzung der politischen Grundsatzentscheidungen der Partei, die Wahl durch die → Volkskammer hatte nur formalrechtliche Bedeutung. Zu seinen Aufgaben zählte die Leitung der volkswirtschaftlichen Pläne und die Durchführung der Außenpolitik. Die Leitung der Volkswirtschaft lag im Zuständigkeitsbereich der Staatlichen Planungskommission, einem Organ des Ministerrats.

Misstrauensvotum Mehrheitsbeschluss des Parlaments in parlamentarischen Regierungssystemen (parlamentarische → Demokratie), einer Regierung oder einem Minister das Misstrauen auszusprechen und somit einen Rücktritt herbeizuführen. In Deutschland kann der → Bundeskanzler nur mit dem konstruktiven Misstrauensvotum abgesetzt werden. Dieses bedarf, anders als beim einfachen Misstrauensvotum, der Wahl eines Nachfolgers durch die Mehrheit des → Bundestags. Diese Vorschrift soll zur Kontinuität der Regierungsfähigkeit beitragen und einen politischen Stillstand verhindern. 1972 scheiterte ein Misstrauensvotum der CDU/CSU unter Barzel gegen Bundeskanzler Brandt (SPD). 1982 hatte die Opposition (CDU/CSU) unter Kohl Erfolg gegen den SPD-Kanzler Schmidt, da der Koalitionspartner der Regierung, die FDP, zur Opposition wechselte.

Mitbestimmung → Partizipation

Mittelstand Teil der Bevölkerung, der sich wegen seiner gesellschaftlichen Lage zwischen der oberen und unteren sozialen Schicht (→ Schichtung) befindet. Die gesellschaftliche Schicht des „alten" bürgerlichen Mittelstands umfasst diejenigen, die nicht in einem abhängigen Beschäftigungsverhältnis arbeiten, sondern eigene Betriebsmittel besitzen und Produkte herstellen oder Dienstleistungen anbieten. Zum Mittelstand gehören sowohl Ein-Mann-Betriebe, Lebensmittelhändler, Bauern, Ärzte, Rechtsanwälte, Wirtschaftsprüfer u. a. sowie Unternehmer. Kennzeichen für diese Gruppe sind ein hohes Maß an Autonomie im Arbeitsleben aber auch eine außerordentliche Vielfalt von Einkommensverhältnissen, hohe Leistungsbereitschaft und Fluktuation. Zum „neuen" Mittelstand gehören die Angestellten in Banken, Versicherungen, öffentlicher Verwaltung und in den Unternehmen. Die starke Zunahme der Angestelltenschicht hängt mit der Entwicklung der modernen Gesellschaft zur → Dienstleistungsgesellschaft (→ Tertiärer Sektor) zusammen.

Mittelstandsgesellschaft Gesellschaft, in der ein großer Teil der Bevölkerung dem → Mittelstand angehört. Schon in den 1960er-Jahren wurde die bundesdeutsche Gesellschaft als Mittelstandsgesellschaft beschrieben. Die Mittelstandsgesellschaft ist geprägt durch eine große Mittelschicht, eine kleine Oberschicht (Hochadel, Großunternehmer, Spitzenpolitiker, Finanzspitzen), eine Unterschicht (ungelernte Arbeiter) und eine geringe Zahl sozial Benachteiligter. → Schichtung

Modernisierung Wandel der Sozialstruktur (→ Gesellschaft). Die Modernisierung zeichnet sich durch gesellschaftliche Wandlungsprozesse aus, die folgende Tendenzen verstärken: Trennung von Wohn- und Arbeitsplatz, Entpersonalisierung der Arbeitsbeziehungen, Individualisierung, Verstädterung, Wertewandel, relative Autonomie gesellschaftlicher Teilbereiche (Beruf, Arbeit, Freizeit, Politik, Bürokratie, Erziehungs- und Gesundheitswesen u. a.) und zunehmende Bedeutung „gesellschaftlicher Universalien", besonders des Rechtssystems, das die Gleichheit aller voraussetzt, aber auch von Geld, und Medien. Diese Entwicklungstendenzen werden mit dem Begriff Modernisierung belegt, ohne dass damit eine Bewertung im Sinn einer positiven oder negativen Entwicklung gemeint ist.

Monarchie Staatsform, in der ein Monarch (König, Kaiser) das Land regiert oder repräsentiert (→ Absolutismus). Der griechische Philosoph → Aristoteles zählte die Monarchie, im Gegensatz zur → Tyrannis, zu den drei guten Staatsformen. Im Mittelalter rechtfertigte sich die Monarchie mit der Formel „König von Gottes Gnaden". Man unterscheidet zwischen Erb- und Wahlmonarchie. In Europa sind heute u. a. → Großbritannien, Schweden und Spanien monarchisch verfasst. Die Königshäuser haben ihren politischen Einfluss jedoch weitgehend an die Parlamente verloren (sog. „konstitutionelle" Monarchie). → Bodin

Prinz Philip und Königin Elizabeth II. am Queen Veterans Day im Hyde Park, Mai 1995.

Monetarismus Wirtschaftswissenschaftliche Theorie, die der → Geldpolitik eine große Bedeutung bei der Gestaltung des wirtschaftlichen Prozesses zubilligt. Der Monetarismus entstand aus der Kritik am → Keynesianismus, dessen Instrumente er als ungeeignet ansieht. Der Monetarismus will durch eine kontrollierte Geldmengenvermehrung für eine gesunde wirtschaftliche Entwicklung sorgen, anstatt mit staatlichen Beschäftigungsprogrammen Nachfrage zu erzeugen. Außerdem sollen Markthemmnisse wie Zölle und Steuern reduziert werden. Fehlentwicklungen, wie z. B. → Arbeitslosigkeit, werden auf einen zu starren Marktmechanismus zurückgeführt.
→ Globalisierung, → Neoliberalismus

Monopol Marktform, in der nur ein Anbieter existiert. Dieser Monopolist hat somit maximalen Einfluss auf die Preisbildung (→ Preis). Ein Monopol behindert die Freiheit des Marktes. Um die negativen Auswirkungen von Monopolbildung zu verhindern, existieren in Deutschland das Bundeskartellamt (→ Kartellgesetz) sowie eine Monopolkommission, die die Marktsituation beobachtet. → Oligopol, → Polypol

Montesquieu, Charles de (geb. 1689 bei Bordeaux, gest. 1755 in Paris) Politischer Philosoph der Aufklärung sowie Theoretiker über die Lehre der → Gewaltenteilung. Montesquieu schrieb 1721 die „Persischen Briefe", eine Kritik an der französischen Krone, und geriet dadurch in Konflikt mit der Regierung. Auf seinen Reisen durch Europa sammelte er Eindrücke von verschiedenen Verfassungssystemen und studierte u. a. die Schriften von → Locke. 1748 erschien „Vom Geist der Gesetze", in dem Montesquieu seine Gedanken zu Staatsform und Gesellschaft darlegte. Die → Demokratie an sich sei noch keine Gewähr für die Sicherung der persönlichen Freiheit des Menschen, sondern bedürfe darüber hinaus der Gewaltenteilung. Als beste Staatsform galt ihm die gemäßigte Demokratie. Grundsätzlich sei jedoch in jeder Staatsform die Einführung der Gewaltenteilung zu begrüßen, da sie zu mehr Freiheit des Einzelnen führe. Montesquieu trat, im Gegensatz zu → Rousseau, für einen liberalen Staat ein.

Multilateralismus Politische Vorgehensweise, die verstärkt auf die Koordination und Absprache mit mehreren anderen → Akteuren setzt. Je nach Anzahl der Beteiligten ist auch von Bi- oder Trilateralismus die Rede. Im Gegensatz dazu steht der → Unilateralismus.

Multipolarität Zustand des internationalen politischen Systems, in dem mehr als zwei Großmächte existieren. Eine multipolare Welt zeichnet sich nach Ende der → Bipolarität des → Kalten Krieges ab. Neben die traditionellen und weltweit einflussreichen Mächte USA und Russland treten weitere → Akteure wie die sich erweiternde EU, Japan und China, die im 21. Jahrhundert voraussichtlich großen Einfluss auf die Weltpolitik gewinnen werden.

N

Nachfrage → Preis

NAFTA (engl. *North American Free Trade Agreement*) Freihandelsabkommen, das 1994 zwischen den USA, Kanada und Mexiko geschlossen wurde. Die NAFTA ist mit über 370 Millionen Einwohnern neben der → EU der größte → Binnenmarkt der Welt. Der interne Binnenhandel beträgt 40 % des gesamten Handels. Das Abkommen liefert seinen Mitgliedsstaaten durch die Integration der drei nationalen Märkte und die Absenkung von Handelshemmnissen Wachstumsimpulse, z. B. durch die Zusammenführung von US-Kapital und mexikanischen Arbeitskräften. Besonders die Gewerkschaften in den USA befürchten allerdings eine Abwanderung von Industrien und den Verlust von Arbeitsplätzen.
@ http://www.nafta.org

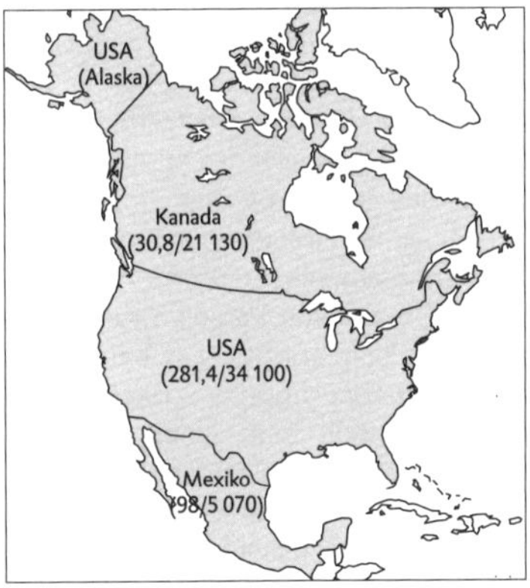

Die NAFTA (Mio. Einw./BSP pro Kopf in US $, 2000).

Nahostkonflikt Auseinandersetzung zwischen Arabern, insbesondere den Palästinensern, und Israel, die sich nach Ende des Zweiten Weltkriegs entwickelte. Historisch ergab sich eine besondere Brisanz aus der Tatsache, dass sowohl Judentum als auch Islam und Christentum Anspruch auf das „heilige Land" geltend machen und die Herrschaft über das Gebiet im Lauf der Geschichte häufig wechselte. 1917 besetzte Großbritannien Palästina. Ein Aufstand gegen die britische Mandatsmacht wurde 1939 niedergeschlagen. Im Verlauf des Zweiten Weltkriegs wanderten zahlreiche aus Europa vertriebene Juden in das Gebiet ein. Das ohnehin schon angespannte Verhältnis zwischen jüdischer und arabischer Bevölkerung verschlechterte sich weiter und es kam auf beiden Seiten zu Anschlägen. Ein 1947 von den Vereinten Nationen entwickelter Plan, das Gebiet in einen jüdischen und einen arabischen Staat zu teilen, wurde von den Arabern abgelehnt. Kurz vor Ablauf des britischen Mandats riefen die Juden am 14. 5. 1948 den Staat Israel aus. Unmittelbar darauf intervenierten Ägypten, Syrien, Libanon, Jordanien und der Irak aufseiten der Palästinenser. Erst am 20. 7. 1949 konnte ein Waffenstillstand ausgehandelt werden. Israel hatte in diesem Krieg sein Gebiet ausgedehnt, die Grenzverschiebungen wurden von den arabischen Staaten jedoch nicht anerkannt. 1956 griff Israel Ägypten an, das zuvor den Suez-Kanal verstaatlicht hatte. In diesem Krieg (Suez-Krieg), in dem es wegen des englischen und französischen Eingreifens gegen Ägypten zur sowjetischen Drohung kam, Atomwaffen einzusetzen, eroberte Israel die Sinai-Halbinsel. Auf Druck der USA zogen Israel, Frankreich und England ihre Streitkräfte ab. Das Waffenstillstandsabkommen wurde von UN-Friedenstruppen überwacht. 1967 begann der dritte arabisch-israelische Krieg („Sechs-Tage-Krieg") mit einem israelischen Überraschungsangriff auf ägyptische, syrische und jordanische Militärstützpunkte, da man so einem arabischen Truppenaufmarsch in diesen Ländern zuvorkommen wollte. Innerhalb kürzester Zeit eroberten die Israelis die Golanhöhen (Syrien), fast das gesamte Westjordanland (Jordanien) und erneut die Sinai-Halbinsel. Am 6. 10. 1973, dem Tag der jüdischen Yom-Kippur-Feier, griffen Ägypten und

Syrien Israel an, gerieten aber schon bald darauf in die Defensive. Erst nach einer sowjetischen Interventionsdrohung machten die israelischen Truppen ca. 30 km vor Damaskus Halt.

Übersichtskarte zum Nahostkonflikt.

Das Waffenstillstandsabkommen führte zu einem teilweisen israelischen Truppenrückzug, Israel hielt jedoch weiterhin die strategisch wichtigen Golan-Höhen an der Grenze zu Syrien besetzt. 1978 schlossen der ägyptische Präsident Sadat und der israelische Ministerpräsident Begin ein Abkommen, das den Friedensvertrag, der im Beisein des als Vermittler fungierenden amerikanischen Präsidenten Carter 1979 in Camp David, USA unterschrieben wurde, einleitete. Ägypten wurde daraufhin zeitweilig aus der → Arabischen Liga ausgeschlossen, Sadat 1981 von einer Gruppe nationalistischer Offiziere ermordet. 1987 begann in den besetzten Palästinensergebieten die → Intifada, ein Aufstand, der mit dem zweiten → Golfkrieg 1990/1991 seinen Höhepunkt erreichte. Wichtige Stationen in dem seit dieser Zeit andauernden Friedensprozess waren die Anerkennung des Existenzrechts des Staates Israel durch die → PLO und 1994 der israelisch-jordanische Friedensvertrag. Die Annäherung von PLO-Chef Arafat und dem später ermordeten israelischen Ministerpräsidenten Rabin gab Anlass zur Hoffnung. In Oslo wurden 1993 und 1995 Abkommen unterzeichnet, die den Rückzug Israels aus den 1967 eroberten Gebieten einleiteten. Am 23. 10. 1998 wurde das sog. „Wye-River-Memorandum" unterzeichnet, das einen Teil der von Israel besetzten West Bank der palästinensischen Selbstverwaltung unterstellt. Ein im Jahr 2000 stattfindendes Gipfeltreffen (Camp David II) blieb wegen des Streits um den Status des geteilten Jerusalem erfolglos. Seither kam es zu einer neuen Intifada, die Selbstmordanschläge radikaler Palästinenser und israelische Vergeltungsmaßnahmen mit sich brachte. Ein besonderes Problem bei der Umsetzung des Friedensprozesses stellt zum einen die 1982 gegründete, radikal-islamische „Hisbollah" (Partei Gottes) dar, die vom Libanon aus operiert und immer wieder Siedlungen in Nordisrael angreift. Zum anderen gibt es seit Beginn der Intifada die „Hamas", eine islamische Widerstandsbewegung. Sie will einen Staat Palästina errichten, der das israelische Territorium mit einschließt und lehnt den Friedensprozess zwischen Israel und der PLO ab. Ihre Taktik ist einerseits, ihre Machtposition in den teilautonomen Palästinensergebieten durch den Ausbau der zivilen Infrastruktur zu festigen (u. a. Unterstützung von Gesundheits- und Bildungseinrichtungen, materielle und finanzielle Hilfeleistungen an Angehörige von Opfern des Konflikts) und andererseits, mit dem militanten Flügel Terroranschläge auf israelische Militär- und Zivileinrichtungen auszuüben.

Nation Gemeinschaft mit einem gemeinsamen politischen und kulturellen Bewusstsein. Eine Nation ist eine große Anzahl von Menschen, die als Kollektiv eine gemeinsame Erfahrung gemacht hat und bestimmte Wertvorstellungen besitzt. Die Bedeutung der Nation für die → internationalen Beziehungen wird oft unterschiedlich bewertet, was nur in historischen Zusammenhängen zu erklären ist. So wird in Frankreich seit der Französischen Revolution der Begriff der Nation unmittelbar mit dem Sieg über den Absolutismus und deshalb mit der Erringung bürgerlicher Freiheiten verbunden. Auch in den USA wurden die im Unabhängigkeitskrieg von 1775 bis 1783 errungenen Freiheiten, ausgedrückt in der Unabhängigkeitserklärung von 1776 und in der Verfassung von 1787, gleichzeitig mit der Bildung einer eigenen Nation erlebt. Das Nationalbewusstsein zeigt sich hierbei in Demonstrationen, im Bürgerengagement für die auf Freiheit begründete Ordnung und in entsprechenden Symbolen (Fahnen, Nationalhymne). Das Staatsbewusstsein, die Überzeugung, dass die republikanische Staatsform die wünschenswerte ist, da sie Freiheit am ehesten garantiert, fällt in diesem Fall mit dem Nationalbewusstsein zusammen. Eine andere Entwicklung des Nationalbewusstseins ist zu beobachten, wenn ein Volk durch Besetzung, Aufteilung unter fremde Staaten etc. an der Realisierung des Zusammengehörigkeitsgefühls gehindert wird. In diesen Gesellschaften stimmen die konkrete Staatsordnung und das Nationalbewusstsein nicht miteinander überein. Dies war z. B. in Deutschland der Fall, wo von verschiedenen Brüchen im Nationalbewusstsein gesprochen werden kann. Die Entstehung des deutschen Nationalbewusstseins in der Neuzeit war mit dem Bestreben nach Einheit und Freiheit verbunden. Das Ziel der liberalen Bewegung (→ Liberalismus) zu Beginn des 19. Jahrhunderts war die Überwindung der territorialen Zersplitterung Deutschlands, die nur durch die Abschaffung des → Absolutismus in den verschiedenen Fürstentümern erreicht werden konnte. Der Wunsch nach einem deutschen Nationalstaat auf der Grundlage bürgerlicher Freiheiten und das gleichzeitige Erleben eines Gemeinschaftsgefühls in Sprache, Literatur, Wissenschaft und Religion wurde im Wartburgfest der Deutschen Burschenschaften (1817) und im Hambacher Fest (1832) deutlich. Nach dem gescheiterten Versuch, dieses Nationalgefühl nach der Revolution von 1848 mit einer gesamtstaatlichen Ordnung zu verbinden, wurde erst 1871 durch → Bismarck das Deutsche Reich gegründet. Dieses stellte zwar die Einheit Deutschlands her, stabilisierte jedoch gleichzeitig die Herrschaft des Adels und der neu entstandenen Schicht des Großbürgertums und verwehrte durch das → Dreiklassenwahlrecht großen Teilen der Bevölkerung Mitbestimmungsrechte. Insofern musste es zu einem weiteren Bruch zwischen Nationalbewusstsein und Staatsbewusstsein kommen. Der übersteigerte Nationalismus Anfang des 20. Jahrhunderts wird als negatives Beispiel für die politische Bedeutung des Nationalbewusstseins angeführt. Allerdings sollte nicht vergessen werden, dass ein Unterschied existiert zwischen dem Nationalbewusstsein, das sich als Gemeinschaftsgefühl versteht und einer Vorstellung, die die Überlegenheit der eigenen Nation gegenüber anderen Nationen für sich in Anspruch nimmt. Dass die Grenzen zwischen Nationalbewusstsein und → Nationalismus oft fließend sind, macht die Problematik dieses Kollektivbewusstseins aus. Das im obigen Sinn definierte Nationalbewusstsein ist insbesondere durch die nationalsozialistische Expansionspolitik und den Völkermord der Nationalsozialisten in Misskredit geraten (→ Nationalsozialismus). In der Nachkriegszeit war das Nationalbewusstsein der Deutschen ebenfalls Problem behaftet: Das Land war geteilt und einige Gebiete des ehemaligen deutschen Reichs in den Grenzen von 1937 waren von Polen und der Sowjetunion besetzt. Erst im Prozess der Herstellung der deutschen Einheit stellte sich heraus, dass trotz der 45 Jahre währenden Trennung ein Zusammengehörigkeitsgefühl existierte, dessen normative Basis der Wunsch nach freiheitlichen Lebensbedingungen war. Die gemeinsame Sprache und Kultur, sowie gemeinsame historische Erfahrungen und nicht zuletzt der Wunsch nach wirtschaftlicher Freiheit und Wohlstand sowie sozialer Sicherheit stellten sich dabei als wichtige Elemente des Gemeinschaftsgefühls heraus. In dem Ruf „Wir sind ein Volk" und „Deutschland einig Vaterland" kam ein friedliebendes Nationalgefühl zum Ausdruck.

Nationale Front Von der SED kontrollierter Dachverband aller Parteien und gesellschaftlichen → Massenorganisationen (mit Ausnahme christlicher Organisationen). Die Nationale Front hatte die zentrale Aufgabe, die Einheitlichkeit der von der SED beabsichtigten Politik in allen gesellschaftlichen Bereichen zu fördern und zu kontrollieren. Außerdem organisierte sie die Kandidatenaufstellung der Parteien und Organisationen und auch die Wahlen. Die Stimmabgabe bei Wahlen in der DDR war in der Regel öffentlich und der Bürger hatte nur wenig politischen Einfluss, da die Einheitsliste durch die SED oktroyiert wurde und es keine Alternativen gab. Eine Abwahl der Kandidaten war nur mit Zustimmung der → Volkskammer möglich und Wahlfälschungen konnten nicht überprüft werden, sodass Kandidaten der Nationalen Front stets 99 % der Ja-Stimmen erhielten. Nicht gewählte Personen wurden automatisch zu Nachfolgekandidaten, die frühzeitig in die Arbeit der Volkskammer integriert wurden und bei der nächsten Wahl zu vollwertigen Kandidaten aufrückten.

Nationale Volksarmee → NVA

Nationalismus Politisches Weltbild, das die nationale Identität als wichtigstes Merkmal des Bürgers auffasst und dem eigenen Volk eine herausgehobene Bedeutung zuspricht. Der Nationalismus im 20. Jahrhundert war mit der Forderung nach einem starken, autoritären Staat verbunden, der seine Interessen auf Kosten seiner Nachbarn durchsetzt. Die radikalste Form des Nationalismus war der → Nationalsozialismus in Deutschland und der → Faschismus in Italien. Nach dem Zerfall der sozialistischen Systeme in Osteuropa war ein Wiederaufleben des Nationalismus zu verzeichnen. Sowohl in Jugoslawien als auch in den ehemaligen Sowjetrepubliken kam es zu ethnisch motivierten → Bürgerkriegen. → Balkankonflikt, → Kosovokrieg

Nationalsozialismus (1) Nationalistische, völkische und radikal antisemitische (→ Antisemitismus) → Ideologie, die eine völlige Unterordnung des Einzelnen unter den Staat fordert (→ Totalitarismus). Nach außen vertrat der Nationalsozialismus den Kampf um „Lebensraum" und eine gewaltsame Expansion, im Innern sollten sog. „Volksfremde", insbesondere Juden, aus der Gesellschaft ausgeschlossen werden. Im Nationalsozialismus fanden sich Elemente sowohl mythischer Natur, etwa die altgermanische Sonnwendfeier und der Kult um die „Blutfahne", als auch moderner Art, wie der Einsatz des damals neuartigen Massenmediums Radio. (2) Geschichtliche Epoche von 1933 bis 1945: Die Ernennung Hitlers zum Reichskanzler am 30.1.1933 schuf die Grundlagen für den Aufbau der nationalsozialistischen → Diktatur. Die Nationalsozialisten konzentrierten ihre Macht, indem sie die parlamentarische Verfassung der → Weimarer Republik mithilfe von Notverordnungen aushebelten. Danach folgte der Aufbau des Staates nach dem sog. „Führerprinzip“ (→ Hitler), das absolute Loyalität verlangte. Im Innern dienten dem Staat → Massenorganisationen wie die Hitlerjugend dazu, alle Bereiche des gesellschaftlichen Lebens zu kontrollieren. Außenpolitisch wurde anfangs auf eine Revision des Versailler Vertrags hingearbeitet, der in Deutschland als ungerechtes Diktat der Siegermächte empfunden wurde. Durch umfangreiche staatliche Bau- und Rüstungsprogramme gelang es den Nationalsozialisten, die Arbeitslosigkeit in Deutschland zu verringern. Gleichzeitig wurden politische Gegner verfolgt und die Maßnahmen gegen die Juden verschärft. Das als „Endlösung der Judenfrage“ bezeichnete Programm, die von Hitler 1939 angedrohte Vernichtung der europäischen Juden, führte im → Zweiten Weltkrieg zum systematischen Massenmord an Juden im deutschen Machtbereich, zum sog. Holocaust.

NATO (engl. *North Atlantic Treaty Organisation*) 1949 gegründetes, nordatlantisches Verteidigungsbündnis, das in der Zeit des → Kalten Krieges dem → Warschauer Pakt gegenüberstand. Der NATO-Vertrag beinhaltet, dass ein Angriff auf einen Mitgliedsstaat als Angriff auf alle anderen Mitgliedsstaaten angesehen wird, sieht jedoch keine automatische militärische Beistandspflicht vor – somit bleibt es jedem Staat selbst überlassen, inwieweit er dem Angegriffenen seine Unterstützung gewährt. Der Vertrag sieht neben der militärischen auch eine politische, ökonomische und kulturelle Zusammenarbeit der Mitgliedsstaaten vor. Oberstes NATO-Organ ist der Rat, der auf unterschiedlichen Ebenen, z. B. der Regierungschefs oder der Außen- und Verteidigungsminister, tagen kann. Gründungsmitglieder waren Großbritannien, Frankreich, die Benelux-Staaten, Norwegen, Dänemark, Island, Portugal, Italien, die USA und Kanada. 1952 kamen Griechenland und die Türkei hinzu, die wegen des Zypern-Konflikts einen Unruheherd in der NATO bildeten. Die Bundesrepublik Deutschland trat, nach langer Debatte um die Wiederaufrüstung, 1955 bei, Spanien integrierte

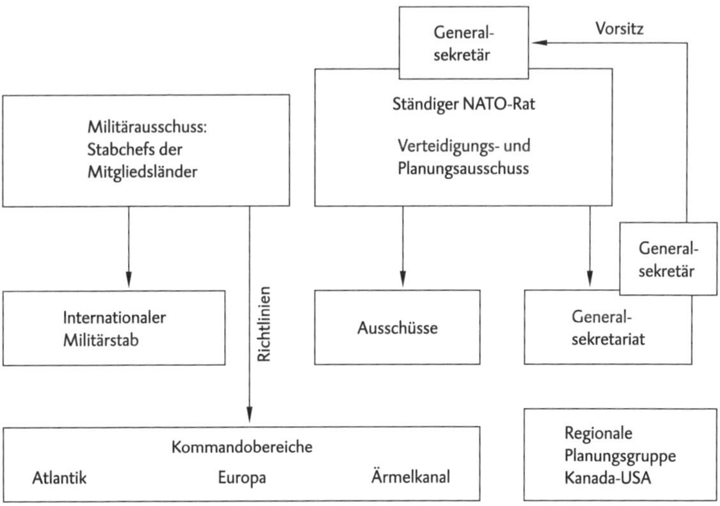

Systematischer Überblick zur politischen Struktur der NATO.

sich 1982 in die politische Struktur des Bündnisses. Nach dem Zerfall des Warschauer Pakts drängen nun auch vermehrt südost- und osteuropäische Staaten in die NATO. In einer Erweiterungsrunde 1999 wurden Polen, Ungarn und die Tschechische Republik in das Bündnis aufgenommen, das damit 19 Mitglieder umfasst. Für mittlerweile 25 Staaten, darunter auch Mitglieder der → GUS, gilt das Programm „Partnerschaft für den Frieden". Russland ist gegen eine NATO-Erweiterung, da es eine sicherheitspolitische Isolation fürchtet. Eine Bewährungsprobe für die NATO war der → Kosovokrieg, in dem das Bündnis, im 50. Jahr seines Bestehens, erstmals Krieg führte. Künftig stellt sich die Frage nach der Restrukturierung der NATO, da nach der Auflösung des Warschauer Pakts keine konventionelle militärische Bedrohung Westeuropas mehr besteht. Neue Aufgabe könnte es sein, in Abstimmung mit der → WEU, der → OSZE und der → UN, an der Eindämmung europäischer Konflikte oder an → Interventionen mitzuwirken. @ http://www.nato.int

Naturrecht Idealtypisches, für alle Menschen zu allen Zeiten gültiges Recht. Das Naturrecht beinhaltet die ungeschriebenen Regeln, die für jedes menschliche Miteinander gelten, weshalb der Begriff im Lauf der Geschichte der Philosophie unterschiedlich interpretiert wurde. Der griechische Theoretiker → Aristoteles sah in einer vom Naturrecht geregelten Gesellschaft den besten aller möglichen Daseinszustände, → Augustinus bewertete das Naturrecht höher als das von Menschen geschaffene sog. positive Recht. Problematisch ist die Herleitung des Naturrechts aus der Vorstellung über die Natur des Menschen, da diese überaus komplex und in sich widersprüchlich ist und daher nicht als für alle Menschen einheitliches Maß gelten kann. Somit ist die Interpretation des Naturrechts immer von der Grundeinstellung des Betrachters gegenüber dem Menschen abhängig.

Naturzustand Gesellschaftlicher Zustand, in dem sich noch keine Machtstrukturen verfestigt haben, in dem also → Anarchie herrscht. Ausgehend vom philosophischen Modell des Naturzustands kann eine Staatstheorie entwickelt werden, bei der die Einschätzung des Naturzustands eine entscheidende Rolle bei der Ausgestaltung der jeweiligen politischen Theorie spielt. So zieht → Hobbes aus seiner negativen Sicht des Naturzustands als Krieg aller gegen alle den Schluss, nur ein mächtiger Staat könne das menschliche Zusammenleben ordnen. → Locke dagegen ist der Ansicht, der Naturzustand sei an sich positiv, der Staat habe lediglich die Rechte des Individuums zu schützen.

Neokorporatismus → Korporatismus

Neoliberalismus Wirtschaftspolitische Theorie nach 1945. Der Neoliberalismus tritt v. a. für eine wirtschaftliche und politische Deregulierung bzw. → Privatisierung, d. h. einen Rückzug des Staates aus seiner wirtschaftlichen Kontrollfunktion, ein. Besonders seit den 1980er-Jahren sieht sich die Theorie zunehmender Kritik ausgesetzt, da die Befürwortung einer ungezügelten Marktwirtschaft (→ Globalisierung) soziale und ökologische Aspekte vernachlässige. In Deutschland vertritt die → FDP einige politische Thesen des Neoliberalismus.

Neue Medien → Medien

Neue Mitte → Dritter Weg

Neues Forum Teil der Bürgerrechtsbewegung in der DDR. Das Neue Forum gestaltete wesentlich die → friedliche Revolution in der DDR mit.

Neutralität Außenpolitische Haltung, die bei Konflikten oder Kriegen fremder Staaten eine Nichteinmischung vorsieht. „Wohlwollende Neutralität" bedeutet, dass der Staat einer Seite zuneigt, sich jedoch nicht direkt an Kampfhandlungen beteiligt. „Einfache Neutralität" bezieht sich auf eine einmalige außenpolitische Haltung bei einem bestimmten Konflikt,

„dauernde Neutralität" ist in einigen Staaten wie z. B. der Schweiz ein sicherheitspolitisches Prinzip, das langfristig die Außenpolitik des Landes dominiert.

NGO (engl. *Non Governmental Organisation*, auch *International Non Governmental Organisation INGO*) Nicht staatliche, nicht gewerbliche, auf Dauer angelegte, organisierte nationale und internationale Vereinigungen. Nichtregierungsorganisationen (NRO) können in Teilbereichen staatlicher Politik auf nationaler oder auch internationaler Ebene beratend zur Seite stehen oder eigenständig arbeiten. Sie sind durch ihre Struktur und Sachkompetenz oft in der Lage, flexibler und schneller auf neue Situationen zu reagieren als staatliche Behörden. Politikbereiche, in denen NGOs tätig sind, reichen von humanitärer Hilfe über Umweltschutz bis hin zur Interessenwahrnehmung gesellschaftlicher Gruppen. NGOs sind z. B. Greenpeace und amnesty international.

NIC → Schwellenländer

Nordirlandkonflikt Konflikt in Nordirland zwischen der katholischen und der protestantischen Bevölkerung. Der Nordirlandkonflikt hat seinen Ursprung in der englischen Besetzung des Gebiets. 1607 siedelte England 100 000 Schotten in der Region an, um so die Herrschaft über Nordirland zu sichern. Die traditionell katholischen nordirischen Bauern gerieten somit in Abhängigkeit zu den neuen, protestantischen Grundherren. England behinderte die wirtschaftliche Entwicklung des Gebiets durch strenge Ausfuhrgesetze, weshalb das Land verarmte und Hungersnöte und Massenauswanderungen folgten. Mehrere Revolten gegen die englische Herrschaft scheiterten, so etwa der „Osteraufstand" von 1916. 1922 bildeten England und Nordirland, gegen den erheblichen Widerstand der irischen Nationalbewegung, eine Union für eine Wiedervereinigung Nordirlands mit der Republik Irland. Die Katholiken, die rund 1/3 der Bevölkerung Nordirlands ausmachen, wandten sich gegen die ökonomische und politische Dominanz der von England unterstützen Protestanten. Auf beiden Seiten bildeten sich radikale Gruppen und paramilitärische Verbände (z. B. Irisch-Republikanische Armee, IRA, auf der katholischen, Ulster Defense Regiment, UDR, auf der protestantischen Seite), die ihre politischen Ziele mit Gewalt durchzusetzen versuchten. 1969 rückten britische Spezialeinheiten in die Krisenregion ein. Dies wurde anfangs auch von der katholischen Bevölkerung befürwortet, da man einen Rückgang protestantischer Übergriffe erhoffte. Als dies nicht geschah, begann der gewaltbereite Teil der IRA mit Bombenanschlägen auf Protestanten und britische Soldaten auch in London. Bei einer Demonstration am 30. 1. 1972 verübte die britische Armee ein Massaker an den Katholiken („Bloody Sunday"), 13 Menschen starben. In der Folgezeit nahm der IRA-Terror zu. Seit 1990 bemüht sich die britische Regierung um eine Verhandlungslösung, 1994 stimmten die militärischen Flügel beider Seiten einer Waffenruhe zu. Am 10. 4. 1998 wurde in Belfast ein Abkommen unterzeichnet, das allen Parteien Mitwirkungsmöglichkeiten beim Friedensprozess zugestand und zudem eine teilweise Amnestie für politische Häftlinge sowie die Entwaffnung der paramilitärischen Gruppen und die Bildung eines Regionalparlaments vorsah. Die jüngsten Entwicklungen geben jedoch wenig Anlass zu Hoffnung. Die sog. „wahre IRA", eine Splittergruppe der IRA, verübt weiterhin Bombenanschläge (→ Terror), zudem entzündete sich in Belfast ein Konflikt um die Schulwege katholischer Kinder, da religiöse Extremisten verhindern wollten, dass die Schüler protestantische Stadtviertel durchqueren. Der zukünftige politische Status der Region ist ungewiss.

Nord-Süd-Konflikt Auseinandersetzung zwischen den → Industriestaaten und den → Entwicklungsländern. Der Nord-Süd-Konflikt nach Ende des Zweiten Weltkriegs und der nun verstärkt einsetzenden → Entkolonialisierung beruhte v. a. auf dem rapide wachsenden wirtschaftlichen Ungleichgewicht zwischen den beiden Staatengruppen. Die Entwicklungsländer, die v. a. auf den Export unverarbeiteter Rohstoffe und den Import hoch entwickelter Fertigprodukte angewiesen sind, gerieten mehr und mehr in ein wirtschaftliches Abhängigkeitsverhältnis. Die schwankende Rohstoffnachfrage, Überbevölkerung, instabile politische Systeme und die infolge der → Globalisierung sich öffnenden Märkte brachten für die Wirtschaft in den Staaten der → Dritten Welt existenzielle Schwierigkeiten. (→ Unterentwicklung). Die Krise wurde verschärft, weil die Entwicklungsländer gezwungen waren, hohe Kredite aufzunehmen, deren Zinsen schließlich nicht mehr beglichen werden konnten. Durch die Verschuldung entstanden sog. Teufelskreise der → Armut, aus denen bis heute kein Ausweg gefunden wurde. Die Industriestaaten wurden mit dem Vorwurf konfrontiert, die Entwicklungsländer bewusst in diese wirtschaftliche Zwangslage gebracht zu haben, um so ihren Einfluss aufrechtzuerhalten (Neokolonialismus) und ökonomisch davon zu profitieren. Die hieraus resultierenden Forderungen der Entwicklungsländer sind in erster Linie eine Erhöhung bzw. eine Umgestaltung der Entwicklungshilfe („Hilfe zur Selbsthilfe"), Umschuldungsprogramme, die weitergehende Kontrolle transnationaler Unternehmen, eine stärkere Rolle der Entwicklungsländer in → internationalen Organisationen und eine Reform der als ungerecht empfundenen → Weltwirtschaftsordnung. In der Zeit des → Kalten Krieges wurde der Nord-Süd-Konflikt durch den → Ost-West-Konflikt in den Hintergrund gedrängt, Entwicklungshilfe wurde häufig nach machtpolitischen Gesichtspunkten gewährt. Wichtige Stationen im Nord-Süd-Konflikt waren die Gründung der Bewegung der → Blockfreien Staaten sowie der → G 77. Hierbei wurden sich die Entwicklungsländer ihres wachsenden Einflusses bewusst, der sich in vielen internationalen Organisationen wegen Staatsneugründungen in den letzten Jahrzehnten des 20. Jahrhunderts auch rein zahlenmäßig deutlich widerspiegelte.

Kinderarbeit ist ein Problem das in vielen Entwicklungsländern zu beobachten ist, da die Familien häufig die Arbeitskraft ihrer Kinder für die Bezahlung der Lebenshaltungskosten benötigen. Immer häufiger gibt es Entwicklungshilfeprojekte, wie hier im Senegal, die speziell auf die Bedürfnisse der Frauen ausgerichtet sind. Frauen sollen u. a. auf den Gebieten Familienplanung und Gesundheitsvorsorge wichtige Fähigkeiten erlernen.

North American Free Trade Agreement → NAFTA

North Atlantic Treaty Organisation → NATO

Novemberrevolution → Erster Weltkrieg

NPD (Nationaldemokratische Partei Deutschlands) Rechtsradikale deutsche Partei. Die im Jahr 1964 gegründete NPD hatte ihre größten Wahlerfolge Mitte und Ende der 1960er-Jahre (bis zu 9,8 % der Stimmen bei Landtagswahlen). Im Gegensatz zur → DVU hat die NPD zwar deutlich weniger Mitglieder (ca. 6 000), verfügt jedoch über eine effizientere Parteistruktur (Jugendorganisation, Hochschulbund u. Ä.). Die Partei sieht sich als Sammelbecken aller rechtsgerichteten Kräfte im Kampf gegen das „System" und ist wegen ihrer Nähe zu verfassungsfeindlichen Organisationen und Personen Ziel eines 2001 von der Bundesregierung, dem Bundestag und dem Bundesrat eingereichten Parteiverbotsantrags (→ Partei). Kritiker befürchten – je nach politischem Standpunkt – bei einem Parteiverbot eine Einschränkung der Meinungsfreiheit bzw. eine dauerhafte Legitimation der NPD bei einem Scheitern des Verbotsantrags. Das Verbotsverfahren, dass sich auf vermeintlich verfassungsfeindliche Äußerungen von NPD-Mitgliedern stützt, wird von der Affäre um die ehemalige Mitarbeit hochrangiger NPD-Politiker als Informanten des Verfassungsschutzes überschattet.

NVA (Nationale Volksarmee) Armee der DDR. Die NVA ging aus der Kasernierten Volkspolizei (KVA) unter Anleitung der Sowjetunion hervor und wurde 1956 dem Vereinigten Oberkommando des → Warschauer Pakts (Sitz in Moskau) unterstellt. Die NVA war Teil der Militärpolitik der SED und ein „Klassen- und Machtinstrument der Arbeiter- und Bauern-Macht". Die Grundlage ihrer Tätigkeit bildeten die Parteitagsbeschlüsse der SED. Hierzu gehörten auch intensive politische Schulungen durch Parteifunktionäre und die enge Zusammenarbeit mit der Sowjetunion.

O

OAS (engl. *Organisation of American States*) 1948 gegründete Regionalorganisation mit Sitz in Washington. Die Organisation Amerikanischer Staaten wurde mit dem Ziel geschaffen, die wirtschaftliche Entwicklung des gesamten amerikanischen Kontinents zu fördern und die Hemisphäre vor äußerer Einmischung zu schützen. Sie hat inzwischen 35 Mitglieder, wobei die Mitgliedschaft Kubas seit 1962, nach der Regierungsübernahme Fidel → Castros, ausgesetzt wurde. Die USA, die schon seit Anfang des 19. Jahrhunderts sowohl Nord- als auch Südamerika als ihr ureigenstes Interessengebiet betrachteten, nutzten die OAS als machtpolitisches Instrument im → Kalten Krieg. @ http://www.oas.org

OAU (engl. *Organisation of African Unity*) 1963 in Addis Abeba (Äthiopien) gegründete Regionalorganisation. Die Organisation für Afrikanische Einheit (2002: 53 Mitglieder) sollte die Interessen der afrikanischen Staaten v. a. gegenüber den → Industriestaaten vertreten. Dies erwies sich aufgrund der Interessengegensätze ihrer Mitgliedsstaaten jedoch als äußerst schwierig. Die OAU verfügt bis heute über keinen wirksamen Mechanismus, die vielen bewaffneten Konflikte, die auf dem afrikanischen Kontinent ausgetragen werden, einzudämmen. Im Juli 2000 verabschiedete die OAU den Vertrag über die AU, die Afrikanische Union, um deutlich zu machen, dass sich die afrikanischen Staaten nach dem Vorbild der EU enger zusammenschließen wollen. Der Vertrag trat im Mai 2001 in Kraft, nachdem ihn 2/3 der Mitgliedsstaaten der OAU ratifiziert hatten. Die Verwirklichung wird allgemein jedoch als unwahrscheinlich angesehen. @ http://www.oau-oua.org

OECD (engl. *Organisation for Economic Cooperation and Development*) 1961 gegründete weltweite Organisation für wirtschaftliche Zusammenarbeit und Entwicklung. Die in Paris tagende OECD soll die Wirtschafts- und Entwicklungshilfemaßnahmen der Mitgliedsstaaten koordinieren, um wirtschaftliches Wachstum und eine effektivere Beschäftigungspolitik zu erreichen. Hierzu werden jedes Jahr Analysen und Berichte erstellt. Mitglieder (2002: 30) sind, neben vielen europäischen Staaten, auch Australien, Neuseeland, Japan, Korea, die USA, Kanada und Mexiko. Die → Europäische Kommission beteiligt sich ebenfalls an der Arbeit der OECD. OECD-Organe sind der Generalsekretär, der aus Finanz-, Wirtschafts- und Außenministern bestehende Rat, der Exekutivausschuss sowie Fachausschüsse zur Wirtschafts- und Entwicklungspolitik. @ http://www.oecd.org

Öffentlich-Rechtliche Anstalt Einrichtung zur Erfüllung öffentlicher Aufgaben, die von Vertretern gesellschaftlicher Gruppen (Verbände, Parteien, Kirchen) kontrolliert wird. Die beiden öffentlich-rechtlichen Anstalten in Deutschland, ARD (Arbeitsgemeinschaft der öffentlich-rechtlichen Rundfunkanstalten der Bundesrepublik Deutschland) und ZDF (Zweites Deutsches Fernsehen) finanzieren sich hauptsächlich durch Rundfunk- und Fernsehgebühren und nicht wie das → Privatfernsehen ausschließlich durch Werbung. Deshalb können sie sich auch häufig kostspielige Kultur- und politische Informationssendungen leisten. Sie werden durch Aufsichtsgremien kontrolliert, denen „gesellschaftlich relevante Gruppen" angehören. Parteien haben hier ein starkes Gewicht, was zulasten eines kritischen Journalismus gehen kann.

Öffentliche Meinung Vorherrschende Meinung in einer Gesellschaft zu Fragen des allgemeinen Interesses. Der Begriff der öffentlichen Meinung unterstellt zunächst, es gebe eine homogene Meinung aller Bürger zu einem bestimmten Thema. Tatsächlich existiert eine „öffentliche Meinung" in diesem Sinn nicht, sondern es gibt immer verschiedene Gruppen unterschiedlicher Größe und Struktur, die häufig voneinander abweichende Meinungen zu einem Problem vertreten. Die Zugehörigkeit einzelner Personen zu einer Meinungsgruppe hängt von Faktoren wie Herkunft, Bildung, Einkommen, Familienstand und Alter sowie von dem Willen, sich zu informieren, ab. Die in der Öffentlichkeit, d. h. von den → Massenmedien, den Parteien, den → Verbänden, der Regierung und der Bevölkerung diskutierten Themen sind entweder Reaktionen auf tatsächlich feststellbare Ereignisse (Wahlen, Konjunktur, Terroranschläge) oder Fragestellungen, die von den Diskussionsteilnehmern, aus welchen Gründen auch immer, herausgestellt werden (Debatten über die Vergangenheit, die Rolle Deutschlands in der Welt etc.). Die Massenmedien spielen die zentrale Rolle bei der Akzentuierung von Themen und Meinungen. In der parlamentarischen Demokratie sollte das → Parlament eine wichtige Rolle in dieser öffentlichen Diskussion spielen, damit der Bürger die Meinung der von ihm zur politischen Herrschaft berufenen Abgeordneten kennen lernt und diese mit seiner eigenen Meinung vergleichen kann.

Ökologie → Umweltpolitik

Ökonomie → Wirtschaft

Oktoberrevolution Zweite Phase in der russischen Revolution von 1917. Nachdem Zar Nikolaus II. von der bürgerlichen Regierung zur Abdankung gezwungen worden war, kam es zur Auseinandersetzung zwischen der Regierung und den Bolschewisten, die unter → Lenin für einen radikalen sozialistischen Umsturz in Russland kämpften. Am 7. 11. 1917 besetzten die Bolschewisten wichtige Gebäude in der russischen Hauptstadt Petrograd (heutiges St. Petersburg). Daraufhin brach ein brutaler Bürgerkrieg zwischen Monarchisten bzw. den konservativ-gemäßigten Kräften und den neuen Machthabern aus. Außenpolitisch versuchte das schwache Sowjetregime, durch den Abschluss des Friedensvertrags von Brest-Litowsk mit dem Deutschen Reich, der u. a. die Unabhängigkeit zahlreicher ehemals russischer Gebiete vorsah, Zeit zu gewinnen. Der russische Bürgerkrieg zog sich noch Jahre hin, bis am 30. 12. 1922 die → Sowjetunion gegründet wurde.

Oligarchie Staatsform, in der eine kleine Gruppe aus Adligen oder reichen Bürgern die politische Macht ausübt und zu ihrem Zweck missbraucht. Die Oligarchie ist eine der Staatsformen, die in der antiken Staatstheorie des → Aristoteles genannt werden. Der moralisch verwerflichen Oligarchie stellt er die gute Staatsform → Aristokratie gegenüber.

Oligopol Marktform, die durch die geringe Zahl an Teilnehmern auf Angebots- oder Nachfrageseite gekennzeichnet ist. Dementsprechend ist auch von einem Angebots- oder Nachfrageoligopol die Rede. Die Entscheidungen jedes Teilnehmers haben somit große Auswirkungen auf die Preisbildung und stehen damit in einer engen Wechselwirkung zueinander. → Monopol, → Polypol

OPEC (*Organisation of Petroleum Exporting Countries*) Organisation von Staaten mit Erdölressourcen. Die Organisation Erdöl exportierender Staaten mit Sitz in Wien wurde 1960 gegründet, um die Ölförderungs- und Preispolitik der Mitgliedsstaaten zu koordinieren. Damit sollen die Preise auf einem stabilen Niveau gehalten werden. Die OPEC hat einen Anteil von ca. 40 % an der Weltölproduktion und versucht, diese wirtschaftliche Macht in politischen Einfluss umzusetzen. Dies wurde in den 1970er-Jahren, insbesondere während des Yom-Kippur-Kriegs (→ Nahostkonflikt), deutlich. Damals drohten die arabischen Staaten mit einer Einstellung der Erdöllieferungen an den Westen. In letzter Zeit drosselten die elf OPEC-Staaten die Erdölproduktion, insbesondere Saudi-Arabien. Die Folge war ein starkes Ansteigen des Rohölpreises.

@ http://www.opec.org

Opposition Politische Gegenbewegung. In Deutschland ist die parlamentarische Opposition eine Gruppe von → Abgeordneten (→ Fraktion), die den Regierungschef nicht gewählt hat und die die Regierung im Parlament nicht unterstützt. Ihre Aufgabe ist es, die Regierung zu kontrollieren, zu kritisieren und politische Alternativen aufzuzeigen.

Organisation → Institution

Organisation Amerikanischer Staaten → OAS

Organisation für Afrikanische Einheit → OAU

Organisation für Sicherheit und Zusammenarbeit in Europa → OSZE

Organisierte Kriminalität Planmäßiges, arbeitsteiliges und längerfristiges Vorgehen einer Gruppe von Personen, die Straftaten mit erheblichen Schadenssummen begeht und die Gewinne durch → Geldwäsche in den legalen Wirtschaftskreislauf überführt.

Ost-West-Konflikt Kulturelle und machtpolitische Konfrontation zwischen Asien und Europa/Nordamerika. Im Ost-West-Konflikt kam Russland eine besondere Rolle zu, da es sich im Zwiespalt zwischen der eigenen, traditionellen Großmachtrolle und der Öffnung gegenüber dem Westen befand. Der Konflikt verschärfte sich nach der → Oktoberrevolution. Einerseits fürchtete Westeuropa, in die Wirren der Revolution hineingezogen zu werden, andererseits fühlte sich das noch im Aufbau begriffene Sowjetregime durch die Intervention des Westens bedroht. Im → Zweiten Weltkrieg wurden die → USA und die → Sowjetunion zu Verbündeten gegen Deutschland. Die Allianz dauerte jedoch nur bis zum Sieg über den gemeinsamen Kriegsgegner an und bei den Kriegskonferenzen wurden die weltanschaulichen Differenzen deutlich. Die Sowjetunion umgab sich aus Angst vor einer neuen Bedrohung mit sozialistischen → Satellitenstaaten, die direkt unter ihrer Kontrolle standen. Spätestens die erste → Berlinkrise 1948 signalisierte den endgültigen Bruch zwischen den USA und der Sowjetunion und damit den Beginn des → Kalten Krieges. Mit dem → Koreakrieg erlangte der Ost-West-Konflikt eine neue Dimension. Die Gründung der → NATO 1949 und des → Warschauer Pakts 1955 führte zur Blockkonfrontation, die mit wechselnder Intensität bis zum Ende der Sowjetunion anhalten sollte. Zusammenschlüsse wie z. B. der Rat für gegenseitige Wirtschaftshilfe (→ RGW) im Osten und die Europäische Gemeinschaft (→ EG) im Westen sorgten für eine → Integration innerhalb der Blöcke. Im Ost-West-Konflikt kam es auch zu einer → Rüstungs-

Machtdemonstration während des Ost-West-Konflikts: Truppen der Roten Armee bei einer Parade zum 54. Jahrestag der Oktoberrevolution.

spirale, wobei die USA einen klaren technischen Vorsprung bei der Nuklearrüstung hatten. Die Sowjetunion hingegen war dem Westen bei der → konventionellen Rüstung zahlenmäßig überlegen. Zeitlich wechselten sich Phasen verstärkter Konfrontation der beiden gegnerischen Lager (besonders von 1947 bis 1962 und Anfang der 1980er-Jahre), mit Zeiten der Kooperation (→ Entspannungspolitik, von 1963 bis 1979, seit 1985) ab.

OSZE (Organisation für Sicherheit und Zusammenarbeit in Europa) Regionales Sicherheitssystem, das eine Zusammenarbeit aller europäischen Staaten anstrebt. Grundsätze der OSZE (bis 1994 Konferenz für Sicherheit und Zusammenarbeit in Europa, KSZE) sind die Achtung der → Souveränität und der territorialen Unversehrtheit aller Mitgliedsstaaten und die Bereitschaft zur friedlichen Konfliktregelung. Der in den 1950er-Jahren unterbreitete Vorschlag, eine gesamteuropäische Sicherheitskonferenz einzuberufen, stammte aus der Sowjetunion. Weil diese jedoch auf eine Anerkennung der DDR drängte, war die Idee für die Bundesrepublik Deutschland nicht akzeptabel. Erst nach Unterzeichnung des → Grundlagenvertrags zwischen den beiden deutschen Staaten einigten sich die Staats- und Regierungschefs der 35 an der Konferenz von Helsinki teilnehmenden Staaten 1975 auf eine gemeinsame Schlussakte, die u. a. die Schaffung von → vertrauensbildenden Maßnahmen vorsah. Bald verschlechterten sich jedoch die Beziehungen zwischen den beiden Militärblöcken → NATO und → Warschauer Pakt wieder, was auch zu einer Lähmung der KSZE führte. Insbesondere die US-Regierung unter Ronald Reagan zeigte wenig Interesse an den geplanten Vereinbarungen über Rüstungskontrolle. Im November 1990 beschloss die OSZE die „Charta für ein neues Europa“. Dieses auf dem Gipfeltreffen von Paris verabschiedete Konzept sollte die deutsche Einheit in den KSZE-Prozess einbinden und sah eine institutionelle Reform der KSZE vor, um die Integration neuer Mitgliedsstaaten besser zu bewältigen. Die Charta plante außerdem die Schaffung eines Ministerrats, der eine Basis für ständige Konsultationen bilden sollte. In den 1990er-Jahren bemühte sich die OSZE um Konfliktregulierung u. a. im → Kosovokrieg. Derzeit wird die Stellung der OSZE zur NATO, der WEU, der Europäischen Union und den Vereinten Nationen diskutiert. @ http://www.osce.org

P

Panaschieren Wahlmethode, bei der auf dem Wahlzettel mehrere Kandidaten aus Listen verschiedener Parteien angekreuzt werden können.

Parlament Volksvertretung. Das aus freien → Wahlen hervorgegangene Parlament mit seinen → Abgeordneten repräsentiert in einem demokratischen Staat den Volkswillen (→ Repräsentationstheorie). Die wichtigste Funktion des Parlaments ist die → Gesetzgebung. Bei der Arbeitsorganisation von Parlamenten gibt es zwei Formen: Das Redeparlament, wie das britische Unterhaus, in dem das Plenum der eigentliche Ort der parlamentarischen Arbeit ist, und das Arbeitsparlament, wie der amerikanische Kongress, in dem der Schwerpunkt der Arbeit in den Ausschüssen liegt. Der deutsche → Bundestag ist eine Mischform, tendiert aber mehr zum Arbeitsparlament.

Parlamentarismus Grundform der repräsentativen → Demokratie. In einem engeren Sinn bezeichnet der Begriff Parlamentarismus eine Regierungsform, in der das in allgemeinen → Wahlen gewählte Parlament die Regierung bestellt, kontrolliert und die → Gesetzgebung ausübt. Der Parlamentarismus wurde immer wieder sowohl von linken als auch von rechten Gesellschaftsgruppen kritisiert. Die rechte Kritik nahm v. a. im Kaiserreich und in der Weimarer Republik und teilweise auch in den 1950er-Jahren breiten Raum ein. Der Staatsrechtler Carl Schmitt, der dem Weimarer Parlamentarismus ableh-

Zeit	Christliche Parteien	Bürgerliche/Liberale Parteien	Konservative Parteien
1848 1918	Katholische Fraktionen in Paulskirche/im Preußischen Abgeordnetenhaus Zentrumspartei	Liberale und demokratische Fraktionen in der Paulskirche Deutsche Fortschrittspartei Nationalliberale Partei Deutsche Freisinnige Partei Fortschrittliche Volkspartei	Konservative Fraktionen Freikonservative Partei (später Deutsche Reichspartei) Konservative Partei (später Deutschkonservative Partei)
1933	Bayerische Volkspartei	Deutsche Demokratische Partei Deutsche Staatspartei Deutsche Volkspartei	Deutschnationale Volkspartei
1945	Zentrum CDU CSU	FDP	DP
1983	CDU/CSU	FDP	
1990	CDU/CSU	FDP	

nend gegenüberstand und zu Beginn der Herrschaft des Nationalsozialismus eine führende Rolle spielte, sah den modernen Parlamentarismus seiner zentralen geistigen Grundlagen beraubt. Die Elemente Öffentlichkeit und Diskussion spielten kaum mehr eine Rolle, da Entscheidungen in dem Volk nicht zugänglichen Ausschüssen gefällt würden. Die parlamentarische Regierungsform sei für die Massendemokratie des 20. Jahrhunderts überholt, da Demokratie Identität von Regierenden und Regierten bedeute, die Homogenität des Staatsvolks jedoch nicht durch ein Parlament hergestellt werden könne. Die rechte Kritik wird heute von den → Republikanern und anderen rechtsextremen Splittergruppen vorgebracht, wobei u. a. folgende Themen angesprochen werden:

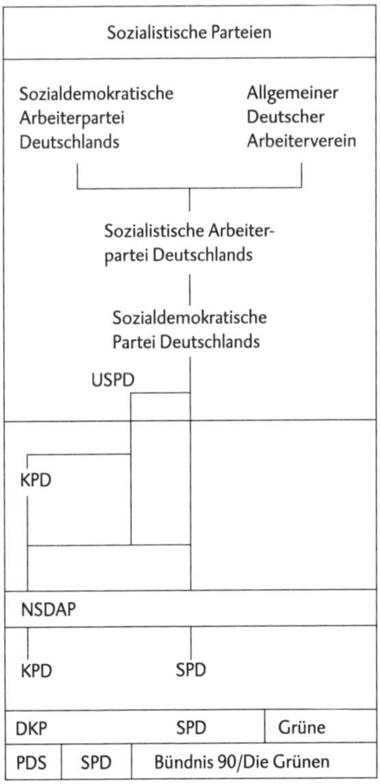

Die Gesellschaft mache den Staat zu ihrem Spielball, der → Pluralismus, der sich im Parlament niederschlägt, gefährde die staatliche Autorität, der Volkswille finde in einer parlamentarisch-repräsentativen Demokratie zu wenig Ausdruck und die Machtbefugnisse eines vom Volk gewählten Präsidenten müssten gestärkt werden, um das Parlament in Krisensituationen kontrollieren zu können. Die linke Parlamentarismuskritik reicht von radikal demokratischen Vorstellungen über neomarxistische Auffassungen bis zum offenen revolutionären Gedankengut, das die „Diktatur des Proletariats" propagiert („K-Gruppen"). Die „Neue Linke" sieht den Parlamentarismus nur als eine demokratische Fassade, die die Macht der wirtschaftlich Mächtigen ideologisch verschleiert. Die „formale Demokratie" erzeuge aufgrund von Manipulationsmechanismen „sozialen Frieden". Funktionsverlust und Machtverfall des Parlaments bewiesen die Krise des Parlamentarismus.

Parlamentsausschuss Gremium, das vom → Parlament für die Gesetzgebung gebildet und nach der jeweiligen Stärke der → Fraktionen besetzt wird.

Partei des Demokratischen Sozialismus → PDS

Partei Nationaler → Akteur mit der Aufgabe, im → politischen System gesellschaftliche Probleme zu erkennen, zu formulieren, sie in praktikable politische Entscheidungsvorschläge umzuwandeln und diese einer politischen Entscheidung zuzuführen. In Deutschland ist die Stellung der politischen Parteien in der Verfassung festgelegt (Art. 21 GG). (1) Die wichtigste Aufgabe der Parteien ist die Mitwirkung bei der Willensbildung des Volkes, weshalb sie auf folgenden Gebieten tätig sein müssen: Beteiligung an Wahlen durch Kandidaten- und Programmaufstellung, Integration vielfältiger Interessen sowie Einfluss auf die politische Entwicklung im Parlament und in der Regierung. Parteien haben somit eine Integrations- und Repräsentationsfunktion. (2) Die innerparteiliche Demokratie soll Parteimitgliedern die aktive Mitwirkung an Entwicklungen in der Partei ermöglichen. Dazu dienen die Gliederung in Gebietsverbände, die Souveränität der Mitgliederversammlung (ein übergeordneter Verband kann die Verbandsbeschlüsse auf unterer Ebene nicht aufheben), gleiches Stimmrecht für alle Mitglieder sowie Rechenschaftsberichte der Vorstände, insbesondere über die Verwendung finanzieller Mittel. Mithilfe dieser Organisationsstruktur sollen alle Mitglieder an den Sach- und Personalentscheidungen in der Partei teilnehmen können. → Bündnis 90/Die Grünen versuchten, durch Einführung basisdemokratischer Elemente der Mitbestimmung den Behinderungen der Partizipation und damit dem Phänomen der Oligarchisierung (→ Oligarchie) in den Parteien entgegenzuwirken. (3) Die Transparenz in der Parteienfinanzierung ist ein weiterer wichtiger Punkt der Kontrolle von Parteien. Für die Wahlkämpfe, die Finanzierung ihrer Organisation sowie für Aufgaben der → politischen Bildung benötigen die Parteien Geld. Die im Parteiengesetz festgelegten Regelungen sollen einerseits garantieren, dass zwischen den Parteien keine Chancenungleichgewichte entstehen. Andererseits sollen die Parteien aber auch unter finanziellen Gesichtspunkten von ihren Wählern und von ihren Mitgliedern unterstützt werden, weshalb sie staatliche Zuwendungen erhalten. Dies sind zum einen die Wahlkampfkostenerstattung, bei der Parteien, deren Kandidaten ins Parlament gewählt wurden, pro abgegebener Stimme einen bestimmten Geldbetrag erhalten und zum anderen der sog. „Chancenausgleich". Danach erhalten Parteien, die mindestens 0,5 % aller gültigen Zweitstimmen (→ Wahlrecht) erhalten, jedoch nur wenige Spenden verbucht haben, einen finanziellen Ausgleich. Die Unterstützung der Parteien durch ihre Mitglieder und Sympathisanten geschieht in Form von Mitgliedsbeiträgen und Spenden. Über Herkunft und Verwendung der finanziellen Mittel müssen die Parteien öffentlich Rechenschaft ablegen, damit sich die Bürger einen Überblick über die Interessenverflechtung machen können. (4) Die Möglichkeit eines Parteienverbots entspricht dem Prinzip der streitbaren → Demokratie, nach dem den Gegnern der Demokratie keine zusätzlichen Entfaltungsmöglichkeiten geboten werden sollen. Wenn eine Partei aktiv gegen die → freiheitlich demokratische Grundordnung vorgeht und somit die grundsätzliche Möglichkeit für den demokratischen Parteienwettbewerb ausschalten will, hat das → Bundesverfassungsgericht auf Antrag die Möglichkeit, das im Grundgesetz vorgesehene Parteienverbot auszusprechen. Dies geschah 1952 gegenüber der rechtsradikalen Sozialistischen Reichspartei (SRP) und 1956 gegenüber der Kommunistischen Partei Deutschlands (KPD). Anfang 2001 reichten die Bundesregierung, der Bundestag und der Bundesrat Anträge beim Bundesverfassungsgericht ein, um die Verfassungswidrigkeit der Nationaldemokratischen Partei Deutschlands (→ NPD) festzustellen und damit ihr Verbot zu erreichen.

Parteiensystem Gesamtheit der politischen → Parteien im → politischen System und ihre Beziehungen untereinander. Ein Parteiensystem wird unter formalen Gesichtspunkten nach der Anzahl der Parteien bestimmt (Einparteien-, Mehrparteiensystem). Wichtig für die Ausgestaltung des Parteiensystems sind aber auch einerseits die rechtlichen Rahmenbedingungen, die die Handlungsmöglichkeiten der Parteien bestimmen, sowie andererseits die Beziehungen zwischen den Parteien (Koalitionsmöglichkeiten, gemeinsame Ziele in Innen- oder Außenpolitik). Ein weiterer Aspekt des Parteiensystems besteht in der Entwicklung der Parteien. In Deutschland sind dies insbesondere die Entwicklung der → CDU, → CSU und der

→ SPD zu → Volksparteien. Im deutschen Parteiensystem gab es verschiedene Tendenzen und Entwicklungen. Ab 1949 war eine Konzentrationstendenz – kleinere Parteien verloren an Bedeutung, da sich Mitglieder und Wähler den großen Parteien zuwandten – sowie die Entwicklung eines Dreiparteiensystems aus CDU und deren „Schwesterpartei“ CSU in Bayern, SPD und FDP zu beobachten. Die Gründe hierfür sind sowohl in den rechtlichen Bestimmungen (→ Fünf-Prozent-Klausel, → Wahlrecht) als auch in den politisch-gesellschaftlichen Entwicklungen zu suchen. Seit 1983 kann von einem Vierparteiensystem gesprochen werden, nachdem Die Grünen (ab 1993 → Bündnis 90/Die Grünen) als parteipolitischer Ausdruck der → Friedens- und Ökologiebewegung dem Bundestag angehören. Ob sich das Vierparteiensystem noch weiter ausdifferenziert, hängt im Wesentlichen von den Wahlaussichten der → PDS, der Nachfolgeorganisation der kommunistischen → SED ab, die aufgrund des hohen Stimmenanteils in ostdeutschen Wahlkreisen seit 1990 (→ Direktmandat) im Bundestag vertreten ist.

Parteiprogramm Von → Parteien zur Formulierung ihrer Ziele erstelltes Programm. Parteiprogramme beziehen sich sowohl auf die Wertgrundsätze der jeweiligen Partei (Grundsatzprogramme) als auch auf die Bewältigung aktueller politischer Probleme (z. B. Programme zur Bekämpfung der Arbeitslosigkeit).

Partizipation Mitbestimmungsmöglichkeiten der Bürger am politischen Entscheidungsprozess. Partizipation findet in der Demokratie ihren Ausdruck in → Abstimmungen und → Wahlen, aber z. B. auch in der Möglichkeit der betrieblichen Mitbestimmung, die im Betriebsverfassungsgesetz festgeschrieben ist. Wichtig ist u. a. das Recht, ab einer bestimmten Mitarbeiterzahl Betriebsräte zu gründen, die als Arbeitnehmervertreter solche Unternehmensentscheidungen beeinflussen können, die soziale Belange der Arbeitnehmer betreffen. Die Anzahl der Mitglieder bemisst sich nach der Größe der Belegschaft. → Kommunalpolitik

Pazifismus Im frühen 19. Jahrhundert entstandene Strömung („Friedensfreunde“), die den → Krieg als Mittel der Politik beseitigen wollte (durch Schaffung und konsequente Anwendung des → Völkerrechts und bessere Verständigung der Staaten untereinander). Der Pazifismus ist, seiner Zielsetzung gemäß, international. Besonders in Europa und den USA bildeten sich pazifistische Vereine, die miteinander in Kontakt standen und Kongresse abhielten. Im → Ersten Weltkrieg sahen sich viele Pazifisten in ihren Staaten Überwachungs- und Verfolgungsmaßnahmen ausgesetzt. In Deutschland kam in der → Weimarer Republik der Vorwurf hinzu, der Pazifismus habe die Niederlage von 1918 mitverschuldet und vertrete ausländische Interessen. Im → Nationalsozialismus galt der Pazifismus als „zersetzend“. Nach dem → Zweiten Weltkrieg trug der Wunsch nach Frieden in Europa zur europäischen Integration bei. Pazifismus kann verschiedene Formen annehmen, von der Ablehnung jeglicher, auch nicht militärischer Gewalt bis hin zum Kampf gegen den Krieg. Die → Friedensbewegung in der Bundesrepublik Deutschland erstarkte zur Zeit des → Vietnamkriegs (→ APO) und erlebte ihren Höhepunkt Anfang der 1980er-Jahre, als es um die Stationierung von US-Mittelstreckenraketen (→ Atomwaffen) ging. Mit der Beteiligung der → Bundeswehr am → Kosovokrieg, der mit einer humanitären Zielsetzung begründet wurde, geriet die Friedensbewegung in einen Zwiespalt, der bis heute nicht überwunden ist.

PDS (Partei des Demokratischen Sozialismus) Sozialistische deutsche Partei. Die PDS, die 1989 zunächst als SED-PDS als Teil der „demokratischen und linken Bewegung“ gegründet wurde, versteht sich als Nachfolgeorganisation der kommunistischen → SED. Seitdem erkennbar ist, dass sich das ganze kommunistische Weltsystem in Auflösung befindet und sich auch nicht auf einen reformierten Sozialismus zu bewegt, mehrten sich die Anzeichen dafür, dass die extreme Linke in eine existenzielle Krise geraten war. Infolgedessen haben kommunistische Vereinigungen als Parteien in Westdeutschland kaum mehr Bedeutung. In Berlin und in den neuen Bundesländern konnte sich die PDS jedoch konsolidieren und erzielte Erfolge als ostdeutsche Regionalpartei. → Parteiensystem

Planwirtschaft → Zentralverwaltungswirtschaft

Platon (geb. 427 v. Chr. in Athen, gest. 347 v. Chr. in Athen). Griechischer Philosoph. In seinem Werk „Politeia" (Der Staat) entwirft Platon einen Idealstaat, der auf der Gerechtigkeit des einzelnen Bürgers basiert. Damit wandte er sich gegen den Sophismus, der im Machterhalt das eigentliche Staatsziel sah. Die Staatsgründung, so Platon, erfolge aus dem Bedürfnis des Einzelnen nach Sicherheit und Wohlstand. Den Staat vergleicht er mit dem menschlichen Körper, in dem jedes Organ eine unterschiedliche Funktion hat. So sind auch die Aufgaben im Staat streng unterteilt: Die Ernährung wird durch Bauern und Händler sichergestellt, die Verteidigung von den Soldaten übernommen. Die Regierung obliegt den besten, aus dem Soldatenstand hervorgehenden und philosophisch gebildeten Herrschern, da nur die Philosophie in der Lage sei, das Gute zu erkennen und durchzusetzen. Grundlage dieser Herrschaftsform ist eine → Aristokratie. Der Erziehung kommt im platonischen Staat eine wichtige Rolle zu, da durch jahrzehntelange umfassende Weiterbildung eine Auslese der Besten und Tüchtigsten stattfindet. Die Mächtigen des Staates sollten über keine Reichtümer verfügen, sondern ihre ganze Kraft dem Gemeinwohl widmen. Seine Verantwortung für den Staat sei dem Herrscher eine ehrenvolle Verpflichtung, nicht Befriedigung persönlichen Machtstrebens. Die Idee des tugendhaften Bürgers, die sich im guten Staatswesen widerspiegelt, gehört seit Platon zu den wichtigsten Themen in der politischen Theorie Europas. Sein Schüler → Aristoteles greift als Erster diese Idee auf und setzt sich mit ihr auseinander.

Plebiszit Volksabstimmung, mit der die Wähler auch während der → Legislaturperiode ihren Willen kundtun können.

Plenum Alle → Abgeordneten eines → Parlaments. → Bundestag

PLO (engl. *Palestine Liberation Organisation*) 1964 gegründeter, loser Dachverband politischer und militärischer Gruppierungen im Nahen Osten. Die Palästinensische Befreiungsbewegung kämpft für einen eigenen palästinensischen Staat (→ Nahostkonflikt). Sie verlor jedoch seit dem Nahostkrieg 1967 an Einfluss. Innere Spaltungen und Konflikte mit Syrien und Jordanien schwächten die PLO. Stand zunächst der bewaffnete Kampf gegen die israelische Herrschaft (→ Intifada) im Vordergrund, so hat die PLO inzwischen eine Reihe von Abkommen mit Israel getroffen und auf diesem Weg eine größere Unabhängigkeit und teilweise eine Selbstverwaltung für die Palästinensergebiete erreicht. Chef der PLO ist seit 1969 Yassir Arafat, der 1996 auch zum Präsidenten des palästinensischen Autonomierats gewählt wurde.

Pluralismustheorie Politische Theorie zur Staatsordnung. Die Pluralismustheorie ist eine Weiterentwicklung der modernen → Konkurrenztheorie. Mittelpunkt der Theorie ist die Überzeugung, dass in einer modernen Gesellschaft die Existenz unterschiedlicher Gruppen und deren Konkurrenz um den Einfluss auf politische Entscheidungen von großer Bedeutung ist. Während in der angelsächsischen Konkurrenztheorie die Notwendigkeit des repräsentativen Staates aus der Konkurrenz unterschiedlicher Interessen begründet wurde und die moderne Konkurrenztheorie in der Demokratie eine Methode der Herrschaftsbeschaffung sah, verlagert sich in der Pluralismustheorie der Fokus auf die Pluralität der Gesellschaft. Pluralismus ist somit die politische → Legitimation der gesellschaftlichen Vielfalt (Interessenverbände, Mehrparteiensystem) und die aus dieser Vielfalt möglicherweise hervorgehenden → Konflikte werden als legitim und notwendig anerkannt. Allerdings fordert die Theorie einen gesellschaftlichen Konsens über gewisse Grundwerte und Regeln für das Zusammenleben, wie die → Menschenrechte oder in Deutschland die → Verfassungsprinzipien. Die Pluralismustheorie geht letztlich von der Annahme aus, dass die in einer Gesellschaft notwendigerweise existierenden Konflikte zwischen den Interessengruppen in einen Konsens einmünden, sodass das gesellschaftliche Gleichgewicht immer wieder hergestellt wird. In Deutschland ist Ernst Fränkel der herausragende Vertreter der Pluralismustheorie. Konservative Kritiker der Theorie glauben, dass der Einfluss der Verbände auf politische Entscheidungen zu groß und die Unabhängigkeit des Staates dadurch gefährdet sei. Die radikal demokratische Kritik hingegen beanstandet, dass die gesellschaftlichen Gruppen nicht gleich stark bzw. gar nicht in der Öffentlichkeit wirksam vertreten seien und deshalb keinen Einfluss nehmen könnten.

Polis Antiker Stadtstaat. Von → Aristoteles wird die Polis, die auf einer gerechten Ordnung basiert, als die moralisch hochwertigste Form menschlichen Zusammenlebens gesehen. Das klassische Griechenland war vom machtpolitischen Mit- und Gegeneinander der verschiedenen Poleis wie Athen und Sparta geprägt.

Politbüro (Politisches Büro) Oberstes politisches Führungsorgan kommunistischer Parteien. In der DDR bestimmte das Politbüro unter der Leitung des Generalsekretärs der → SED die Richtlinien von Partei und Staat. Es lenkte die Arbeit aller staatlichen und gesellschaftlichen Organisationen, fällte politische Grundentscheidungen und traf wichtige personelle Entscheidungen. Es bildete das eigentliche Machtzentrum der DDR und war demnach für ideologische Fragen zuständig. Die vorgegebene politische Grundlinie war für die → Nationale Front und für alle sonstigen Gremien verbindlich.

Politik Handlungen von Einzelnen und Gruppen zur Gestaltung des staatlichen und öffentlichen Lebens. Allgemein wird zwischen einem weiten und einem engen Politikbegriff unterschieden. Der weite Politikbegriff versteht Politik als die Festlegung der Regeln für das Zusammenleben der Menschen. Politisches Handeln findet somit schon dann statt, wenn sich z. B. die Mitglieder einer Gruppe darüber einigen, wie sie ihr Zusammenleben bei einer Veranstaltung gestalten wollen (z. B. bei der Entscheidungsfindung Orientierung am → Mehrheitsprinzip). Überträgt man diese Überlegungen auf die Gesamtgesellschaft, so geht es bei der Politik um die Schaffung der Voraussetzungen dafür, dass Menschen in einer Gesellschaft nach festgelegten Regeln friedlich zusammenleben können. Der engere Politikbegriff ist inhaltlich mit der politischen Entscheidung verbunden. So können alle Handlungen, die an der Vorbereitung und Durchführung der zentralen Entscheidungen beteiligt sind, als politische Entscheidungen begriffen werden. Wird Politik in diesem Sinn definiert, dann wird auch das Verhältnis zwischen Alltagswelt und Politik deutlich: Ein Teil der Lebensbedingungen ist immer politisch, d. h. durch die zentrale Entscheidung bedingt (z. B. Ehegesetze, Schulgesetze, Unternehmensrecht, Straßenverkehrsordnung). Politik kann aber neben der Unterscheidung zwischen einem weiteren und einem engeren Politikbegriff auch unter mehreren Dimensionen beschrieben werden, die in folgender Tabelle dargestellt sind.

Dimension	Erscheinungsformen	Merkmale	Bezeichnung
Form	Verfassung Normen/Gesetze Institutionen	Verfahrensregelungen Ordnung	polity
Inhalt	Aufgaben; Ziele Probleme; Werte	Problemlösung Aufgabenerfüllung Wert-/Zielorientierung Gestaltung	policy
Prozess	Interessen; Konflikte Kampf	Macht; Konsens Durchsetzung	politics

Definition der verschiedenen Bedeutungen des Politikbegriffs.

Politikverdrossenheit Generelle Unzufriedenheit mit der Politik, den politischen → Parteien und Politikern. Politikverdrossenheit ist insbesondere unter Jugendlichen festzustellen. Diese Entfremdung vom → politischen System kann so weit führen, dass die Identifizierung mit der politischen Ordnung unmöglich wird und der Wunsch nach einem fundamentalen Wandel des politischen und des gesellschaftlichen Systems entsteht. Ende der 1980er-, Anfang der 1990er-Jahre zeigte sich die Politik- und Parteiverdrossenheit besonders in der zunehmenden, bewusst durchgeführten Wahlenthaltung (→ Wahlbeteiligung), in der wachsenden Bedeutung rechtsradikaler Parteien und in der Zahl der Parteiaustritte. Eine Ursache der Politikverdrossenheit ist der Vorwurf, politische Parteien versorgten ihre Anhänger mit lukrativen Posten und Aufträgen, wobei sie sogar Partei übergreifend zusammenarbeiten (Klüngel). Diese Kritik erhielt 2001 durch die Parteispendenaffäre der CDU neuen Auftrieb. Die Vorwürfe reichten von der Einrichtung sog. schwarzer Kassen und Konten bei der CDU zum Zweck der Verschleierung der Parteienfinanzierung bis hin zu Käuflichkeit von Regierungsentscheidungen (z. B. Panzerverkauf an Saudi-Arabien, → Korruption). Außerdem ist eine Zunahme von, zumindest aber eine erhöhte Sensibilität für Politikeraffären, in denen führenden Politikern Machtmissbrauch vorgeworfen wurde, in der Bevölkerung zu verzeichnen. Die Verfehlungen umfassen kriminelle Handlungen, Fehlinformationen der Öffentlichkeit sowie Vorteilnahme im Amt.

Politikwissenschaft Wissenschaftliche Disziplin, die Regierungssysteme, deren Beziehungen zueinander, das Verhältnis von Politik zu Wirtschaft und Gesellschaft, internationale Beziehungen und ältere politische Ordnungsvorstellungen untersucht. Des Weiteren gehören zu den Forschungsfeldern der Politikwissenschaft die Disziplin der → politischen Theorie und der politischen Ideengeschichte.

Politische Bildung Zielgerichtete pädagogische Handlung zur Vermittlung von politischem Wissen, Werten und von demokratischer Handlungskompetenz. Politische Bildung wird in der Schule (Sozialkunde, Gemeinschaftskunde, Politik,) und in der außerschulischen Jugend- und Erwachsenenbildung durchgeführt. → Politikwissenschaft, → Politische Sozialisation

Politische Kultur Gesamtheit aller Einstellungen der Bevölkerung gegenüber politischen Institutionen. In der politischen Kultur werden Meinungen, Werte und Einstellungen der Bürger gegenüber den politischen Parteien, den Interessengruppen und Massenmedien sowie gegenüber Entscheidungsträgern und Exekutivorganen des Staates wie Verwaltung oder Polizei erfasst. Nicht zuletzt ist wichtig, welche Meinungen die Bürger gegenüber dem politischen System im engeren Sinn (→ Verfassungsorgan) und gegenüber ihrer eigenen politischen Rolle im politischen Prozess vertreten.

Politische Sozialisation Politisches Lernen, das mit dem allgemeinen Entwicklungs- und Lernprozess von Individuen in einer Gesellschaft verbunden ist (→ Sozialisation). Die politische Sozialisation steht damit im Gegensatz zur → politischen Bildung, die zielgerichtet politisches Wissen lehrt. Die gesellschaftlichen Institutionen (Familie, Schule, Freundesgruppe, → Massenmedien) vermitteln unstrukturiert Werte und Einstellungen, ohne dass der Bürger sich dessen bewusst wird. Subjektiv gesehen ist der Sozialisationsprozess der Anpassungs- und Integrationsprozess an bzw. in die Gesellschaft. Jugendliche lernen darüber hinaus bestimmte Verhaltensweisen, z. B. Konfliktlösungsmuster, nach denen sie ihr eigenes Verhalten ausrichten und auch politische Zusammenhänge beurteilen. Die Problematik der massenmedialen politischen Sozialisation besteht darin, dass Fernsehen und Internet z. B. Gewaltanwendung oft als Methode der Konfliktlösung aufzeigen, was im Widerspruch zu den in der demokratischen Ordnung geltenden Konfliktregelungen steht.

Politische Theorie Überlegungen, mit deren Hilfe allgemein gültige Regeln für die Untersuchung politischer Systeme und Prozesse aufgestellt werden sollen. In der politischen Theorie existieren zahlreiche Schulen, deren Ansätze sich deutlich voneinander unterscheiden, von denen hier jedoch nur die wichtigsten erläutert werden. (1) Normativ-ontologischer Theorieansatz: Diese Theorie stellt das Allgemeinwohl als höchstes Ziel politischer Handlungen in den Vordergrund. Dieser Ansatz geht auf → Aristoteles zurück und will Handlungsanweisungen und moralische Wertvorstellungen für die Politik liefern. Er tut dies, indem er verschiedene politische Systeme oder Meinungen vergleicht und moralisch beurteilt. Die Kritiker des normativ-ontologischen Theorieansatzes weisen darauf hin, dass die zugrunde liegenden Werte subjektiv und somit wissenschaftlich nicht begründbar sind. (2) Empirisch-analytischer Theorieansatz: Ausgangspunkt der Theorie sind wissenschaftliche Beobachtungen, denen keine normativen Werte zugrunde liegen. Aussagen über die Realität beruhen ausschließlich auf Untersuchungsergebnissen und den daraus gezogenen Schlüssen. Einer der Wortführer dieses Ansatzes ist → Popper. Die Kritik an dem empirisch-analytischen Theorieansatz ist, dass er Aspekte, die sich nicht direkt messen lassen, wie Ideen und Wertvorstellungen, nicht erklären und daher auch nicht in Betracht ziehen könne. (3) Dialektisch-historischer Theorieansatz: Die Theorie geht von der historischen Erfahrung als dem prägenden Element der Politik aus. Betrachtet werden die Gesellschaft und die gesellschaftliche Entwicklung als Ganzes. Dabei wird die Geschichte anhand von Widersprüchen und Konflikten, bei → Marx der sog. → Klassenkampf, untersucht. Die Kritik an der dialektisch-historischen Theorie richtet sich gegen die stark vereinfachende Sichtweise und die Ignoranz gegenüber Fakten, die nicht in das Konzept der → Ideologie passen. Die politische Theorie wurde entscheidend von den Autoren Aristoteles und → Augustinus und im Mittelalter von → Thomas von Aquin geprägt. Zu wichtigen neuzeitlichen Autoren zählen → Bodin, → Hobbes, → Locke, → Machiavelli, Marx, → Montesquieu, Popper, → Rousseau sowie → Weber. Theoretiker der neueren Diskussion sind → Habermas, → Luhmann und → Rawls.

Politischer Prozess Interaktions- und Kommunikationsvorgänge zwischen verschiedenen gesellschaftlichen Akteuren (→ Parteien, → Kirchen, → Bürgerinitiativen, → Verband) mit dem Ziel, Einfluss auf politische Entscheidungen und auf die → öffentliche Meinung zu erlangen. Im heutigen politischen Prozess verbreiten Akteure ihre Anschauungen meist über → Massenmedien, die wiederum durch Auswahl und Gewichtung der Information die Haltung der Bürger beeinflussen. Hierbei sollte zwischen dem Meinungs- und Willensbildungsprozess und dem konkreten Entscheidungsprozess unterschieden werden. Handelt es sich bei dem Meinungsbildungsprozess um den Versuch, Informationen über konkrete politische Themen zu erlangen, so bezieht sich der Willensbildungsprozess schon auf die möglichen Entscheidungen. D. h., es werden Mehrheiten in einer → Fraktion z. B. für ein konkretes Gesetzesvorhaben gesucht. Man kann auch im Rahmen des Wahlkampfs von einem Willensbildungsprozess sprechen, wenn Parteien – und immer stärker auch Verbände – die Wahlentscheidungen der Bürger beeinflussen wollen. Der eigentliche Entscheidungsprozess aber beginnt erst, wenn die formale Entscheidung über ein Gesetzesvorhaben ansteht oder wenn im → Kabinett über ein konkretes Thema entschieden wird.

Politisches System Gesamtheit der → Institutionen, Personen und Abläufe, die an politischen Entscheidungen, deren Ausführung und der Kontrolle ihrer Umsetzung und Einhaltung beteiligt sind. Mit dem Begriff politisches System können im Gegensatz zum Staatsbegriff (→ Staat) umfassendere Bereiche der Gesellschaft in die Betrachtung mit einbezogen werden. Auf Bundesebene sind dies insbesondere die → Verfassungsorgane. Darüber hinaus gehören zum politischen System aber auch die von → Akteuren getroffenen Entscheidungen, die anderen Teilbereichen der Gesellschaft die Struktur geben, also → Gesetze und → Verordnungen. Das politische System wird häufig als sog. Input-Output-Modell dargestellt, da hier sowohl der Willensbildungsprozess, der politische Entscheidungen beeinflusst (Input), als auch die politischen Entscheidungen (Output) selbst berücksichtigt werden. Zusätzlich findet die Reaktion der gesellschaftlichen Gruppen auf einen Output (Feedback) die entsprechende Berücksichtigung, da es dabei oft zu neuen Forderungen an das politische System kommt.

Politologie → Politikwissenschaft

Polypol Marktform, bei der durch die große Anzahl an Teilnehmern auf Angebots- oder Nachfrageseite eine umfassende Konkurrenzsituation herrscht. → Monopol, → Oligopol

Popper, Sir Karl (geb. 28. 7. 1902 in Wien, gest. 17. 9. 1994 in London) Philosoph und Naturwissenschaftler. Popper, der zunächst in Wien, später u. a. im Exil in Christchurch, Neuseeland, und London unterrichtete, schrieb 1945 „Die offene Gesellschaft und ihre Feinde". Darin griff

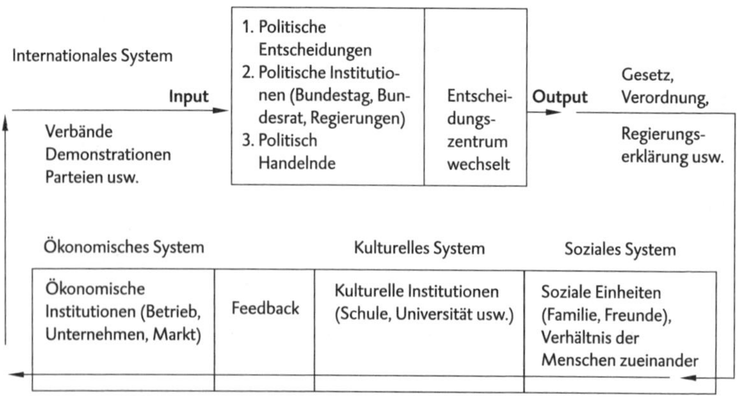

Das politische System und seine Wechselwirkungen.

er die Geschichtsphilosophie von → Marx und Hegel an. Die Verhinderung einer despotischen Herrschaft sei das oberste politische Ziel. Er kritisierte zudem die gängigen Methodenlehren in den Wissenschaften. Der kritische Rationalismus, die Methodenlehre Poppers, fühlt sich einer rationalen Vorgehensweise verpflichtet. Er fragt nicht, wie die klassische, normative Theorie seit → Platon und → Aristoteles, nach der moralisch besten Staatsordnung, sondern setzt auf die Fähigkeit des politischen Systems, aus eigenen Fehlern zu lernen. Wesentlich sei hierbei, dass die Wissenschaft in keiner Weise beengt werde, sondern sich frei entfalten könne und sich die jeweils effizientesten und rationalsten Problemlösungsvorschläge durchsetzten. Der kritische Rationalismus zeichnet sich durch eine Ablehnung aller → Ideologien aus, gleichgültig ob politisch oder religiös-mythisch. Diese Ideen, so Popper, würden den Erkenntnisprozess behindern, da sie wissenschaftlich nicht überprüfbar seien.

Populismus Volksnaher Stil der Politik bzw. der politischen Rhetorik (abwertend gebraucht), der auf die Zustimmung breiter Bevölkerungsschichten abzielt. Populistische Politiker versuchen, Emotionen der Menschen, wie Wünsche und Ängste, anzusprechen und für ihre Ziele zu instrumentalisieren. Hierbei unterscheidet man zwischen Links- und Rechts-Populismus.

Potsdamer Abkommen Beschlüsse, die von den USA, Großbritannien und der Sowjetunion auf der sog. Drei-Mächte-Konferenz (17.7.1945–2.8.1945) in Berlin zur Regelung der Nachkriegsprobleme getroffen wurden. Das Potsdamer Abkommen legte die Grundsätze für die Behandlung des im → Zweiten Weltkrieg besiegten Deutschlands fest, u.a. die Entmilitarisierung, die Entnazifizierung und die Demokratisierung. Die Oder-Neiße-Linie wurde von den Siegermächten als Westgrenze Polens anerkannt und unter polnische und sowjetische Verwaltung gestellt, was die Vertreibung der dort lebenden deutschen Bevölkerung nach sich zog. Bis 1950 kamen ca. 12 Mio. Menschen als Flüchtlinge oder Vertriebene in die beiden deutschen Staaten. An der Konferenz in Potsdam nahmen → Stalin, der neu gewählte amerikanische Präsident → Truman und der Brite → Churchill, der von seinem Nachfolger Attlee abgelöst wurde, teil. Das Abkommen sah zwar den Wiederaufbau Gesamtdeutschlands auf der Grundlage einer demokratischen, friedlichen Ordnung vor. Die unterschiedlichen Wertorientierungen unter den Siegermächten führten aber schließlich zu der Bildung zweier deutscher Staaten. → BRD, → DDR, → Kalter Krieg

Präambel Einleitende Bemerkung, die Gesetzestexten und Verträgen, aber auch Verfassungen, vorangestellt ist. Eine Präambel beschreibt z.B. die Ziele, die von den vertragsschließenden Parteien verfolgt werden, benennt teilweise unterschiedliche Sichtweisen oder gibt Hinweise auf das Selbstverständnis einer Verfassung. → Grundgesetz

Prager Frühling Versuch einer demokratischen Reform des Sozialismus in der Tschechoslowakei unter Alexander Dubcek (→ Dritter Weg). Der Prager Frühling war eine von mehreren Reformbewegungen, die sich seit dem Tod → Stalins 1953 und der daraufhin einsetzenden „Tauwetterperiode" in Osteuropa gebildet hatten (→ DDR, → Ungarnaufstand). Im Januar 1968 setzte sich in der Kommunistischen Partei der Tschechoslowakei eine Gruppe von Reformern unter der Führung von Dubcek gegen die orthodoxen Kommunisten durch. Die politische Zensur wurde abgeschafft und die neue Regierung versuchte, den Staat föderalistisch zu organisieren und die Beziehungen zum Westen zu vertiefen. Die Sowjetunion übte daraufhin großen diplomatischen Druck auf Prag aus und forderte die Aufhebung der Reformen. Als die tschechoslowakische Regierung dies verweigerte, marschierten am 21.8.1968 Truppen der Sowjetunion,

Polens, der DDR, Ungarns und Bulgariens ein. Um ein Blutvergießen zu vermeiden, forderte Dubcek die Bevölkerung auf, keinen aktiven Widerstand gegen die Interventionsmacht zu leisten. Trotzdem starben etwa 50 Menschen bei Schießereien. Die Sowjetunion zwang die Prager Regierung, die Reformen zu widerrufen und der Stationierung von Sowjettruppen zuzustimmen. Die Reformer mussten 1969 aufgeben, Dubcek wurde aus der Kommunistischen Partei ausgeschlossen. Um die Intervention zu rechtfertigten, konzipierte Moskau die → Breschnew-Doktrin.

Preis Tauschwert eines Gutes oder Produktionsfaktors (Lohn, Zins) auf dem → Markt, ausgedrückt in Geldeinheiten. (1) Preisbildung: Entstehen der Preise in einer → Marktwirtschaft. In einer Marktwirtschaft richten sich die Preise nach Angebot und Nachfrage der entsprechenden → Güter. Ist die Nachfrage groß, das Angebot aus unterschiedlichen Gründen (hohe Produktionspreise, schlechte Zukunftsaussichten) aber gering, steigen die Preise. Die Konsumenten überbieten sich gegenseitig und sind möglicherweise bereit, einen höheren Preis für das Gut zu zahlen. Ist das Angebot bei gleich bleibender oder sogar sinkender Nachfrage groß, fallen die Preise, da die Anbieter sich in ihren Preisen unterbieten, um die Kunden zum Kauf ihrer Waren zu veranlassen. Sinken die Preise bei steigender Nachfrage, hängt dies mit der marktwirtschaftlichen Struktur zusammen, da mehr Anbieter Waren auf den Markt bringen. (2) Preisstabilität bzw. Geldwertstabilität: Gleichbleibender Wert des Geldes ohne → Inflation. Stabile Preise sind wichtig, da zukünftige Ausgaben und Einnahmen nur bei berechenbarer Geldwertstabilität geplant werden können. Besonders Bevölkerungsgruppen mit geringem Einkommen sind auf die Preisstabilität angewiesen. → Deutsche Bundesbank, → EZB

Primärer Sektor Bereich der → Wirtschaft, der auf die unmittelbare Nutzung des Bodens bzw. der natürlichen Umwelt zugreift. Als primärer Sektor gelten somit Tätigkeiten und Berufe in der Landwirtschaft, Viehzucht und Fischerei sowie im Berg- und Weinbau. Der primäre Sektor, der in Mitteleuropa um 1850 noch fast 80 % der Wirtschaftsleistung ausmachte, ist heute auf unter 10 % gesunken. → Sekundärer Sektor, → Tertiärer Sektor

Primat der Politik Die mit dem bekannten Ausspruch des preußischen Offiziers Karl von Clausewitz, „Der Krieg ist die Fortsetzung der Politik mit anderen Mitteln“ begründete Überzeugung, dass die Kriegsführung ein der Politik untergeordnetes politisches Instrument ist. Mit der Schrift „Vom Kriege“ (1832) erlangte Clausewitz Berühmtheit. Er gilt als der Theoretiker des modernen Krieges.

Privatfernsehen Von der Privatwirtschaft organisierte, nicht staatliche Fernsehanstalten. Die Entwicklung des Privatfernsehens ging mit der Verkabelung und der Satellitenübertragung einher. Im Gegensatz zu → öffentlich-rechtlichen Anstalten finanzieren sich die privaten Anstalten nur aus Werbeeinnahmen, was sich nachteilig auf die Programmgestaltung auswirken kann, weil Privatsender gezwungen sind, eine möglichst breite Bevölkerungsschicht mit ihrem Programm (und ihrer Werbung) zu erreichen. Durch eine zu starke Konzentration auf dem Markt besteht die Gefahr, dass ein → Oligopol aus wenigen Sendern entsteht und die Genauigkeit der gesendeten Information möglicherweise nicht mehr gewährleistet ist. Deshalb wurde 1997 das sog. Marktanteilsmodell beschlossen, wonach der Marktanteil eines Fernsehunternehmens 30 % nicht überschreiten darf.

Privatisierung Verkauf bzw. Veräußerung staatlichen Eigentums. Eine Privatisierung wird häufig wegen uneffizienter Arbeits- bzw. Produktionsweise großer staatlicher Betriebe eingeleitet, aber auch, um Kosten zu sparen oder Markthindernisse, wie staatliche → Monopole, abzubauen. Der Staat reduziert hierbei seinen Anteil an Firmen und wandelt staatliche Betriebe in Aktiengesellschaften (→ Aktie) um. Privatisierungen in Deutschland gibt es z. B. in den Bereichen öffentlicher Nahverkehr, Post und Telekommunikation.

Von Putin erwarten sich viele Russen eine Verbesserung des Lebensstandards.

Produktivität Effizienz bei der Herstellung von Gütern. Eine hohe Produktivität ist dann gegeben, wenn mit möglichst geringem finanziellen, materiellen und personellen Aufwand eine möglichst große Anzahl an Gütern produziert wird.

Prognose → Sozialforschung, empirische

Proliferation Weitergabe bzw. Verkauf von → Atomwaffen oder deren Komponenten an andere → Akteure. Um die Proliferation einzudämmen, die zu einer weltweiten nuklearen Aufrüstung führen könnte, wurde der → Atomwaffensperrvertrag geschlossen.

Propaganda Verbreitung von politischen oder religiösen Überzeugungen. Propaganda wird häufig von totalitären (→ Totalitarismus) Regierungen verwendet, um gezielt möglichst große Massen zu beeinflussen (→ Agitation) und damit ihre Macht zu sichern oder auszuweiten.

Protektionismus Politische Maßnahmen zum Schutz der eigenen Wirtschaft vor ausländischer Konkurrenz. Der Protektionismus soll die inländische Produktion bzw. die wirtschaftlichen Betriebe im → Binnenmarkt schützen. Dies kann z. B. durch die Erhebung von Zöllen oder die Festlegung von Importquoten geschehen. Die Welthandelsorganisation (→ WTO) sieht einen weitgehenden Abbau protektionistischer Maßnahmen vor, um Einschränkungen des freien Handels zu verhindern. In vielen Staaten existieren aber weiterhin protektionistische Schranken, beispielsweise um Arbeitsplätze zu erhalten, die bei einer völligen Öffnung der Märkte gefährdet wären.

Putin, Wladimir (geb. 7.10.1952 in St. Petersburg) Russischer Präsident seit dem Jahr 2000. Putin studierte bis 1975 Jura und arbeitete bis 1990 als Angehöriger des KGB, dem sowjetischen → Geheimdienst, in Dresden und Leipzig. Ab 1991 arbeitete er unter dem Reformer Sobtschak in der Verwaltung in St. Petersburg, 1994 bis 1996 war Putin dort erster stellvertretender Bürgermeister. Später arbeitete er in der Präsidialadministration in Moskau und 1998 stieg er zum Leiter des Inlandsgeheimdienstes auf. Nach der Entlassung Sergej Stepaschins ernannte ihn → Jelzin am 9. 8. 1999 zum russischen Regierungschef. Anfang des Jahres 2000 wurde Putin, der fließend englisch und deutsch spricht, kommissarischer Präsident Russlands. Am 26. 3. 2000 gewann er die Präsidentschaftswahlen. Putin befürwortet außenpolitisch eine stärkere Kooperation mit dem Westen. Über das von US-Präsident → Bush geplante Raketenabwehrsystem gibt es Unstimmigkeiten (→ SALT-/START-Verträge). Der → Tschetschenienkrieg dauerte unter Putin an, gerechtfertigt u. a. mit dem Hinweis auf den internationalen Terrorismus (→ Terror).

Putsch Umsturzversuch an der Spitze eines Staates. Während bei einer → Revolution der Widerstand gegen die Regierung – oder das Staatssystem als solches – von großen Teilen der Bevölkerung getragen wird, richtet sich ein Putsch meist nur gegen die obersten Machthaber und wird nur von wenigen Personen ausgeführt. Putschisten finden sich – besonders in politisch instabilen Staaten – oft in den Reihen des Militärs, von wo aus sie die Machtübernahme koordinieren.

R

Radikalismus Haltungen oder Handlungen, die sich am Rand des politischen Spektrums bewegen (Links- oder Rechtsradikalismus). Im Gegensatz zum → Extremismus befinden sich die aus dem Radikalismus resultierenden Aktionen noch im Bereich der → freiheitlich demokratischen Grundordnung, sind also ihrer Natur nach zumeist nicht illegal.

Rassismus Einstellungen oder Handlungen, die Menschen anderer Abstammung als minderwertig ansehen und sie gesellschaftlich ausgrenzen. Rassismus beurteilt die Zugehörigkeit zur eigenen Rasse als uneingeschränkt positiv und leitet hieraus Überlegenheitsgefühle ab. Er kann sich in individuellen Vorurteilen aber auch in gesetzlicher Benachteiligung von Menschen anderer Abstammung äußern (→ Apartheid). Der → Nationalsozialismus erhob rassistisches Gedankengut zur staatstragenden → Ideologie. Rassismus existiert heute in den unterschiedlichsten Formen und führt teilweise auch zu gewaltsamen Konflikten zwischen Angehörigen verschiedener Rassen.

Rat der EU (Ministerrat) Organ der Europäischen Union (→ EU), das sich aus den Ministern des jeweiligen Ressorts zusammensetzt (z. B. Außen-, Innen-, Wirtschaftsminister). Der Rat der EU prüft und verabschiedet die von der → Europäischen Kommission vorgelegten Entwürfe sowie wesentliche Rechtsakte der Union. Zudem werden hier die wichtigsten Personalentscheidungen gefällt. Der Rat tagt dreimal jährlich in Brüssel und Luxemburg. Abstimmungen können mit einfacher Mehrheit entschieden werden, wobei jeder Staat über eine Stimme verfügt, oder mit qualifizierter Mehrheit (62 der 87 Stimmen), wobei jedes Land entsprechend seiner Einwohnerzahl vertreten ist (→ Mehrheitsprinzip). @ http://ue.eu.int

Rat für Gegenseitige Wirtschaftshilfe → RGW

Rationalisierung Wirtschaftliches Prinzip, nach dem Unternehmen einen effektiveren Einsatz der Produktionsfaktoren Boden, Kapital und Arbeit anstreben. Bei einer Rationalisierung wird meist menschliche Arbeitskraft durch Maschinen ersetzt (Computer, Roboter).

Rawls, John (geb. 21. 2. 1921 in Baltimore, gest. 24. 11. 2002 in Lexington) Politischer Philosoph und Vertreter des → Liberalismus. Rawls studierte an den Universitäten Cornell und Princeton und promovierte 1950. 1960 begann er am Massachusetts Institute of Technology als Professor zu arbeiten, ab 1962 an der Harvard Universität. Er gilt als einer der bedeutendsten Philosophen des 20. Jahrhunderts. In seinem 1971 erschienenen Werk „A Theory of Justice“ (Eine Theorie der Gerechtigkeit) untersucht er die Kriterien, die bei der Beurteilung der Frage helfen, ob eine Gesellschaft gerecht verfasst sei und entwirft dazu ein Gedankenexperiment: Menschen verhandeln, quasi in einem Zustand vor ihrer Geburt, über eine Staats- und Gesellschaftsform, in der sie später leben müssen, ohne zu wissen, welche soziale Position sie innehaben werden. Daher müssen sie sich bemühen die Gesellschaft so zu gestalten, dass auch bei einem schlechten Los, z. B. einem armen Elternhaus, ein menschenwürdiges Leben möglich ist. Das Ergebnis dieser theoretisch-fiktiven Verhandlung ist nach Rawls eine faire und gerechte Ordnung. In dem von ihm entwickelten Beispiel solch einer Ordnung stehen allen Gesellschaftsmitgliedern Rechte (freie Meinungsäußerung, politische Mitwirkung, Privatbesitz) zu, die nur von den Rechten anderer Menschen begrenzt werden.

Realpolitik Art der Politikgestaltung, die sich weniger von moralischen Ordnungsvorstellungen als vielmehr von der praktischen Durchsetzbarkeit politischer Ziele leiten lässt. Der deutsche Begriff Realpolitik, der inzwischen auch von anderen Sprachen übernommen wurde, bezeichnet z. B. das Verhalten westlicher Staaten gegenüber China. Die dortige Regierung wird zwar wegen ihres autoritären Charakters rhetorisch verurteilt, dies hat jedoch selten direkte Konsequenzen, weil westliche Unternehmen auf dem chinesischen Markt expandieren wollen.

Rechtsgleichheit Prinzip, das Gleichheit vor dem Gesetz garantiert. Rechtsgleichheit bedeutet, dass weder die soziale Stellung noch religiöse Bekenntnisse oder individuelle Merkmale zu einer Bevorzugung oder Benachteiligung vor dem Gesetz führen dürfen. Dies gilt besonders für die Strafverfolgung. Die Strafverfolgungsbehörden dürfen sich nur nach dem Gesetz richten und müssen Verbrechen, unabhängig von der Person des Verdächtigten, verfolgen.

Rechtssicherheit Prinzip, nach dem der Bürger die Möglichkeit hat, die rechtlichen Folgen seines Handelns zu kalkulieren. Die Rechtssicherheit gewährleistet, dass Strafgesetze keine rückwirkende Geltung erhalten (ex-post-facto Verbot). Außerdem sind willkürliche Verhaftungen verboten und die Exekutive, Judikative und Legislative sind an Verfassung und Recht gebunden. Ebenso gilt der sog. „Gesetzesvorbehalt", wonach der Staat nur auf Grundlage eines Gesetzes in die Privatsphäre des Einzelnen eingreifen darf.

Rechtsstaat Staat, dessen politische Ordnung die Verwirklichung rechtlicher Grundsätze anstrebt. Das Rechtsstaatsprinzip ist in Deutschland ein → Verfassungsprinzip. Es umfasst die → Freiheitssicherung, die → Rechtsgleichheit, die → Rechtssicherheit und die → Gewaltenteilung.

Regierung Spitze der → Exekutive. Aufgabe der Regierung ist es, den Vollzug des geltenden Rechts zu überwachen und die inneren und äußeren Politikinhalte zu gestalten. Neben der Regierung wirken weitere → Verfassungsorgane an diesem Gestaltungsprozess mit. Eine Regierung muss, um völkerrechtliche Vertretungsbefugnis für ihren Staat zu erlangen, nicht international anerkannt sein, sondern lediglich Macht über ihr Staatsgebiet ausüben können und darf von der eigenen Bevölkerung keinen großen Widerstand erfahren. → Bundesregierung

Regionalisierung Verstärkte Zusammenarbeit innerhalb einzelner Regionen. Bei der Regionalisierung können sich wirtschaftliche Zweckbündnisse bilden, die auch über nationale Grenzen hinaus zusammenwirken. Die Europäische Union trägt der Regionalisierung Rechnung, indem sie konkret auf Belange der Regionen eingeht (Ausschuss der Regionen) wobei es zu direkten Kontakten zwischen der EU und regionalen → Akteuren kommt. Nationale Regierungen spielen in diesem Prozess nur eine untergeordnete Rolle.

Regulative Ideen Normative Vorstellungen, die in einer Gesellschaft als Orientierungskriterien dienen. Politische Ordnungen aber auch internationale Beziehungen sind nach regulativen Ideen ausgerichtet, die für die jeweils Handelnden als Leitideen gelten. Hierzu zählen beispielsweise die → Menschenrechte und die Idee der → Gerechtigkeit. In Deutschland sind die regulativen Ideen in den → Verfassungsprinzipien festgehalten.

Repräsentationstheorie Theorie zur Staatsordnung. Die Repräsentationstheorie, die hauptsächlich von → Locke entwickelt wurde, geht von vorstaatlichen, d. h. bereits im → Naturzustand existierenden → Menschenrechten und der Annahme aus, dass jedes Individuum frei über Besitz und Persönlichkeit verfügen kann. Um aber ihr Eigentum, ihre individuellen Rechte und damit den Rechtsfrieden zu garantieren, schließen sich die Menschen zu einer Gesellschaft zusammen. Im Mittelpunkt der Repräsentationstheorie steht die Stabilität des politischen Systems. Dies betrifft v. a. die Notwendigkeit eindeutiger politischer Entscheidungen der vom Volk auf bestimmte Zeit berufenen Inhaber von Herrschaftspositionen (→ Abgeordnete) und die Möglichkeit von deren Abwahl. In dieser Gesellschaft darf jeder Mensch im Rahmen der Gesetze frei handeln und es besteht → Rechtsgleichheit. Das Volk und nicht Rasse oder Klasse ist der eigentliche Souverän, der die Gewalt auf gewählte Vertreter überträgt. Damit ist politische Gewalt nur dem Gesetzgeber übertragene Gewalt zum Schutz des Eigentums und der Individualrechte. Die Willensbildung ist nach dem → Mehrheitsprinzip ausgerichtet. Die Interessenvielfalt sowie soziale Unterschiede und daraus entstehende gesellschaftliche Konflikte werden im Gegensatz zur → Identitätstheorie akzeptiert, weil das Streben nach absoluter gesellschaftlicher Freiheit und Gleichheit mit Zwang verbunden wäre. Kritik an der Repräsentationstheorie bezieht sich z. B. auf das Fehlen einer direkten Beeinflussung der Politik während der Legislaturperiode und die geringe Bedeutung der → Partizipation und Interessenvertretungen (→Verband).

Republik Staatsform, in der das Volk (→ Demokratie) oder ein Teil desselben (z. B. → Aristokratie) Träger der Macht ist. Seit der Französischen Revolution wird der Begriff Republik für einen sich von der → Monarchie unterscheidenden Staat benutzt. Im republikanischen Gedanken ist die Forderung enthalten, die Staatsform an das → Gemeinwohl zu binden. Heutige Ausprägungen sind die parlamentarische und die präsidiale Republik. → Staat

Republikaner Nationalistische und rechtskonservative deutsche Partei. Die Partei der Republikaner wurde 1983 von ehemaligen Mitgliedern der → CSU gegründet, da sie die Initiative des CSU-Chefs Strauss, der DDR Milliardenkredite zur Verfügung zu stellen, nicht mittragen wollten. Die Partei hatte ihre größten Wahlerfolge Anfang der 1990er-Jahre, insbesondere als sie die bestehende Asylrechtsregelung angriff. Die Republikaner scheiterten zwar immer wieder deutlich bei den Bundestagswahlen, erzielten bei Landtagswahlen jedoch teilweise spektakuläre Ergebnisse (Baden-Württemberg 1992 10,9 %, 1996 9,1 %). Der Verfassungsschutz erwähnt zwar Anhaltspunkte für rechtsextremistische Bestrebungen innerhalb der Republikaner, dennoch gelingt es der Partei, sich im Vergleich zur → DVU und → NPD als eher gemäßigt darzustellen. Zur Zeit (2002) haben die Republikaner ca. 13 000 Mitglieder zu verzeichnen.

Resolution Beschluss, Entschließung. Der Ausdruck Resolution wird zumeist im Zusammenhang mit der → UN-Generalversammlung oder dem → UN-Sicherheitsrat verwendet. UN-Resolutionen beschäftigen sich u. a. mit Konflikten, wie dem → Balkankonflikt und dem zweiten → Golfkrieg aber auch mit allgemeinen Themen wie den → Menschenrechten oder Umweltschutz. Resolutionen enthalten Empfehlungen, Vorschläge oder strikte Handlungsanweisungen für Staaten. Ihre Durchsetzung hängt vom politischen Willen einflussreicher Staaten und von deren Möglichkeiten ab, weshalb nicht alle Resolutionen mit gleichem Nachdruck verfolgt werden und einige sogar dauerhaft ohne Auswirkungen bleiben.

Revolution Rascher und vollständiger Umsturz der bestehenden Verhältnisse. Politisch ist unter einer Revolution der – oft gewaltsame – Sturz der → Regierung zu verstehen. Historisch bedeutsame Revolutionen waren z. B. die Französische Revolution (1789), die russische → Oktoberrevolution (1917) und der Zusammenbruch der sozialistischen Systeme in Osteuropa Ende der 1990er- Jahre (→ Friedliche Revolution).

RGW (Rat für Gegenseitige Wirtschaftshilfe, engl. *COMECON Council for Mutual Economic Aid*) Ökonomisches Bündnis der Ostblockstaaten. Der RGW wurde 1949 als Reaktion auf den → Marshall-Plan ins Leben gerufen und sollte die wirtschaftliche und politische Kooperation der sozialistischen Staaten koordinieren und vertiefen. Die DDR trat dem Rat

1955 bei. 1991 wurde das Wirtschaftsbündnis im Zuge der → friedlichen Revolution in Osteuropa aufgelöst. Dem RGW gehörten folgende Staaten an: Bulgarien, Tschechoslowakei, Ungarn, Polen, Rumänien, DDR, Mongolei seit 1962, Kuba seit 1972, Vietnam seit 1978 und Albanien von 1949 bis 1961. Jugoslawien war assoziiert.

Der viermal hintereinander gewählte US-Präsident Roosevelt führte das Land durch schwerste innere und äußere Krisen.

Risikogesellschaft Gesellschaft, in der sich soziale, politische, ökonomische und ökologische Risiken, die durch den Fortschritt in der → Industriegesellschaft hervorgerufen werden, verändert und vermehrt haben. Das Konzept der Risikogesellschaft wurde in den 1980er-Jahren von dem deutschen Soziologen Ulrich Beck entwickelt. In der Risikogesellschaft ist anstelle des Erwerbs von Reichtum die Abwendung von Risiken oberstes Ziel. Diese sind global gleich, ihre Gefährdungen jedoch verschieden groß, was zu einer neuen Klassenstruktur führt. Ungleiche Gefährdungen gibt es auf der Ebene von arm und reich (Wohnen, Ernährung) sowie auf nationaler und internationaler Ebene (Sicherheitsnormen in der Atomenergie oder Gentechnik). Risiken, die zunächst nur die Armen treffen, können aber langfristig auch die Reichen treffen (Bumerang-Effekt), z. B. durch den Import billiger Lebensmittel aus der → Dritten Welt oder die weltweite Luftverschmutzung. Insofern sind Risiken global und nicht national eingrenzbar.

Römische Verträge 1957 geschlossene Abkommen über die Gründung der Europäischen Atomgemeinschaft (→ EURATOM) und der Europäischen Wirtschaftsgemeinschaft (→ EWG). Die Römischen Verträge wurden aufgrund der positiven Erfahrungen mit der Europäischen Gemeinschaft für Kohle und Stahl (→ EGKS) geschlossen und bildeten die Basis für die Vertiefung der europäischen → Integration. Die Unterzeichnerstaaten waren die → Benelux-Staaten, Deutschland, Frankreich und Italien. (→ EG)

Roosevelt, Franklin D. (geb. 30. 1. 1882 in Hyde Park, New York, gest. 12. 4. 1945 in Warm Springs, Georgia) US-Präsident von 1933 bis 1945. Der Jurist Roosevelt, ein Mitglied der demokratischen Partei, bekleidete zunächst verschiedene Staatsämter, darunter das des Gouverneurs im Bundesstaat New York. Seine Amtszeit als Präsident war durch die große Depression – eine weltweite Wirtschaftskrise – und den → Zweiten Weltkrieg geprägt. Das wirtschaftspolitische Programm Roosevelts war der sog. „New Deal", der große staatliche Aufträge vorsah, um die Wirtschaft der USA zu beleben. Außenpolitisch begann unter Roosevelt eine neue Ära, da sich die USA allmählich von der nach dem Ersten Weltkrieg wieder belebten Tradition des → Isolationismus abwandten. Die USA erklärten beim Ausbruch des Zweiten Weltkriegs zwar ihre → Neutralität, faktisch unterstützen sie jedoch durch Rüstungslieferungen den Kampf Großbritanniens gegen das nationalsozialistische Deutschland, von denen ab 1941 auch die Sowjetunion profitierte. Während des Krieges, der für die USA mit dem japanischen Angriff auf den Flottenstützpunkt Pearl Harbor im Dezember 1941 begann, bemühte sich Roosevelt – gegen den Willen → Churchills – um eine Einbindung → Stalins in die Pläne für eine europäische Nachkriegsordnung. Roosevelt erlebte das Ende des Krieges nicht mehr. Sein Nachfolger war Harry → Truman. Roosevelt, der seit 1921 teilweise gelähmt war, ist der einzige Präsident der USA, der – entgegen der politischen Tradition der USA – viermal in Folge gewählt wurde. Seit 1951 ist die Amtsdauer der US-Präsidenten gesetzlich auf zwei Amtszeiten beschränkt.

Rote Armee Truppen der → Sowjetunion.

Rousseau, Jean-Jacques (geb. 28. 6. 1712 in Genf, gest. 2. 7. 1778 in Ermenonville) Politischer Philosoph und Vertreter einer identitären → Demokratie (→ Identitätstheorie). Rousseau war beruflich zunächst auf verschiedenen Gebieten erfolglos – so schrieb er Gedichte, Opern und Komödien –, bis ihn 1750 sein „Diskurs über die Wissenschaften und Künste" berühmt machte. Die 1762 erschienene Schrift „Vom Gesellschaftsvertrag" entwirft ein Staatsmodell, in dem der Wille der Allgemeinheit (frz. *volonté générale*) eine zentrale Rolle spielt. Die Schrift enthält zugleich demokratisch und diktatorisch anmutende Elemente – einerseits wird Volksversammlungen und -abstimmungen ein großes Gewicht zugesprochen, andererseits darf der Staat auch Zwangsgewalt ausüben. Der Allgemeinwille kommt zustande, indem die Bürger einen sog. Gesellschaftsvertrag schließen – der Einzelne überwindet seine egoistische Natur und gibt seine Rechte an den Staat ab (→ Hobbes). Im Gegenzug bietet dieser dem Bürger Sicherheit, hat aber auch das Recht, die vom Gemeinwillen abweichenden Einzelinteressen zu unterdrücken. → Gewaltenteilung gibt es in diesem Staatsmodell nicht, in einer Notstandssituation darf der Staat mit diktatorischer Gewalt agieren. Während der Französischen Revolution zog man diese Schrift von Rousseau heran, um das brutale Vorgehen gegen „Revolutionsgegner" zu rechtfertigen.

Russland (1) Politisches System: In dem präsidentiellen Regierungssystem Russlands werden dem Präsidenten weit reichende Machtbefugnisse gegenüber dem Parlament, der Duma, gewährt. Parteien verfügen nur über geringen Einfluss. (2) Geschichte: Anfang des 20. Jahrhunderts war Russland ein von Zar und Hochadel beherrschtes, im Vergleich zu Westeuropa wirtschaftlich und gesellschaftlich rückständiges Land. Soziale Unruhen der verarmten Bevölkerung sorgten für politische Instabilität. Trotz seiner großen Ausdehnung und seiner personell starken Armee musste Russland 1905 eine militärische Niederlage gegen Japan hinnehmen.

Rousseaus Staatsmodell lehnt die Gewaltenteilung ab, misst dem Willen der Allgemeinheit aber höchste Bedeutung zu.

Der → Erste Weltkrieg führte in Russland zu schweren Unruhen, die schließlich in der → Oktoberrevolution und der Ermordung der Zarenfamilie gipfelten. Die im Bürgerkrieg siegreichen Bolschewisten errichteten eine Terrorherrschaft, um den neu gebildeten Staat, die → Sowjetunion, nach marxistisch-leninistischer Doktrin zu formen. Mit der absoluten Machtübernahme → Stalins ab 1929 kam es zu einer brutalen Unterdrückung jeglicher Opposition, auch innerhalb der Kommunistischen Partei. So musste der gemäßigte Sozialist Leo Trotzki, der sich gegen die Alleinherrschaft Stalins und dessen Personenkult ausgesprochen hatte, von seinen Ämtern zurücktreten. Trotzki wurde 1929 aus der Sowjetunion verbannt und 1940 im mexikanischen Exil ermordet. Russland in seiner heutigen Form ging aus der Sowjetunion, die Ende 1991 aufgelöst wurde, hervor. Das Land ist wirtschaftlich vom Westen abhängig. Vor allem die Lage der Arbeiter und Rentner, die oft vergeblich auf ihre Löhne bzw. Pensionsgelder warten, ist problematisch. Die Armee befindet sich ebenfalls in einem schlechten Zustand. Das Verhältnis zum Westen wurde durch den → Kosovokrieg und → Tschetschenienkrieg zeitweilig belastet.

Rüstung Gesamtheit aller Güter und Dienstleistungen, die militärischen Zwecken dienen. Der Begriff Rüstung beinhaltet sowohl Land-, See- und Luftstreitkräfte als auch strategische Raketenverbände. Wenn zwei gegnerische Staaten aufrüsten, kann das gegenseitige Misstrauen zu einer → Rüstungsspirale führen.

Rüstungskontrolle Versuche, die negativen Auswirkungen der → Rüstung zu mildern. Vereinbarungen zur Rüstungskontrolle enthalten Bestimmungen über Obergrenzen für Rüstungsgüter , wie z. B. → Atomwaffen oder Mittel → konventioneller Kriegsführung. Zusätzlich erlauben diese Verträge den Staaten, gegenseitig Einblick in ihre Rüstungsprogramme zu nehmen und gelten daher als → vertrauensbildende Maßnahmen. Wichtige Abkommen zur Rüstungskontrolle sind der → Atomwaffensperrvertrag und die zwischen den USA und der Sowjetunion bestehenden → SALT-/START-Verträge. Seit 1987 sind die Ausgaben für Waffen und Soldaten weltweit drastisch gesunken. In diesen Zahlen spiegelt sich die verbesserte sicherheitspolitische Lage nach dem Ende des Kalten Krieges wieder. Hierbei ist jedoch zu beachten, dass die Reduzierung v. a. in den Industrieländern stattfand (durchschnittlich 34 %), wohingegen in vielen Entwicklungsländern aufgerüstet wurde (durchschnittlich 10 % Abrüstung).

Rüstungsspirale Zustand, in dem ein Staat die Aufrüstung eines gegnerischen Staates zum Anlass nimmt, selbst aufzu-

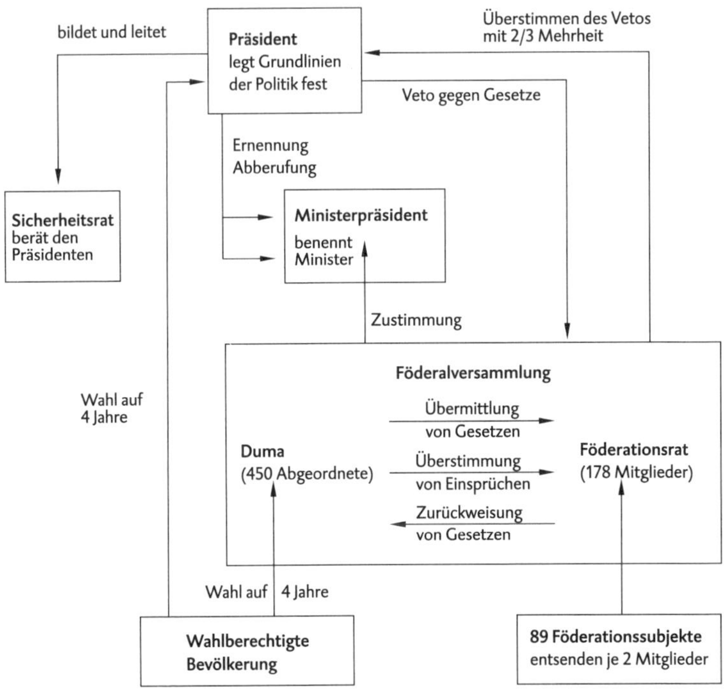

Systematischer Überblick zum politischen System Russlands.

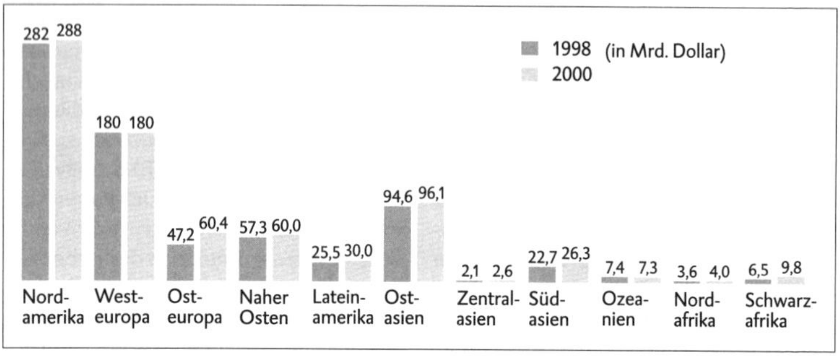

Nachdem in den 1990er-Jahren ein Rückgang der weltweiten Rüstungsausgaben zu verzeichnen war, stiegen sie zwischen 1998 und 2000 von 720 Mrd. Dollar auf 765 Mrd. Dollar.

rüsten und damit erneute Aufrüstung auf der Gegenseite bewirkt. Der Teufelskreis einer Rüstungsspirale kann Jahrzehnte andauern und den Staatshaushalt der betroffenen Länder stark belasten. Außerdem birgt eine Rüstungsspirale immer die Gefahr eines ungewollten Krieges, da die bedrohten Staaten nicht in der Lage sind, die militärische Stärke des Gegners verlässlich einzuschätzen. Eine Rüstungsspirale, auch als „Wettrüsten" bezeichnet, existierte während des → Kalten Krieges zwischen den → Supermächten. Heute ist dieser Zustand hauptsächlich in Staaten der arabischen Region und in Südostasien anzutreffen. → Sicherheitsdilemma

S

SALT-/START-Verträge (engl. *Strategic Arms Limitation Talks/Strategic Arms Reduction Talks*) Zwischen den Hauptgegnern des → Kalten Krieges, den → USA und der → Sowjetunion, abgeschlossene Vereinbarungen zur Begrenzung und Reduzierung strategischer Waffen, um der → Rüstungsspirale ein Ende zu bereiten. 1972 kam es zum Abschluss des SALT I-Vertrags, dessen Kern das Abkommen über die Begrenzung von Abwehrraketen (engl. *Anti-Ballistic Missiles*, ABM) war. Zudem sah der Vertrag eine Obergrenze für mobile Abschussrampen vor. Im 1979 abgeschlossenen SALT II-Vertrag limitierten die → Supermächte die Zahl ihrer jeweiligen strategischen Atomraketen auf 2 250, die der Mehrfachsprengkörper auf 1 230. Der Ausbruch des → Afghanistankriegs verhinderte aber die Ratifizierung des Vertrags durch die USA, wenn auch die vereinbarten Obergrenzen größtenteils eingehalten wurden. Im Zuge der Reformpolitik → Gorbatschows konnten ab 1985 weitgehende Vereinbarungen getroffen werden, die nicht nur eine Begrenzung, sondern eine Verringerung der atomaren Sprengköpfe vorsahen. Das 1991 geschlossene START I-Abkommen beinhaltet die Halbierung des Arsenals (auf jeweils 6 000 Sprengköpfe). Das 1993 unterschriebene START II-Abkommen sieht eine weitere Verringerung der Anzahl nuklearer Sprengköpfe auf 3 500 für die USA und 3 000 für Russland vor, landgestützte Mehrfachsprengköpfe sollen ganz abgeschafft, seegestützte reduziert werden. 1997 einigten sich die USA und Russland auf das START III-Abkommen, das die Begrenzung auf je 2 000 bis 2 500 Sprengköpfe vorsieht. Das START II-Abkommen wurde inzwischen von den USA (1996) und Russland (2000) ratifiziert. Probleme bei der Umsetzung der SALT- und START-Abkommen waren v. a. die Verifizierbarkeit (Nachprüfbarkeit) und der Zerfall der Sowjetunion, währenddessen man zeitweise befürchtete, dass die Atomwaffen nicht mehr unter zentraler Aufsicht bleiben, sondern von den einzelnen Republiken übernommen werden. Das neue von den USA geplante Anti-Raketen-System, die sog. *National Missile Defense* (NMD), würde gegen den ABM-Vertrag verstoßen, weshalb Präsident → Bush den Austritt aus diesem Abkommen im Dezember 2001 bekannt gab. Die Kündigung wird nach sechs Monaten wirksam.

Sanktionen Zwangsmittel gegen einen Staat oder eine Person. Im internationalen Bereich werden unter Sanktionen meist die Maßnahmen verstanden, die vom → UN-Sicherheitsrat gegen einen Staat verhängt werden können. Sanktionen sind ein Zwangsmittel, um den betroffenen Staat zu einer Änderung seiner Politik zu bewegen. Die Sanktionsmittel reichen von Kultur und Sport (Abbruch des Kulturaustausches, Boykott von Veranstaltungen) bis hin zur Ausweisung von Diplomaten sowie Handels- und Waffenembargos. Hatte es während des → Kalten Krieges nur zwei Fälle von Sanktionen gegeben (Rhodesien, heutiges Zimbabwe und Südafrika), so stieg deren Zahl seit 1990 stark an. Aktuelles Beispiel für einen von Sanktionen betroffenen Staat ist der Irak (→ Golfkrieg). Umstritten ist insbesondere in diesem Fall aber die Wirkung der verhängten Sanktionen, da v. a. die Zivilbevölkerung unter ihnen leidet.

Satellitenstaat Staat, der keine freie Verfügungsgewalt über seine Politik hat und von einer anderen Macht abhängig ist. Die Sowjetunion umgab sich nach dem Zweiten Weltkrieg mit einer Reihe von osteuropäischen Satellitenstaaten, in deren Politik sie immer wieder durch diplomatischen Druck bzw. Militärinterventionen eingriff. → DDR, → Prager Frühling, → Ungarnaufstand

Schengener Abkommen Nach dem luxemburgischen Ort Schengen benannter Vertrag, der am 14. 6. 1985 unterzeichnet wurde und am 26. 3. 1995 in Kraft trat. Ziel des Schengener Abkommens ist es, schrittweise die Personen- und Warenkontrollen an den europäischen Binnengrenzen zu beseitigen. Zudem ist eine gemeinsame Asyl-, Polizei- und Visapolitik beabsichtigt. Dies führt zu einer erhöhten Reisefreiheit innerhalb Europas. Es gibt allerdings Bedenken wegen der nachlassenden Sicherheitskontrollen. Am Schengener Abkommen nehmen die EU-Staaten (vorläufig ohne Großbritannien und Irland) sowie Island und Norwegen teil. Die letzte Erweiterung des Schengener Abkommens fand am 25. 3. 2001 statt, als Dänemark, Finnland, Island, Norwegen und Schweden und beitraten.

Schichtung Gliederung einer Gesellschaft in soziale Schichten (z. B. Ober-, Mittel- und Unterschicht). Um die Schichtung bzw. die Sozialstruktur einer modernen Gesellschaft in ihrer Gesamtheit zu analysieren, werden in der Soziologie verschiedene Modelle angewandt. (1) Schichtenmodell: Dieses Modell gliedert die Menschen nach objektiven Lebensbedingungen und Soziallagen (Einkommen, Berufsposition, Besitz). Es geht dann davon aus, dass die Gruppen durch ähnliche Lebenserfahrungen schichttypische Mentalitäten und Lebensstile herausbilden, die wiederum bestimmte Lebenschancen zur Folge haben. Ein Beispiel hierfür ist das sog. Hausmodell aus den 1980er-Jahren. Wichtig ist die Mobilität, d. h. die Auf- und Abstiegsmöglichkeiten in der modernen Gesellschaft. Die einzelnen Schichten sind nicht scharf voneinander getrennt, da durch zusätzliche Bildungs- und Berufsabschlüsse oder durch ökonomischen Erfolg soziale Aufstiegsmöglichkeiten gegeben sind. Die Bevölkerungsstruktur in

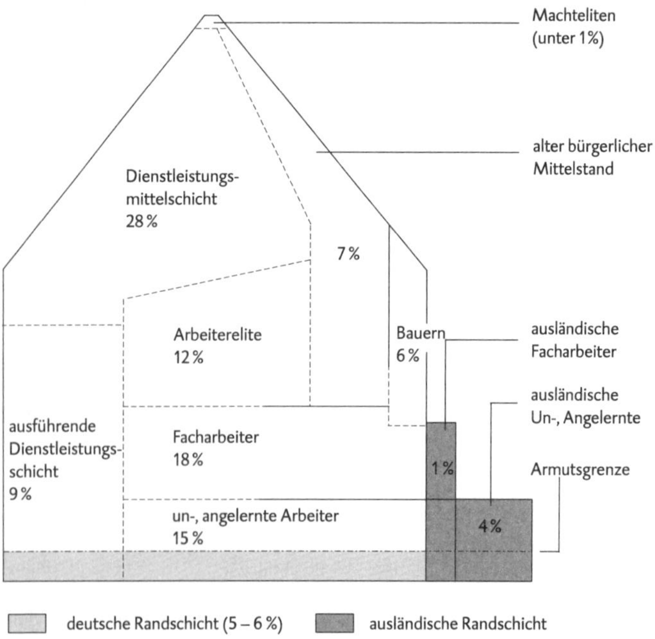

Das „Hausmodell" ist eine Möglichkeit, die Sozialstruktur der deutschen Gesellschaft vereinfacht darzustellen.

Deutschland weist typische Merkmale einer → Dienstleistungsgesellschaft auf. Darüber hinaus erfahren die Tätigkeiten im sekundären Sektor wegen technologischer Entwicklungen und damit verbundenen Veränderungen der Arbeitssituation eine „Tertiärisierung". Die abnehmende, in ihrer Funktion differenzierte Arbeiterschicht, unterscheidet sich von der Dienstleistungsschicht durch die Arbeitsbedingungen, die mit körperlicher Tätigkeit, strengerer Kontrolle am Arbeitsplatz und geringeren Möglichkeiten zur Selbstgestaltung und Mitentscheidung verbunden sind. Die soziale Lage der ausländischen Arbeitnehmer, deren Zahl seit den 1960er-Jahren anwächst, ist häufig gekennzeichnet durch einen niedrigen Verdienst, eine hohe Anzahl Arbeitsloser und Sozialhilfeempfänger, eine relativ schlechte Wohnsituation und geringe Bildungschancen. (2) Milieumodell: Dies ist ein wichtiges neueres Konzept, da es im Gegensatz zum Schichtenmodell soziokulturelle Orientierungen hervorhebt, ohne aber die vertikale Schichtdifferenzierung nach berufsbezogenen Merkmalen zu vernachlässigen. In dem Modell werden die Menschen nach Unterschieden in ihren Wertorientierungen und Lebensstilen gegliedert und zu übergreifenden sozialen Milieus zusammengefasst. Für Gesamtdeutschland werden zwölf Milieus differenziert, die aber immer wieder Veränderungen unterliegen. Auch bei dieser Einteilung gibt es keine unveränderlichen Abgrenzungen. → Mittelstand

Schwellenländer (engl. *Newly Industrializing Countries, NIC*) Staaten, die sich gerade in der Übergangsphase von → Entwicklungsländern zu → Industriestaaten (→ Industrialisierung) befinden. Der Begriff Schwellenländer wird aber auch im militärischen Bereich verwendet und bedeutet, dass ein Staat an der Entwicklung der eigenen Atomwaffentechnologie arbeitet. Die Bezeichnung Schwellenländer kann irreführend sein, da sie den Eindruck fortschreitender Veränderungen erweckt, wohingegen in Realität einige Staaten dauerhaft „Schwellenländer" bleiben.

SEATO (engl. *South East Asia Treaty Organisation*) Regionale Sicherheitsorganisation in Südostasien. Die SEATO wurde 1954 von Australien, Frankreich, Großbritannien, Neuseeland, den Philippinen und den USA gegründet. Sie sollte die befürchteten kommunistischen Expansionsbestrebungen in der Region eindämmen. Es zeichneten sich aber bald aufgrund der geografischen und politischen Heterogenität der Mitgliedsstaaten erhebliche Differenzen ab, weshalb die SEATO 1977 aufgelöst wurde.

SED (Sozialistische Einheitspartei Deutschlands) Staatspartei der → DDR. Die SED war durch straffe Organisation gekennzeichnet. Sie bildete keine Fraktionen, duldete bei Wahlen keine Gegenkandidaten und bei der Bestimmung eigener Kandidaten gab es für die Mitglieder nur begrenzte Wahlmöglichkeiten. Die Partei wurde von → Kadern gelenkt, die auch die Massen organisierten. Der Führungsanspruch und die zentrale Stellung der SED im politischen System war in der Verfassung der DDR von 1968 ausdrücklich festgelegt. Die hohen Mitgliedszahlen (1987: 12 % der DDR-Bevölkerung, über 226 000 Menschen) sind damit zu erklären, dass eine berufliche Entwicklung oder ein Aufrücken in eine gehobenere Position ohne Mitgliedschaft kaum möglich war, da alle Lebensbereiche von der SED kontrolliert wurden. Der Generalsekretär leitete die wöchentlichen Sitzungen des Sekretariats des → Zentralkomitees und des → Politbüros. Weil er gleichzeitig Vorsitzender des Staatsrats war, hatte er starkes politisches Gewicht. Aus der SED ging 1989 die Partei des Demokratischen Sozialismus (→ PDS) hervor.

Sekundärer Sektor Bereich der → Wirtschaft, in dem Güter industriell produziert werden. Als sekundärer Sektor gelten somit alle Wirtschaftsbereiche, die sich mit der (Weiter-)Verarbeitung und Erzeugung von materiellen Produkten beschäftigen. Der sekundäre Sektor macht in Deutschland heute ca. 35 % des Bruttoinlandsprodukts (→ BIP) aus. → Agrargesellschaft, → Dienstleistungsgesellschaft, → Industriegesellschaft, → Primärer Sektor, → Tertiärer Sektor

Selbstbestimmung Das Recht, sein Leben nach den eigenen Vorstellungen zu gestalten. Im politischen Zusammenhang ist die Selbstbestimmung des Volkes gemeint. Sie findet ihren Ausdruck in freien → Wahlen. → Souveränität

Sicherheit Abwesenheit von Bedrohung. Im politischen Bereich unterscheidet man zwischen innerer und äußerer Sicherheit. Innere Sicherheit bedeutet die Aufrechterhaltung von Recht und Ordnung sowie die Wahrung der Stabilität des politischen Systems. Zu den Institutionen, die diese Aufgaben wahrnehmen, gehören v. a. das Innenministerium sowie die Polizei. Äußere Sicherheit bedeutet, die Bürger und den Staat vor militärischen Bedrohungen zu schützen und die Unversehrtheit des Staatsgebiets zu gewährleisten. Zur Erfüllung dieser Aufgaben gibt es u. a. Verteidigungsministerien, Armeen, Geheimdienste sowie Grenzschutztruppen. Problematisch ist, dass die Sicherheit eines Staates – z. B. durch verstärkte Aufrüstung – zu einer Bedrohung eines anderen Staates werden kann. → Rüstungsspirale, → Sicherheitsdilemma

Sicherheitsdilemma Situation im internationalen Bereich, in der Sicherheitsmaßnahmen eines Staates eine Bedrohung für einen anderen Staat bedeuten. Dieses Sicherheitsdilemma kann zu einer → Rüstungsspirale führen. Um das Sicherheitsdilemma zu entschärfen, werden u. a. → vertrauensbildende Maßnahmen zwischen den Staaten angewandt.

Sicherheitsinteresse Bestreben eines Staates, seine → Sicherheit zu erhalten bzw. auszubauen. Alle Staaten haben je nach Lage, Größe, Selbsteinschätzung, politischer, wirtschaftlicher und militärischer Bedeutung ein spezifisches Sicherheitsinteresse in ihrer Weltregion. Mittel, um Sicherheitsinteressen durchzusetzen, reichen vom Abschluss von Bündnissen bis hin zu Militärmaßnahmen. Die → Supermächte rechtfertigten ihre weltweite Einflussnahme zur Zeit des → Kalten Krieges teilweise mit der Wahrung ihrer nationalen Sicherheitsinteressen.

Sicherheitspolitik Politische Maßnahmen, die die → Sicherheit einer Region bzw. einer Gruppe von Staaten zum Ziel haben. Sicherheitspolitik kann in zwischenstaatlichen Abkommen oder mithilfe von → internationalen Organisationen verwirklicht werden. Die wesentlichen Institutionen für die europäische Sicherheitspolitik heute sind die → NATO sowie die → EU, deren Mitglieder sich mittlerweile um eine gemeinsame Außen- und Sicherheitspolitik (→ GASP) bemühen.

Siebzehnter Juni → DDR

Solidarbeitrag → BRD

South East Asia Treaty Organisation → SEATO

Souveränität Hoheitsgewalt in einem Staat. (1) Innerstaatliche Souveränität: Macht der → Regierung, des Herrschers oder des Volkes, die keiner höheren Gewalt unterworfen ist. Im → Absolutismus verkörpert der Alleinherrscher die Souveränität, in einer Demokratie ist das Volk der Souverän (→ Volkssouveränität). Der neuzeitliche Souveränitätsbegriff wurde v. a. von Jean → Bodin geprägt. (2) Zwischenstaatliche Souveränität: In der → internationalen Politik bedeutet der Begriff Souveränität, dass ein Staat über seine inneren Angelegenheiten entscheiden und seine Beziehungen zu anderen Staaten selbst gestalten kann (→ Integrität). Für die Ausübung der Souveränität benutzt ein Staat die in der Verfassung vorgesehenen → Verfassungsorgane. Begrenzt wird die staatliche Souveränität nur durch das Völkerrecht. Die freiwillige Mitgliedschaft in einer → supranationalen Organisation beeinträchtigt den Souveränitätsstatus eines Staates nicht, auch wenn er darin Eingriffe in seine inneren und äußeren Angelegenheiten erlaubt.

Sowjetunion (1) Politisches System: Die Sowjetunion bildete in den Jahren 1922 bis 1991 den größten sozialistischen Staat der Welt (→ Oktoberrevolution). Ausgehend von der Ideologie des → Marxismus versuchte sie, ihren Einfluss zu nutzen, um das eigene Gesellschaftsmodell in anderen Staaten durchzusetzen. (2) Geschichte: Nachdem → Stalin sich 1927 bei den innerparteilichen Machtkämpfen durchgesetzt hatte, wurden in der Sowjetunion die Großbauern enteignet, um rasch eine Zwangskollektivierung durchführen zu können. In kürzester Zeit sollte eine eigene Schwerindustrie errichtet werden, um die Produktionskapazitäten westlicher Staaten zu übertreffen. Die Lage der Bevölkerung wurde aber durch eine schwere Wirtschafts- und Versorgungskrise verschlechtert. Die Kommunisten fürchteten um ihre Herrschaft und begannen ab 1929 die Kulaken (Bauern mit starkem wirtschaftlichen Einfluss) als „Klasse“ zu liquidieren. Bereits zuvor hatte es Terrormaßnahmen gegen politisch unliebsame Gruppierungen (Adel, Unternehmer) gegeben. Durch diese Maßnahmen und die sich dadurch verschärfende Hungersnot im Land verloren Millionen Menschen ihr Leben. Innerparteilich sicherte sich Stalin die Herrschaft durch die konsequente Ausschaltung seiner Gegner (1937 Schauprozesse gegen Armeeführer, 1940 Ermordung Trotzkis im mexikanischen Exil). Während des → Zweiten Weltkriegs paktierte die Sowjetunion zunächst mit dem nationalsozialistischen Deutschland gegen Polen. Die baltischen Staaten Estland, Lettland und Litauen sowie Ostpolen wurden besetzt und der Sowjetunion einverleibt. Am 30. 11. 1939 griff die → Rote Armee Finnland an und erzielte bis zum Waffenstillstand im März 1940 leichte Gebietsgewinne. Der deutsche Überraschungsangriff auf die Sowjetunion (22. 6. 1941), an dem sich auch Finnland, Ungarn, Rumänien und Italien sowie viele antikommunistische Freiwilligenverbände aus ganz Europa beteiligten, führte beinahe zu einer völligen militärischen Niederlage des Landes. Hitler befahl schärfstes Vorgehen gegen wirkliche oder vermeintliche Widerstandskämpfer und Stalin rief im Juli 1941 zum Partisanenkrieg auf. Unter schweren Verlusten eroberten die sowjetischen Truppen das verlorene Gebiet zurück. In der Endphase des Krieges wurde nahezu ganz Osteuropa von der Roten Armee besetzt. Nach Kriegsende errichtete die Sowjetunion einen Ring kommunistischer → Satellitenstaaten, in denen keine unabhängige Politik geduldet wurde (→ Kalter Krieg). Die unter dem letzten sowjetischen Generalsekretär, → Gorbatschow, eingeleiteten Reformen setzten eine Eigendynamik in Gang, die schließlich zur Auflösung der Sowjetunion Ende 1991 führte. → Russland, der weitaus größte Unionsstaat, trat das Erbe der Sowjetunion an und nahm deren Platz im → UN-Sicherheitsrat ein. Heute existiert die Gemeinschaft unabhängiger Staaten (→ GUS), in der viele ehemalige Sowjetrepubliken versuchen, gemeinsam ihre → Transformationsprobleme zu bewältigen.

Sozialdemokratische Partei Deutschlands → SPD

Sozialer Status Stellung eines Menschen innerhalb der Rangordnung einer Gruppe bzw. der Gesellschaft. Der soziale Status richtet sich auf soziale Kriterien, die die Wertschätzung eines Individuums in der Gesellschaft kennzeichnen (z. B. Berufsabschluss, Einkommen). Innerhalb einer sozialen Schicht (→ Schichtung) ist der Status das Kriterium zum Positionieren einer Person in einem hierarchisch geordneten System. → Gesellschaft

Soziales Netz Oberbegriff für vielfältige Leistungen des Sozialstaats, die möglichst gleiche Lebensbedingungen für alle

Bürger sichern sollen. Das soziale Netz in Deutschland, das die Sicherung der ökonomischen und sozialen Existenz vieler Menschen garantiert, besteht u. a. aus Renten-, Kranken-, Unfall-, Invaliden- und Arbeitslosenversicherung sowie Sozialhilfe, Ausbildungs- und Umschulungsförderungen. Unabhängig von der Diskussion über die zunehmende Höhe der → Lohnnebenkosten, wird das System grundsätzlich als Stabilitätsfaktor (z. B. eine geringe Anzahl von Streiks) angesehen. → Sozialstaat, → Sozialversicherung

Sozialforschung, empirische Forschungsansatz, der gesellschaftliche Zustände und Vorgänge empirisch, d. h. von den durch Beobachtungen feststellbaren Tatsachen ausgehend, untersucht (→ Demoskopie, empirisch-analytische Theorie → Politische Theorie). In der empirischen Sozialforschung werden Informationen gesammelt und interpretiert, um Theorien und Hypothesen zu überprüfen und Prognosen aufzustellen.

Sozialisation Lebensphase, in der eine Person ihre Rolle in der Gesellschaft findet und ausprägt. Die Erfahrungen, die man während der Sozialisation sammelt, haben oft großen Einfluss auf die weitere Persönlichkeitsentwicklung. → Politische Sozialisation

Sozialismus → Ideologie, die eine Gesellschaftsordnung der Gleichheit, Solidarität und Gerechtigkeit herbeiführen will. Der sich Ende des 18. Jahrhunderts als politische Strömung formierende Sozialismus zeichnete sich insbesondere durch eine Ablehnung des → Liberalismus und des → Kapitalismus aus. → Marx, einflussreichster sozialistischer Theoretiker, sah den Sozialismus als gesellschaftliche Vorstufe zum → Kommunismus, weshalb er fälschlicherweise oft mit diesem gleichgesetzt wird. Der Sozialismus entwickelte Anfang des 20. Jahrhunderts eine große Anziehungskraft auf die Arbeiterschaft in den europäischen Staaten. Mit der → Oktoberrevolution in Russland erlangte er Weltgeltung. Zahlreiche → Entwicklungsländer übernahmen diese Staatsphilosophie, wenn auch immer unter Berücksichtigung ihrer nationalen Eigenheiten. So existierten arabische, asiatische, afrikanische und südamerikanische Varianten des Sozialismus, die meist diktatorisch geführte Regierungssysteme hervorbrachten. Während des → Kalten Krieges bezeichneten sich die Staaten des Ostblocks als „sozialistische Demokratien", obwohl es bislang nirgends in der Welt gelang, dieses politische Modell glaubwürdig umzusetzen. In Deutschland plädiert nur die SED-Nachfolgepartei → PDS für den Sozialismus, die ehemals sozialistische → SPD hatte sich bereits 1959 zu einer Abkehr vom → Klassenkampf und zu Marktwirtschaft und Demokratie bekannt.

Sozialistische Einheitspartei Deutschlands → SED

Sozialstaat Staat, dessen politische Ordnung die Verwirklichung von sozialen Grundsätzen anstrebt. Das Sozialstaatsprinzip ist in Deutschland ein → Verfassungsprinzip. Es verpflichtet den Staat zur sozialen Sicherheit und zum sozialen Ausgleich in der Gesellschaft beizutragen. Durch → Sozialversicherungen, Sozialhilfe, Ausbildungs- und Umschulungsförderungen etc. soll die ökonomische und soziale Existenz vieler Menschen gesichert werden. Man spricht in diesem Zusammenhang im übertragenen Sinn auch von dem → sozialen Netz, in dem die Bürger „aufgefangen" werden sollen. Das Sozialstaatsprinzip hat darüber hinaus aber die Aufgabe, die soziale Teilhabe der Bürger am gesellschaftlichen Leben zu fördern. Hierzu dienen die Koalitionsfreiheit – die Möglichkeit der Bürger, sich in Berufsverbänden zusammenschließen (Art. 9 GG) – und die → Tarifautonomie, durch die die Mitbestimmung in Betrieben (→ Partizipation) und in der Vermögensverteilung garantiert werden.

Sozialversicherung Gesamtheit gesetzlicher Pflichtversicherungen. Zu den

Sozialversicherungen in Deutschland gehören folgende Versicherungen: (1) Die Krankenversicherung, deren Träger die Krankenkassen sind. Die Beiträge werden zu 50 % vom Arbeitgeber und zu 50 % vom Arbeitnehmer bezahlt. Sie tritt für Arztbesuche, Krankengeld, Krankenhauspflege, Mutterschaftshilfe, Familienhilfe sowie Sterbegeld ein (Krankenversicherungsgesetz 1883). (2) Die Unfallversicherung, deren Träger die Berufsgenossenschaften sind. Diese Beiträge werden zu 100 % vom Arbeitgeber bezahlt. Sie tritt bei Unfallverhütung, Heilbehandlung, Unfallrenten und bei Berufshilfe ein. (Unfallversicherungsgesetz 1884). (3) Die Rentenversicherung, deren Träger die Versicherungsanstalten sind. Diese Beiträge werden zu 50 % vom Arbeitgeber und zu 50 % vom Arbeitnehmer bezahlt. Sie ist eine Vorsorge für die Altersrente, für die Berufsunfähigkeits-, die Erwerbsunfähigkeits- und die Hinterbliebenenrente. (Invaliden- und Altersversicherungsgesetz 1889). (4) Die Arbeitslosenversicherung, deren Träger die Bundesanstalt für Arbeit ist. Die Beiträge werden zu 50 % vom Arbeitgeber und zu 50 % vom Arbeitnehmer bezahlt. Sie erbringt die Leistung bei der Arbeitsförderung, der Arbeitssicherung, beim Arbeitslosengeld und bei der Arbeitslosenhilfe. (Gesetz über Arbeitsvermittlung und Arbeitslosenversicherung 1927). (5) Die Pflegeversicherung ist der Krankenversicherung angegliedert. Die Beiträge werden zwar zu 50 % vom Arbeitgeber und zu 50 % vom Arbeitnehmer gezahlt, aber der Arbeitgeberanteil wurde mit der Streichung des Buß- und Bettages als Feiertag ausgeglichen. Sie tritt bei Pflegebedürftigkeit im Alter aufgrund von Krankheit und Behinderung ein (Pflegeversicherung ab 1995, ab Mitte 1996 auch Leistungen für stationäre Pflege).

Soziologie Wissenschaft, die das gesellschaftliche Verhalten der Menschen untersucht. Da sich das Forschungsinteresse der Soziologie auf Strukturen und sich regelmäßig wiederholende Muster des sozialen Verhaltens bezieht, bestehen enge Verbindungen zu anderen Sozialwissenschaften, wie der Volkswirtschaft, und der Psychologie, insbesondere aber zur → Politikwissenschaft.

Spannungen Krisenhafte Verschlechterung der Beziehungen zwischen Staaten. Spannungen können v. a. dann auftreten, wenn gegenseitiges Misstrauen vorherrscht und mit dem Ausbruch von Feindseligkeiten gerechnet wird. In solch einer Situation verengt sich der Blickwinkel der Politiker oft auf militärische Maßnahmen, die als einziger möglicher Ausweg erscheinen. Die Situation vor Beginn des → Ersten Weltkriegs war von starken Spannungen gekennzeichnet, die sich schließlich gewaltsam entluden.

Splitting Methode bei der Wahl zum deutschen Bundestag, bei der Erst- und Zweitstimme (→ Wahlen) auf zwei unterschiedliche Parteien aufgeteilt werden können. Wenden viele Wähler Stimmen-Splitting an, kann es zu einer hohen Anzahl von → Überhangmandaten kommen.

SPD (Sozialdemokratische Partei Deutschlands) Deutsche → Volkspartei. Die SPD, die seit 1875 eine kontinuierliche organisatorische Einheit bildet, ist die älteste politische Partei Deutschlands. In ihrer langen Geschichte setzte sie sich für die Verbesserung der Rechte der Arbeiterschaft ein. Dabei beschritt sie in deutlicher Abgrenzung zu kommunistischen Parteien den „parlamentarischen Weg“. Forderungen nach Verbesserungen der Arbeits- und Lebenssituation der Arbeiterschaft verband sie im → Kaiserreich gleichzeitig mit politischen Forderungen nach dem allgemeinen Wahlrecht und nach der Stärkung der Rechte des Parlaments. → Parteiensystem

Staat Vereinigung vieler Menschen in einem klar begrenzten Gebiet unter einer souveränen Herrschaft. Der Staat ist gekennzeichnet durch den alleinigen Besitz der Gewaltmittel (Polizei, Militär), mit denen er den Rechtsfrieden garantieren soll (→ Hobbes). Die Rolle staatlicher → Politik ist jedoch nicht einfach zu beurteilen. Analysiert man Politik allein aus Sicht formaler Aspekte und zählt zum Staat nur → Institutionen der → exekutiven, → judikativen und → legislativen Gewalt (→ Gewaltenteilung), besteht die Gefahr, dass man die Einflussmöglichkeiten des Staates überschätzt. Der moderne demokratische Staat kann die → Gesellschaft nicht regeln, ohne auf soziale und ökonomische Entwicklungen sowie auf die Einbindung in die → internationalen Beziehungen Rücksicht zu nehmen. Um all diese Komponenten zu erfassen, die die Politik eines Staates heute beeinflussen, wird bei der Untersuchung zum einen das Modell des → politischen Systems hinzugezogen, das die Wechselwirkung von Staat und Gesellschaft und die Wechselwirkung zwischen dem Staat und den internationalen Beziehungen berücksichtigt. Zum anderen muss man auch → regulative Ideen, die jeder Staatsordnung zugrunde liegen, in Betracht ziehen. Diese multidimensionale Betrachtung ist wichtig, da Nationalstaaten (→ Nation) immer stärker von wirtschaftlichen Entwicklungen abhängig sind, die sie, besonders wegen der ökonomischen Aspekte der → Globalisierung, nicht direkt beeinflussen können. Außerdem haben viele Staaten eine Vielzahl an Kompetenzen an → supranationale Organisationen abgegeben. Durch die Einbindung Deutschlands in die → EU sind z. B. Bereiche der Landwirtschaft (→ Agrarmarkt) und der Währungspolitik (→ EZB) auf die europäische Ebene (→ Integration) übertragen worden.

Staatenbund Staatsform, in der souveräne Staaten in einer losen Gemeinschaft verbunden sind. Die in einem Staatenbund zusammenarbeitenden Staaten bleiben völlig selbstständig. Sie schließen einen Vertrag, um in bestimmten Aufgabenfeldern zusammenzuarbeiten. Hierzu gründen sie auch gemeinsame Organisationen. → Bundesstaat, → Einheitsstaat, → Föderalismus

Staatsorgane → Verfassungsorgan

Stabilitätsgesetz Gesetz in Deutschland zur Förderung der Stabilität und des Wachstums der Wirtschaft. 1967 verpflichteten sich Bundesrat und Bundestag, bei wirtschafts- und finanzpolitischen Maßnahmen die Bedürfnisse des gesamtwirtschaftlichen Gleichgewichts mit in Betracht zu ziehen. Die Maßnahmen sollen sowohl die Stabilität des Preisniveaus (→ Preis) sichern als auch einen hohen Beschäftigungsstand (→ Vollbeschäftigung) und ein → außenwirtschaftliches Gleichgewicht bei stetigem und angemessenem → Wirtschaftswachstum.

Stabilitätspakt Beschluss der Europäischen Union (→ EU) zur wirtschaftlichen Förderung der Mitgliedsstaaten. Zusätzlich zum Vertrag über die Europäische Union trat am 1. 1. 1999 der Stabilitätspakt in Kraft. Er hatte das Ziel, zur Verbesserung der wirtschaftlichen Situation innerhalb der EU beizutragen. Der Stabilitätspakt soll die Staaten zwingen, auch nach Einführung des → Euro (→ Währungsunion) an einem soliden wirtschaftlichen Kurs festzuhalten. So können gegen ein Land, dessen Neuverschuldung über 3 % des Bruttoinlandsprodukts (→ BIP) beträgt, Maßnahmen ergriffen werden (z. B. Geldbußen an die Gemeinschaftskasse zwischen 0,2 % und 0,5 % der Wirtschaftsleistung). Damit soll ausgeschlossen werden, dass sich einzelne Staaten stark verschulden und damit die gesamteuropäische Wirtschaft sowie die Stabilität des Euro in Mitleidenschaft ziehen. Ein betroffener Staat kann den EU-Ministerrat um Aussetzung der Sanktionen ersuchen, wenn seine Wirtschaftsleistung innerhalb eines Jahres zwischen 0,75 % und 2 % zurückging. Reduzierte sich die Wirtschaftsleistung um mehr als 2 %, werden keine Sanktionen verhängt, um eine unverschuldete Bestrafung zu vermeiden.

Stalin, Josef (geb. 21. 12. 1879 in Gori, gest. 5. 3. 1953 in Moskau) Generalsekretär der Kommunistischen Partei (KP) und Führer der → Sowjetunion. Stalin nahm an der → Oktoberrevolution teil und vergrößerte seine Macht nach → Lenins Tod.

Stalin errichtete eine skrupellose Gewaltherrschaft und dehnte den sowjetischen Machtbereich bis Mitteleuropa aus.

1929 waren alle Rivalen politisch ausgeschaltet und Stalin begann ein „Modernisierungsprogramm", das vom Terror gegen gewisse politische Klassen und Bevölkerungsgruppen gekennzeichnet war (→ Stalinismus, → Totalitarismus). Von 1934 bis 1938 ließ Stalin „große Säuberungen" innerhalb der Armee durchführen, parallel dazu wurden im ganzen Land Arbeits- und Straflager eingerichtet. Im → Zweiten Weltkrieg wurde der sowjetische Herrschaftsbereich über ganz Osteuropa ausgedehnt. Die Errichtung kommunistischer Regime in den besetzten Ländern nach dem Krieg (→ Satellitenstaaten) trug wesentlich zur Entstehung des → Kalten Krieges bei. Erst lange nach Stalins Tod konnte in der Sowjetunion Kritik an dessen Methoden geübt werden (→ Chruschtschow).

Stalinismus Ausprägung des → Totalitarismus. Der auf den Namen → Stalins zurückgehende Begriff bezeichnet einen exzessiven Personenkult und ein System gewaltsamer Unterdrückungsmethoden bis hin zur Deportation und Vernichtung ganzer Volksgruppen. Stalins Nachfolger → Chruschtschow setzte sich für eine Abschaffung des Stalinismus („Entstalinisierung") ein.

Stalin-Note Angebot → Stalins vom 10. 3. 1952 an Deutschland, das eine Wiedervereinigung vorsah und als Gegenleistung die → Neutralität Deutschlands im → Kalten Krieg forderte. Die Stalin-Note kam zu einem Zeitpunkt, der bei einer Annahme die Unterzeichnung des Vertrags über die Europäische Verteidigungsgemeinschaft (→ EVG) verhindert hätte. Wegen der bisherigen Machtpolitik Stalins misstrauten die Westmächte und insbesondere der bundesdeutsche Kanzler Adenauer dem Angebot. Bis heute werden die möglichen Absichten und Folgen der Stalin-Note kontrovers diskutiert.

Stammwähler → Wechselwähler

Standortfaktoren Bedingungen, die für die wirtschaftliche Attraktivität einer Region entscheidend sind. Standortfaktoren, die ein Gebiet attraktiv für die Neuansiedlung von Industrie- oder Dienstleistungsbetrieben machen, sind u. a. gute Verkehrsanbindungen (→ Infrastruktur), niedrige Steuern, niedrige Löhne und → Lohnnebenkosten und ein hoher Ausbildungsgrad der Arbeiter. Bei der Auswahl einer Region für die Ansiedlung von neuen Unternehmen werden vom Investor v. a. die Standortfaktoren verglichen.

Stasi → Ministerium für Staatssicherheit

Stellvertreterkrieg Militärische Auseinandersetzung, an der feindliche Großmächte zwar nicht direkt beteiligt sind, aber ihr Interesse mittels Waffenlieferungen u. Ä. doch durchzusetzen versuchen. Ein Stellvertreterkrieg gibt Großmächten die Gelegenheit, ihre jeweiligen Alliierten enger an sich zu binden und neue Strategien und Waffensysteme zu testen, ohne das Risiko einer direkten Konfrontation einzugehen. Während des → Kalten Krieges kam es zwischen den USA und der Sowjetunion zu Stellvertreterkriegen. So wurden etwa in Angola die rechtsgerichteten Rebellen der „Unita" von den USA unterstützt, die Truppen der sozialistischen Rebellen erhielten Hilfe aus Kuba und der Sowjetunion. In Südamerika waren Staaten wie El Salvador und Nicaragua Schauplätze von Stellvertreterkriegen.

Streik Stärkste Form des Arbeitskampfes. Bei einem Streik kommt es zur Niederlegung der Arbeit durch die Arbeitnehmer mit dem Ziel, den Druck auf die Arbeitgeber zu erhöhen, damit diese auf ihre Forderungen (Lohnerhöhungen, Kürzungen der Arbeitszeit etc.) eingehen. Der Arbeitskampf ist das letzte Mittel, um einen neuen → Tarifvertrag zu erzwingen. In Deutschland ist hierfür auf Gewerkschaftsseite eine Urabstimmung der Gewerkschaftsmitglieder erforderlich, wobei die IG Medien als einzige einen Streik per Vorstandsbeschluss in Gang setzen kann. Neben dem Flächenstreik (Streiks, die alle Betriebe eines Tarifgebiets umfassen) gibt es auf Gewerkschaftsseite auch die Möglichkeit, sog. Schwerpunktstreiks nur in bestimmten Betrieben oder Abteilungen durchzuführen. Als Gegenmaßnahme zu einem Streik können die Arbeitgeber Abwehraussperrungen vornehmen. Bezogen auf die Streikstrategie der Gewerkschaften ist Paragraf 116 Arbeitsförderungsgesetz von großer Bedeutung. Er besagt, dass die außerhalb des eigentlichen Streikgebiets durch die Auswirkung von Streikmaßnahmen arbeitslos gewordenen Beschäftigten von der Bundesanstalt für Arbeit keine Leistungen erhalten. Trotz aller Proteste der Gewerkschaften gegen diese Regelung wurde der Paragraf 1995 vom Bundesverfassungsgericht als verfassungsgemäß bestätigt. Die Folgen dieser gesetzlichen Regelung wirken sich auf die Finanzierbarkeit von Arbeitskämpfen aus, da streikende und ausgesperrte Gewerkschaftsmitglieder Streikgeld aus der Streikkasse ihrer Gewerkschaft erhalten. Insofern ist es für die Gewerkschaften kaum mehr möglich, mit gezielten Schwerpunktstreiks große Teile der Wirtschaft in Deutschland lahm zu legen, ohne dabei die Kosten für die betroffenen Arbeitnehmer tragen zu müssen. Die Gewerkschaften konzentrieren sich deshalb heute meist auf Streiks in Firmen in der Endproduktion, da hiervon kaum andere Unternehmen betroffen werden. Für bestreikte Firmen gibt es als Überbrückungshilfe einen Unterstützungsfonds aus einer Solidaritätskasse der Arbeitgeberverbände.

Streikrecht Gesetzliche Grundlage des → Streiks als Mittel des Arbeitskampfes. Im → Grundgesetz ist das Streikrecht zwar nicht ausdrücklich erwähnt, jedoch wird es durch die Bestimmungen über die Koalitionsfreiheit abgedeckt. Einige Länder (Bremen, Berlin, Hessen, Rheinland-

Die IG Metall, eine der größten Gewerkschaften Deutschlands, organisierte im Rahmen der Tarifauseinandersetzung 2002 in der Metallindustrie viele Warnstreikaktionen und Kundgebungen.

Darf die Gemeinschaft tätig werden? →	Wenn ja, soll die Gemeinschaft tätig werden? →	Wenn ja, in welchem Umfang und auf welche Weise?
nach Artikel 3 b des EG-Vertrages • Gemeinschaft kann nur handeln, wenn ausdrücklich Befugnis dazu erteilt wurde. • Sie ist an Aufgabenkatalog und Ziele des EG-Vertrags gebunden.	• Gemeinschaft soll nur tätig werden, wenn Ziel auf europäischer Ebene besser erreicht werden kann als auf Ebene einzelner Mitglieder. (Subsidiaritätsprinzip) • Für Bereiche, die in die alleinige Zuständigkeit der Gemeinschaft fallen, gilt diese Beschränkung nicht.	• Die von Gemeinschaft eingesetzten Mittel müssen in angemessenem Verhältnis zu angestrebten Zielen stehen. • Z. B.: Verzicht auf übertriebenen Finanz- und Verwaltungsaufwand, Beschränkung auf europäische Rahmenvorschriften und Mindestnormen.

Die Funktionsweise des Subsidiaritätsprinzips in der Europäischen Union.

Pfalz) regeln das Streikrecht in ihren Landesverfassungen, ansonsten gelten die Bestimmungen der Gesetze des Verwaltungs-, Zivil- und Strafrechts. Der Staat muss nach den Grundsätzen des freiheitlichen Rechtsstaats in einem Arbeitskampf neutral bleiben und darf durch seine Maßnahmen keine Seite unterstützen. Deshalb wird an Streikende keine Arbeitslosenunterstützung gezahlt. Es kann aber auch kein Arbeitsloser verpflichtet werden, eine durch Streik frei gewordene Stelle zu übernehmen. Für Beamte gibt es kein Streikrecht.

Strukturpolitik Bestrebungen, den wirtschaftlichen → Strukturwandel zu unterstützen und in die gewünschte Bahn zu lenken. Strukturpolitik beinhaltet alle supranationalen, nationalen und regionalen Ansätze, eine moderne, gewinnbringende sowie konkurrenzfähige regionale Wirtschaft aufzubauen, die darüber hinaus Arbeitsplätze sichert. Mittel der Strukturpolitik sind insbesondere die regionale Steuer- und Abgabenpolitik, die direkte und indirekte Wirtschaftsförderung, etwa durch → Subventionen, die Erleichterung von Unternehmensgründungen und der Ausbau der Infrastruktur.

Strukturwandel Tief greifende Veränderungen im Wirtschaftsaufbau einer Region oder einer Branche. Strukturwandel kann über die → Strukturpolitik bis zu einem gewissen Grad gefördert werden, aber auch unabhängig von politischen Maßnahmen erfolgen. Er betrifft insbesondere die Infrastruktur. Wirtschaftliche Strukturen, beispielsweise die durch industrielle Großkonzerne geprägte Stahlindustrie des Ruhrgebiets, wandeln sich im Lauf der Zeit durch technischen Fortschritt, veränderte Anforderungen an die Wirtschaft und neue Produktionsweisen. Der Strukturwandel kann positive Folgen haben, etwa die Steigerung der → Produktivität, aber auch schwere Probleme, wie anhaltende Arbeitslosigkeit und Abwanderung qualifizierter Arbeitskräfte, mit sich bringen.

Subsidiarität Prinzip, dass Aufgaben so weit wie möglich von der jeweils kleineren Einheit übernommen werden. Grundgedanke der Subsidiarität ist es, einzelnen Menschen und Kommunen, dem Interessenverband (→ Verband) usw. das größtmögliche Maß an Selbstständigkeit und Selbstverwaltung zu gewähren. Soweit eine Person oder eine Gemeinschaft selbst in der Lage ist, über ihre Belange zu entscheiden, sollen höher geordnete Ebenen, wie der Staat, nicht eingreifen. Diese sollen erst bei gemeinschaftlichen Aufgaben aktiv werden, die die untere Ebene überfordern. Der Subsidiaritätsgedanke wendet sich sowohl gegen eine von Vereinzelung geprägte Gesellschaft als auch gegen die zu starke Aneignung von Rechten durch den Staat. Der → Föderalismus basiert auf der Subsidiaritätsidee.

Subventionen Direkte oder indirekte Förderungsmaßnahmen des Staates zur Unterstützung von Unternehmen. Subventionen können in der Gewährung von Zahlungen, Krediten oder Bürgschaften bestehen oder Steuervergünstigungen beinhalten. In der Europäischen Union (→ EU) sind Subventionen, die den Handel der Mitgliedsstaaten beeinträchtigen, verboten. In Ausnahmefällen, wie etwa in gewissen Wirtschaftszweigen, bei Naturkatastrophen und der Abmilderung der deutschen Teilung waren bzw. sind sie jedoch gestattet. In Deutschland sind v. a. die Subventionen für den Kohlebergbau immer wieder ein Diskussionsthema, da die EU auf eine baldige Streichung der Zuschüsse für unrentable Betriebe drängt, dies aber viele Arbeitsplätze gefährdet.

Supermächte Staaten, die in der Lage sind, weltweit ihren politischen, ökonomischen und militärischen Einfluss auszuüben. Während des → Kalten Krieges waren dies die beiden Atommächte USA und Sowjetunion (→ Bipolarität). Heute sind die USA angesichts ihrer wirtschaftlichen und militärischen Stärke die weltweit einzige Supermacht, wenn auch das → internationale politische System neue, nuklear bewaffnete regionale Großmächte (wie etwa → China) hervorbringt.

Supranationale Organisation Zusammenschluss mehrerer Staaten unter freiwilliger Abgabe nationaler Kompetenzen. Im Gegensatz zu einer → internationalen Organisation kann eine supranationale Organisation umfassend in die staatliche Politik eingreifen und dadurch dem nationalen Akteur bestimmte Kompetenzen entziehen. Ein Beispiel für eine supranationale Organisation ist die Europäische Union (→ EU).

Symbolische Politik In der Öffentlichkeit von Entscheidungsträgern inszenierte politische Handlungen. Durch die zunehmende Bedeutung der Massenmedien in der → Politik ist auch die Bedeutung der symbolischen Politik gestiegen, denn besonders mithilfe des Fernsehens besteht die Möglichkeit, auf einen großen Teil der Bevölkerung Einfluss zu nehmen.

T

Tarifautonomie Prinzip, dass Arbeitgeber und Arbeitnehmer in freier Vereinbarung die Arbeitsbedingungen in den Unternehmen ohne Eingreifen des Staates regeln. Grundlage der Tarifautonomie ist die im Grundgesetz festgelegte Koalitionsfreiheit, d. h. das Recht, zur Wahrung und Förderung der Arbeits- und Wirtschaftsbeziehungen Vereinigungen zu bilden. Diese Vereinigungen sind die → Gewerkschaften als Vertreter der Arbeitnehmer und die Unternehmerverbände als Vertreter der Arbeitgeber, auch Tarifvertragsparteien. Sie sind zuständig für Vereinbarungen über Löhne und Gehälter, Ausbildungsvergütungen sowie Pausenregelungen, Wochenarbeitszeit und Urlaub. Diese Regelungen werden in einem → Tarifvertrag vereinbart. Nur für eng begrenzte Vertragsinhalte (Mindesturlaub, Lohnfortzahlung im Krankheitsfall) hat der Staat aus sozialpolitischen Gründen bestimmte Untergrenzen vorgegeben, die von den Tarifpartnern respektiert werden müssen. Ebenso gibt es Obergrenzen wie bei der täglichen Arbeitszeit.

Tarifvertrag Vereinbarung zwischen den Tarifvertragsparteien (→ Tarifautonomie). Im Tarifvertrag werden die Rechte und Pflichten der Tarifparteien, insbesondere zu Löhnen, Arbeitszeit- und Urlaubsregelungen, festgelegt. Meist gehen dem Vertragsabschluss intensive Auseinandersetzungen zwischen Arbeitgebern und Arbeitnehmern voraus. → Streik

Terror Anwendung massiver → Gewalt zur Einschüchterung oder Erpressung. Terror oder Terrorismus richtet sich willkürlich oder gezielt gegen Angehörige bestimmter Bevölkerungsgruppen oder sozialer Schichten. Er geht von Einzelpersonen oder Organisationen aus, die sich häufig als Befreier von staatlicher oder gesellschaftlicher Unterdrückung verstehen. Vor dem Hintergrund politischer und religiöser Auseinandersetzungen wie des → Nahostkonflikts und des → Nordirlandkonflikts, kommt es immer wieder zu Terror. Insbesondere in den 1970er-Jahren war auch Deutschland vom Terrorismus betroffen. Verantwortlich hierfür war die „Rote Armee Fraktion" (RAF), die durch Anschläge und Entführungen einen Umsturz des politischen Systems bewirken

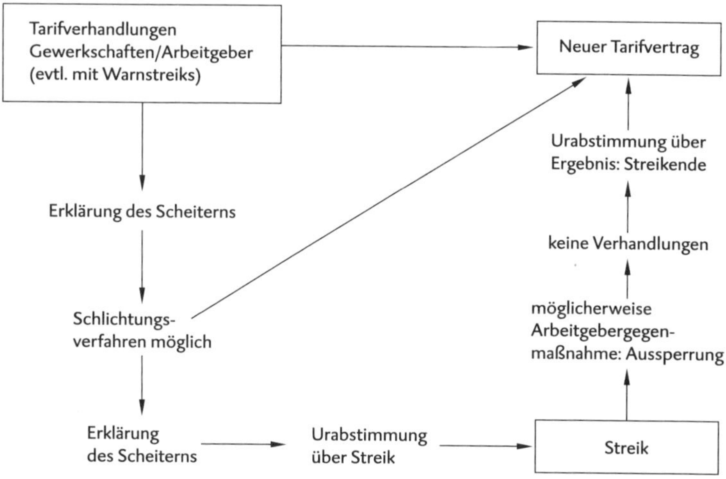

Das Zustandekommen eines Tarifabschlusses.

wollte. Eine neue Dimension erreichte der Terrorismus im September 2001 mit den Selbstmordanschlägen auf das World Trade Center in New York und das Pentagon in Washington D. C.. Das Versagen der westlichen → Geheimdienste wurde dabei ebenso offensichtlich wie die mangelnden Sicherheitsvorkehrungen an vielen Flughäfen. In totalitären politischen Systemen (→ Totalitarismus) kann es zu staatlichem Terror kommen.

Tertiärer Sektor Bereich der → Wirtschaft, der alle Dienstleistungen umfasst (u.a. Pflege, Banken, Gaststätten, Versicherungen). Der Anteil des tertiären Sektors am Bruttoinlandsprodukt (→ BIP) in Deutschland beträgt zur Zeit (2002) ca. 64 %. → Agrargesellschaft, → Dienstleistungsgesellschaft, → Primärer Sektor, → Schichtung, → Sekundärer Sektor

Thomas von Aquin (geb. 1224/25 in Roccasecca, Süditalien, gest. 1274 in Fossanova, Süditalien) Dominikanermönch und politischer Philosoph. Thomas von Aquin studierte in Neapel und Köln, lehrte danach an verschiedenen europäischen Universitäten und am päpstlichen Hof. Sein unvollendetes Hauptwerk „Summa theologica" geht, obwohl es seinem Gehalt nach durch und durch theologisch ist, nicht vom christlichen Glauben aus, sondern sieht ihn als Ziel an, da philosophische Fragen, die sich nicht mehr mit dem Verstand beantworten lassen, letztlich auf Gott verweisen. Ebenso wie → Aristoteles fragt auch die politische Philosophie Thomas von Aquins zunächst nach dem normativen, dem moralischen Wert einer Staatsordnung. Der Mensch, der sich nur in der Gesellschaft verwirkliche, müsse sich absolut dem Staat unterordnen. Dieser Staat soll ihm im Gegenzug die Möglichkeit eines tugendhaften Lebens gewähren, gegen ungerechte Herrschaft besteht ein Widerstandsrecht. Thomas von Aquin formulierte die Lehre des → gerechten Krieges, wobei er auf die Schriften von → Augustinus zurückgriff. Das Verhältnis von Staat und Kirche – eine wichtige politische Fragen des Mittelalters – wird von Thomas weder als Hierarchie noch als Konkurrenzverhältnis beschrieben. Die Kirche solle nur so weit in die Politik eingreifen, als es für die Verwirklichung des Glaubens, also die Beziehung des Menschen zu Gott, notwendig sei. Die beste Herrschaftsform sieht er in der konstitutionellen → Monarchie.

Tocqueville, Alexis de (geb. 29.7. 1805 in Verneuil-sur-Seine, gest. 16.4. 1859 in Cannes) Französischer Außenminister und Theoretiker der Demokratie. Tocqueville stammte aus einer alten normannischen Adelsfamilie, die unter den Wirren der Französischen Revolution und dem nachfolgenden Terror litt. Er studierte Rechtswissenschaft und wurde Richter in Versailles. Innerlich mit der französischen Verfassung unzufrieden, nutzte er eine Reise in die USA, um deren politisches System zu analysieren. Sein Hauptwerk über die „Demokratie in Amerika" beschreibt die demokratische Staatsform als Ziel geschichtlicher Entwicklung. Für Tocqueville ist die Gleichheit aller Menschen Gottes Wille. Die demokratische Revolution birgt seiner Meinung nach jedoch auch große Gefahren in sich. So führe sie zu einer wachsenden Individualisierung der Menschen und zum Niedergang des Gemeinsinns. Die absolute Demokratie könne in letzter Konsequenz auch zu einer Diktatur des Mehrheitswillens werden, die Minderheiten nur die Möglichkeit ließe, sich entweder ganz aus dem politischen Prozess zurückzuziehen oder sich notgedrungen der Mehrheit anzupassen. Aus der eifersüchtigen Rivalität verschiedener Gruppen gehe schließlich die zentrale Staatsgewalt als Gewinner hervor. Nur die Einrichtung von Institutionen und die Schaffung eines demokratischen Bewusstseins in der Bevölkerung können nach Tocqueville eine Tyrannis verhindern. So zentral das Element der Demokratie in seinen Werken auch war, so sehr blieb er doch zeitlebens Aristokrat und begrüßte die imperialistische Ausdehnung der europäischen Staaten.

Totalitarismus Form der → Herrschaft, in der der Staat in großem Ausmaß in die Privatsphäre seiner Bürger eingreift und sich bemüht, sie immer unter ständiger Kontrolle zu halten. In totalitären Staaten versucht die Regierung, die Menschen im Sinn der herrschenden → Ideologie zu formen und verfügt dabei über zahlreiche Mechanismen: politische Vereinigungen, Jugendorganisationen und Medien arbeiten unter Aufsicht des Staates bzw. der in ihm herrschenden Partei (→ Diktatur). Im 20. Jahrhundert waren es v. a. der → Faschismus/→ Nationalsozialismus und der → Kommunismus, die totalitäre Systeme hervorbrachten.

Transformationsprobleme Gesamtheit politischer und wirtschaftlicher Probleme, die sich für einen Staat beim Übergang vom sozialistischen zum marktwirtschaftlichen System ergeben. Die Transformationsprobleme erfassten nach 1989 praktisch alle ehemaligen Ostblockstaaten. Diese Probleme sind v. a. darauf zurückzuführen, dass Betriebe im → Kommunismus im Vergleich zu kapitalistisch organisierten Unternehmen eine geringere → Produktivität aufweisen. Dies spielte in der Zeit der Blockkonfrontation (→ Kalter Krieg) kaum eine Rolle, da der Markt gegenüber Produkten aus den kapitalistischen Staaten abgeschottet war und somit gesteuert werden konnte. Mit dem Zerfall der sozialistischen Systeme mussten sich die osteuropäischen Staaten, um ihre Wirtschaft zu modernisieren, aber dem Weltmarkt öffnen. Dies hatte zur Folge, dass zahlreiche nunmehr unrentabel gewordene → Unternehmen Arbeiter entließen bzw. schließen mussten. In der DDR kam es zu Transformationsproblemen, die lange Zeit unterschätzt wurden. So konnte z. B. noch immer keine Anhebung aller Löhne auf Westniveau erreicht werden, wenn auch, im Vergleich zu anderen ehemaligen Ostblockstaaten, die ökonomischen Schwierigkeiten besser abgefedert wurden. Auf politischer Ebene können Transformationsprobleme auftreten, wenn die politischen und militärischen Eliten notwendige Reformen verweigern oder versuchen, ihre Macht durch den Aufbau mafiöser Strukturen zu erhalten.

Treuhandanstalt Staatliche Institution, die für die treuhänderische Verwaltung des Vermögens der DDR zuständig ist. Nach Art. 25 des → Einigungsvertrags hatte die Treuhandanstalt die Aufgabe, die Betriebe der ehemaligen DDR wettbewerblich zu strukturieren und zu privatisieren, was von 1990 bis Ende 1994 ausgeführt werden sollte. Damit wurde die schon von der DDR-Regierung Modrow gegründete Treuhandanstalt, die zum damaligen Zeitpunkt noch die DDR-Wirtschaft vor weitgehender Privatisierung schützen sollte, um große Teile des sozialistischen Eigentums zu erhalten, umfunktioniert. Die Anzahl der Betriebe, die der Treuhandanstalt unterstellt waren, erhöhte sich von 8 000 auf 14 000, die Privatisierung der gesamten Volkswirtschaft der ehemaligen DDR schloss die Treuhandanstalt 1994 mit folgender Bilanz ab: 14 000 Unternehmen und Betriebsteile, 22 000 Gaststätten, Hotels und Ladengeschäfte sowie 41 000 nicht landwirtschaftliche Grundstücke wurden privatisiert.

Truman, Harry (geb. 8. 5. 1884 in Lamar, Missouri, gest. 26. 12. 1972 in Kansas City, Missouri) Präsident der USA von 1945 bis 1953. Der Richter Truman wurde 1934 demokratischer Abgeordneter für Missouri. Seit 1944 Vizepräsident, übernahm er nach dem Tod → Roosevelts dessen Nachfolge. Truman war Ende des → Zweiten Weltkriegs für die Atombombenabwürfe auf die japanischen Städte Hiroshima und Nagasaki verantwortlich. Im beginnenden → Kalten Krieg bemühte sich Truman, den Einfluss der Sowjetunion weltweit einzudämmen (→ Truman-Doktrin). Er sicherte allen Staaten, besonders Griechenland und der Türkei, Unterstützung gegen die kommunistische Bedrohung (→ Kommunismus) zu. Die Gründung der → NATO unter Führung der USA sowie der Eintritt in den → Koreakrieg standen ebenfalls im Zeichen von Trumans Eindämmungspolitik. Im eigenen Land ließ Truman Senator McCarthy bei dessen Kampagne gegen eine vermeintlich kommunistische Verschwörungsbewegung innerhalb der USA relativ freie Hand.

Truman-Doktrin Außenpolitisches Konzept der USA in den 1950er-Jahren, benannt nach dem Präsidenten → Truman. Die 1947 entwickelte Truman-Doktrin bot allen Staaten Hilfe im Kampf für die Demokratie gegen den kommunistischen Einfluss an. Konkret wurden insbesondere Griechenland und die Türkei unterstützt, wo die Gefahr einer kommunistischen Machtübernahme besonders groß schien. Auch sollte durch die Truman-Doktrin im beginnenden → Kalten Krieg dem Konzept des sozialistischen → Internationalismus begegnet werden.

Tschetschenienkrieg Konflikt in der russischen Provinz zwischen der dortigen Bevölkerung und der russischen Regierung. Bereits im zaristischen Russland leisteten die Tschetschenen heftigen Widerstand gegen die russische Herrschaft. 1936 erhielt die Provinz den Status einer autonomen Republik innerhalb der Sowjetunion. Wegen angeblicher Unterstützung der deutschen Truppen ließ → Stalin die tschetschenische Bevölkerung 1944 nach Mittelasien und Sibirien deportieren, → Chruschtschow gestattete 1957 deren Rückkehr. Mit dem Zerfall der Sowjetunion 1990 flammten die Unabhängigkeitsbestrebungen in der Krisenprovinz erneut auf und Dschochar Dudajew, der in der → Roten Armee als Luftwaffengeneral gedient hatte, setzte sich an die Spitze der tschetschenischen Rebellenbewegung. Nach einem politischen Tauziehen zwischen Moskau und Grosny erklärte Dudajew am 8. 11. 1991 die Republik für unabhängig. In der Folgezeit kam es zu bürgerkriegsartigen Auseinandersetzungen zwischen Befürwortern und Gegnern der Unabhängigkeit. Der russische Präsident → Jelzin ließ im Dezember 1994 Truppen in die Provinz einrücken und nach schweren Kämpfen mussten die Verteidiger Grosny aufgeben. Daraufhin brach ein Partisanenkrieg im Bergland Tschetscheniens aus. Zudem bemühten sich die Separatisten, den Konflikt auf Russland auszudehnen – so kam es 1995 zu einer groß angelegten Geiselnahme in Südrussland. Der russische General Lebed handelte in der Folgezeit einen Frieden mit den Rebellen aus, der jedoch nur bis zum Frühjahr 1999 hielt. Die russische Armee ist im Tschetschenienkrieg wegen großer Brutalität gegen Zivilisten international heftig kritisiert worden. Der Krieg, der in Russland sehr populär ist, dauert weiter an und wird von Politikern zu ihrer Profilierung gegenüber der Bevölkerung genutzt. Der russische Präsident → Putin bemühte sich nach den Terroranschlägen (→ Terror) in den USA am 11. 9. 2001, den Tschetschenienkrieg als Kampf gegen den Terrorismus darzustellen.

Tyrannis Antike Staatsform, in der ein Gewaltherrscher seine Macht willkürlich ausübt. → Aristoteles beschreibt die Tyrannis als die negative Ausprägung der → Monarchie.

U

Überhangmandat Zusätzliche Sitze im Bundestag, die entstehen, wenn bei der Bundestagswahl eine Partei in einem Bundesland mehr → Direktmandate erringt, als ihr nach dem Zweitstimmenanteil in diesem Bundesland zustehen (1998: 13 Stück und 669 Bundestagsmitglieder, 2002: 5 Stück und 603 Bundestagsmitglieder). Dies geschieht, wenn viele Wähler ihre Stimmen „splitten" (→ Splitting). → Wahlen

Angesichts globaler Umweltprobleme, die sich auch in den entlegensten Regionen bemerkbar machen, sollte versucht werden, besonders im Energiebereich, ressourcenschonende Mittel einzusetzen.

Ulrich von Hutten (geb. 21.4.1488 in Schlüchtern, gest. 29.8.1523 Insel Ufenau im Zürichsee) Deutscher Humanist und Reichsritter. Ulrich von Hutten war Vertreter eines radikalen, patriotischen → Humanismus, der sich gegen die Ausbeutung durch die Kirche wandte und für ein geeintes Deutschland unter einem starken Kaiser eintrat. Mit sarkastischen Gedichten prangerte er die Missstände seiner Zeit an und versuchte vergeblich, einen Volksaufstand gegen die kirchliche Herrschaft zu entfachen.

Ultimatum Drohung, bei Nichterfüllung von Forderungen bestimmte Strafmaßnahmen (→ Sanktionen) anzuwenden. Das Ultimatum gibt den zeitlichen Rahmen an, innerhalb dessen die angestrebte Aktion zu geschehen hat. Es ist das schärfste Instrument der → Diplomatie und wird häufig mit militärischen Gesten unterstrichen. So war das Ultimatum der → UN an den Irak, seine Truppen bis zum 15.1.1991 aus Kuwait zurückzuziehen, von massiven Truppenaufmärschen in Saudi-Arabien begleitet (→ Golfkrieg).

Umweltpolitik Politische Maßnahmen, die sich mit der Umwelt und deren Schutz beschäftigen. Ziel der Umweltpolitik ist es in erster Linie, die Verschmutzungen, die dem Boden, der Luft und den Gewässern durch die Eingriffe des Menschen zugefügt werden, zu verringern und deren Folgen zu mildern. Umweltpolitik wird von Staaten und → internationalen Organisationen betrieben. Instrumente hierfür sind z.B. die Festlegung von Grenzwerten, die Förderung umweltfreundlicher Produktionsmethoden und die ökologische Umgestaltung der Wirtschaft. In den 1970er-Jahren stieg das Bewusstsein für Fragen des Umweltschutzes in Deutschland stark an. Aus den zunächst losen Verbindungen von Atomkraftgegnern und Umweltschutzgruppen ging im Januar 1980 die Partei der Grünen (heute → Bündnis 90/Die Grünen) hervor, die sich als Anwalt einer umweltfreundlichen Politik verstand. Heutige Umweltpolitik spielt sich im Spannungsfeld der → Globalisierung ab und findet nicht mehr nur im nationalen Rahmen statt. Internationale Abmachungen zur Umweltpolitik sind die → Agenda 21 und das → Kyoto-Protokoll.

UN (engl. *United Nations* bzw. *UNO* engl. *United Nations Organisation*) Internationale Organisation mit inzwischen

191 Mitgliedsstaaten (alle Staaten der Welt mit Ausnahme der Demokratischen Arabischen Republik Sahara, Taiwans, der Türkischen Republik Nordzypern und Vatikanstadt). Die Schweiz entschied sich im März 2002 in einer Volksabstimmung für den Beitritt. Die wichtigsten Organe der Vereinten Nationen sind der → UN-Sicherheitsrat, die → UN-Generalversammlung, der → UN-Generalsekretär sowie der Internationale Gerichtshof (→ IGH). Die UN wurde am 24. 10. 1945 gegründet. Ihr Ziel war es, nach den Erfahrungen des Zweiten Weltkriegs und dem gescheiterten → Völkerbund „künftige Geschlechter vor der Geißel des Krieges zu bewahren". Konflikte sollen im Rahmen des → Völkerrechts durch Verhandlungen der Konfliktparteien beigelegt werden. Das Hauptziel der UN besteht somit in der Sicherung des → Friedens und der Durchsetzung der Menschenrechte. Die realen Handlungsmöglichkeiten der UN bleiben bis heute jedoch weit hinter diesem Anspruch zurück. Während des → Kalten Krieges blockierten die → Supermächte gegenseitig ihre Initiativen (→ Einstimmigkeitsprinzip). Eine Veränderung ergab sich erst mit dem Zerfall des Ostblocks. Trotz zunehmender internationaler Ausweitung des Einflusses der UN gibt es aber noch keinen allgemeinen Mechanismus zur Durchsetzung der → Resolutionen. Das Prinzip der Nichteinmischung in die inneren Angelegenheiten eines Staates (→ Souveränität) verbietet eine → Intervention gegen dessen Willen. Deshalb müssen Eingriffe der UN oft mit anderen Gründen legitimiert werden, etwa mit einer vorliegenden „Bedrohung des Weltfriedens", da dies eine Intervention erlaubt. Deshalb sind die UN immer auf die Mitarbeit ihrer einflussreichsten Mitgliedsstaaten angewiesen. Die Resolutionen zur Räumung der von Israel besetzten Gebiete z. B. blieben weitgehend wirkungslos, da sich die USA häufig gegen diese aussprach. Die Resolutionen gegen die irakische Besetzung Kuwaits (→ Golfkrieg) wurden dagegen, auf Drängen der USA, umgesetzt. Weltweit führen die UN auch sog. friedenserhaltende Maßnahmen durch, an denen zur Zeit (2002) ca. 15 000 Soldaten (→ Blauhelme) beteiligt sind.

UN-Generalsekretär Von der → UN-Generalversammlung gewählter oberster Beamter der Vereinten Nationen. Der Generalsekretär ist, ähnlich der → Exekutive in einem Staat, mit der Umsetzung der angestrebten Politik betraut. Seine Aufgabe liegt hierbei v. a. in der Verhütung oder Beilegung internationaler Konflikte. Er kann Initiativen in den → UN-Sicherheitsrat bzw. die UN-Generalversammlung einbringen. Seit dem Ende des → Kalten Krieges genießt der Generalsekretär einen größeren Handlungsspielraum, da die USA und Russland die gegenseitige Blockade im Sicherheitsrat weitgehend aufgegeben haben. 2001 wurde der Friedensnobelpreis zu gleichen Teilen der UN und ihrem Generalsekretär Kofi Annan (Ghana) verliehen.

UN-Generalversammlung Organ der → UN, in dem alle Mitgliedsstaaten vertreten sind. Die Generalversammlung entscheidet über die Zusammensetzung anderer UN-Organe, wählt den → UN-Generalsekretär, kontrolliert den Haushalt und kann Empfehlungen an den → UN-Sicherheitsrat und die Mitgliedsstaaten richten. In diesem Gremium verfügt jeder Staat über eine Stimme. Während des → Kalten Krieges kam der Generalversammlung eine besondere Stellung zu, weil der Sicherheitsrat bei wichtigen Entscheidungen durch den Gegensatz der → Supermächte blockiert war, die durch ein Veto den Rat zur Beschlussunfähigkeit verurteilen konnten (→ Einstimmigkeitsprinzip). Allerdings kann die Generalversammlung keine → Intervention beschließen, sondern lediglich nicht bindende Empfehlungen aussprechen. Aus diesem Grund hat sie hauptsächlich symbolische Bedeutung durch die Veröffentlichung

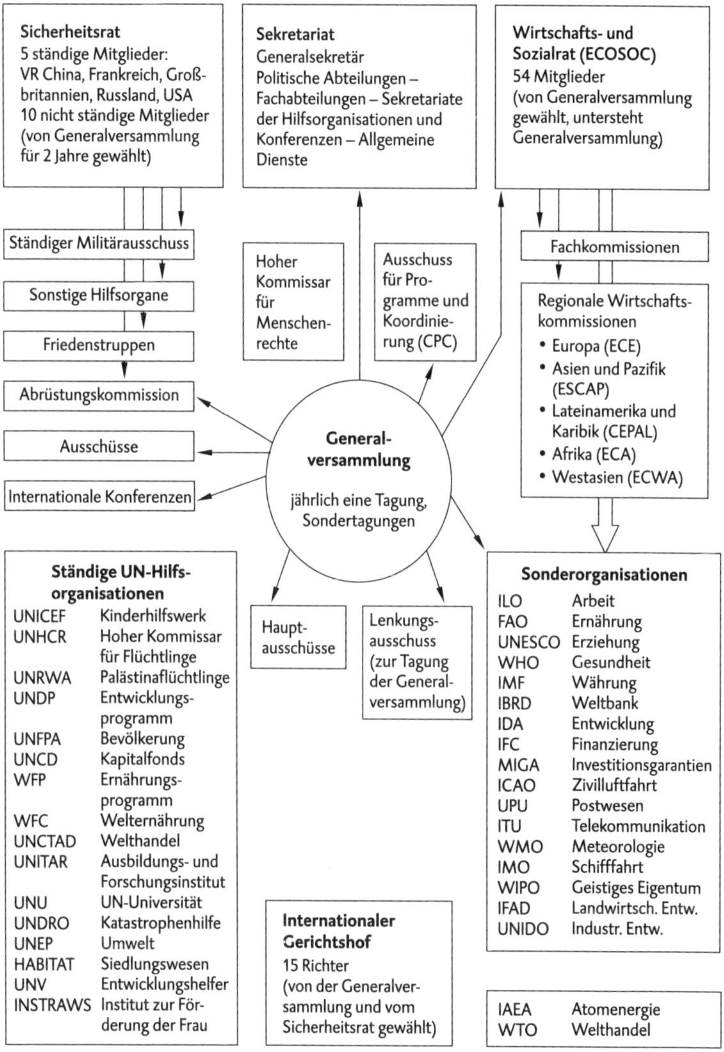

Struktur und Arbeitsweise der Vereinten Nationen.

von Resolutionen und Erklärungen („Allgemeine Erklärung der → Menschenrechte"). Die Generalversammlung bildet außerdem das zentrale Diskussionsforum der Vereinten Nationen. Bei wichtigen Anlässen erscheinen auch Staats- und Regierungschefs, um die Anliegen ihrer Länder zu verdeutlichen.

UN-Sicherheitsrat Organ der → UN, bestehend aus fünf ständigen (China, Frankreich, Großbritannien, USA, Russland) und zehn nicht ständigen, wechselnden Mitgliedern. Die ständigen Mitglieder des Sicherheitsrats verfügen über ein → Vetorecht. Dies wurde im → Kalten Krieg insbesondere von der Sowjetunion (115-mal) genutzt. In den 1990er-Jahren bildete der Sicherheitsrat das Hauptinstrument zur Verhütung und Beilegung internationaler Konflikte. Deutschland, das dreimal zu den nicht ständigen Mitgliedern gehörte, strebt, ebenso wie Japan, einen ständigen Platz im Sicherheitsrat an, um sich Einfluss bei wichtigen Entscheidungen (→ Intervention) zu sichern.

Ungarnaufstand Erfolglose ungarische Rebellion gegen die kommunistische Herrschaft im Oktober/November 1956. Der Ungarnaufstand spielte sich weltpolitisch im Schatten des Suezkriegs (→ Nahostkonflikt) ab und wurde durch die Entstalinisierung in der → Sowjetunion begünstigt. Viele Ungarn hofften damals auf eine allgemeine Lockerung der sowjetischen Machtpolitik. Am 23. 10. 1956 kam es zu Massenprotesten und der Reformpolitiker Imre Nagy wurde am Tag darauf erneut Ministerpräsident. Er schaffte das im Land herrschende Einparteiensystem ab und erklärte den Austritt Ungarns aus dem → Warschauer Pakt. Daraufhin kam es am 4. 11. 1956 zu einer Intervention russischer Truppen, die den Aufstand blutig niederschlugen. Nagy, der in der jugoslawischen Botschaft Zuflucht gesucht hatte, wurde verhaftet und 1958 in Budapest hingerichtet. 1989 erfolgte seine Rehabilitation. → DDR, → Prager Frühling

Unilateralismus Politische Haltung, die den eigenen Willen durchsetzt, ohne Rücksicht auf den Einfluss anderer politischer → Akteure zu nehmen bzw. ohne die Entscheidungen mit politischen Partnern zu koordinieren. Im Gegensatz zum Unilateralismus steht der → Multilateralismus. Ein Beispiel für eine unilaterale Vorgehensweise ist das geplante Raketenabwehrprogramm der USA, das von vielen Staaten kritisiert oder abgelehnt wird. → SALT-/START-Verträge

UNO → UN

Unterentwicklung Mangelnde Wirtschaftskapazität, schlechte Infrastruktur und das Unvermögen eines Staates, die Lebensgrundlagen seiner Bevölkerung zu gewährleisten. Unterentwickelte Staaten werden → Entwicklungsländer genannt. Viele dieser Länder sind über die unmittelbaren wirtschaftlichen Schwierigkeiten hinaus auch von anderen, sowohl internen als auch externen Problemen betroffen. Schwierigkeiten entstehen z. B. durch ungünstige klimatische Bedingungen im Land, Überbevölkerung, einen niedrigen Bildungsgrad, soziale und ethnische Konflikte und korrupte Regime. Außerdem können unvorteilhaft verlaufende Wirtschaftsbeziehungen mit den → Industriestaaten und die hohe Verschuldung zur Unterentwicklung beitragen. Diese führt oftmals zu Teufelskreisen der → Armut, aus denen es kaum einen Ausweg gibt. → Dritte Welt, → Nord-Süd-Konflikt

Unternehmen Rechtsform, nach der meist verschiedene → Betriebe zu einer wirtschaftlichen Einheit verbunden sind. Bei Unternehmen wird grundsätzlich zwischen Personalgesellschaften (z. B. Handwerksbetrieb) und Kapitalgesellschaften (z. B. Aktiengesellschaft) unterschieden.

Untersuchungsausschuss Kommission, die zur Kontrolle von Regierung und Verwaltung vom Bundestag eingesetzt werden kann. Untersuchungsausschüsse haben die Aufgabe Sachverhalte, deren Klärung im öffentlichen Interesse liegt, zu untersuchen und dem Bundestag darüber Bericht zu erstatten.

USA (1) Politisches System: Die nach dem Unabhängigkeitskrieg aus 13 britischen Kolonien hervorgegangenen USA verfügen über die weltweit älteste noch gültige Verfassung. Diese trat 1791 in Kraft. Somit ist die Demokratie der USA von einer hohen verfassungsrechtlichen Kontinuität gekennzeichnet. Die Verfassung wird durch die „Bill of Rights“, den Grundrechtskatalog, ergänzt, der auf der

Vorstellung unveräußerlicher → Menschenrechte basiert. Freie Meinungsäußerung und freie Religionsausübung werden garantiert, ebenso soll der Bürger vor staatlicher Willkür geschützt werden. Die USA besitzen ein präsidentielles Regierungssystem mit starken föderalistischen Elementen, die den einzelnen Bundesstaaten eine starke Stellung gegenüber der Zentralregierung in Washington geben. Legislative, Exekutive und Judikative sind institutionell voneinander getrennt, aber bei der Politikgestaltung auch aufeinander angewiesen – es existiert also sowohl eine → Gewaltenteilung als auch eine Gewaltenverschränkung. Das → Parteiensystem ist im Wesentlichen vom Gegensatz zwischen den Republikanern und den Demokraten gekennzeichnet. (2) Geschichte: Mit dem Eintritt in den → Ersten Weltkrieg 1917 wandten sich die USA von ihrer bisherigen Politik des → Isolationismus ab. Präsident Wilson, der 1916 den Wahlkampf noch mit der Versprechung gewonnen hatte, er werde das Land aus dem Krieg heraushalten, tat nun alles, um die USA wirtschaftlich und moralisch auf den Konflikt einzustimmen. Anlass hierzu gab der uneingeschränkte U-Boot-Krieg des Deutschen Reiches gegen England, von dem auch amerikanische Schiffe betroffen waren. Obwohl die Präsenz amerikanischer Truppen in Europa anfangs nur geringe Auswirkungen auf die Kämpfe hatte, trug sie auf deutscher Seite zur Demoralisierung bei. Bei den Friedensverhandlungen in Versailles konnte sich Wilson, dessen 14-Punkte-Programm auf dem Selbstbestimmungsrecht der Völker basierte, nicht gegen Frankreich und Großbritan-

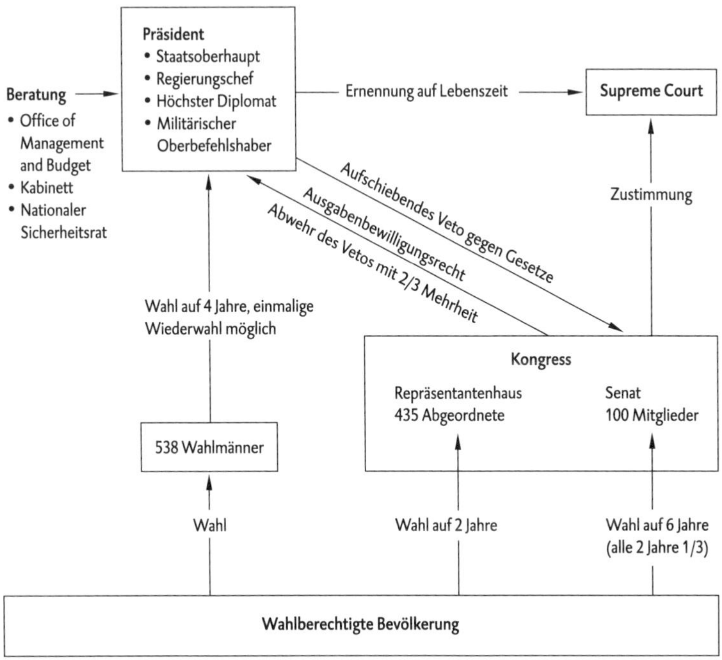

Systematischer Überblick zum politischen System der USA.

nien durchsetzen, die beide Deutschland auf Dauer schwächen wollten (→ Weimarer Republik). Der Börsensturz im Oktober 1929 war für die USA wie für die Weltwirtschaft der Beginn einer anhaltenden Krise. US-Präsident → Roosevelt konnte jedoch durch groß angelegte, staatliche direkt gegenüber. Das Ende der kommunistischen Systeme in Osteuropa und besonders der Untergang der Sowjetunion hinterließ die USA als weltweit einzige → Supermacht. @ http://www.house.gov @ http://www.whitehouse.gov @ http://www.senate.gov

Die amerikanische Metropole New York ist ein wichtiges (finanz-)politisches und wirtschaftliches aber auch gesellschaftliches Zentrum. In den Gebäuden der Vereinten Nationen treffen sich Vertreter aus aller Welt und am Times Square leuchten riesige Reklametafeln globaler Konzerne.

Wirtschaftsprogramme für innere Stabilität sorgen. Durch den Angriff japanischer Truppen auf den US-Militärstützpunkt in Pearl Harbor und die Kriegserklärung Hitlerdeutschlands, befanden sich die USA seit Dezember 1941 im → Zweiten Weltkrieg. Der Sieg über Deutschland und Japan, über Letzteres durch den Einsatz von → Atomwaffen, bedeutete für die USA den Beginn eines beispiellosen weltpolitischen und wirtschaftlichen Aufstiegs. Im → Kalten Krieg bemühten sich die USA wie die Sowjetunion um Durchsetzung ihres Machtanspruchs und beide Staaten standen sich in → Stellvertreterkriegen in-

Utilitarismus Philosophische Lehre, die das „Nützliche" als „Gutes" ansieht. Dem Utilitarismus gilt das Glück vieler Personen als hohes Ziel, die persönliche Zufriedenheit jedes Einzelnen wird als Schritt auf dem Weg zur Zufriedenheit aller Menschen gewertet. Es wird zwischen den beiden Hauptformen, dem hedonistischen und dem ideellen Utilitarismus unterschieden. Hat der hedonistische Utilitarismus den reinen Lustgewinn und das dadurch erzielte Glück zum Thema, so strebt der ideelle Utilitarismus neben Lust außerdem noch nach Selbsterkenntnis, Weisheit und Liebe.

V

Verband Zusammenschluss von Personen mit dem Ziel, gemeinsame Interessen durchzusetzen. Verbände – auch Interessengruppen, Lobbyisten (→ Lobbyismus), Pressure Groups –, versuchen, ihre Interessen zu organisieren, sie in der Öffentlichkeit zu vertreten und bei politischen Entscheidungsträgern durchzusetzen. Im Gegensatz zu politischen Parteien besitzen Verbände keine politische Gesamtkonzeption und versuchen nicht, möglichst viele Bürger verschiedener sozialer Schichten zu integrieren, sondern vertreten partiell Interessen ihrer Organisationsmitglieder. Dabei bedienen sie sich u. a. folgender Mittel: Finanzielle Wahlhilfen, Mitgliedschaft von Funktionären in Parteien, Kontakt mit Bundesministerien, Bundestagsausschüssen oder Ländermisterien, Eingaben und Stellungnahmen an diese Adressaten und Mitgliedschaft von Mitgliedern in Landtags- und besonders Bundestagsfraktionen. Im Bundestag von 1990 bis 1994 gehörten 39,4 % der Bundestagsmitglieder unterschiedlichen Verbänden an. Der Erfolg eines Verbands hängt von der Zahl seiner Mitglieder, den finanziellen Mitteln, der Geschlossenheit seines Auftretens und der personellen und interessenmäßigen Verbindung mit den an der Regierung beteiligten Parteien ab. Besonders große Macht haben Verbände, die Existenzbedürfnisse vertreten (z. B. Arbeitsplätze). Von großer Bedeutung ist auch die Staatsform, da v. a. in föderalistisch geprägten Ländern (→ Föderalismus) Verbände viel Einfluss erlangen können.

Vereinte Nationen → UN

Verfassung Geschriebene oder ungeschriebene Grundsätze über Aufbau und Tätigkeit eines Staates. In der Verfassung werden besonders die Form eines Staates und die Form der Willensbildung in ihm, die Rechtsstellung der Staatsorgane, der Regierung und der Staatsbürger behandelt. Geschaffen wird die Verfassung vom Träger der Verfassungsgewalt. In der Demokratie ist die Verfassung meist ein von Volksvertretern beschlossenes Gesetz, das häufig durch eine Volksabstimmung bestätigt wird. In Deutschland hat das → Grundgesetz Verfassungsstatus.

Verfassungsorgan Staatliche Institution, dessen Aufgaben durch die → Verfassung besonders herausgestellt und begründet werden. Verfassungsorgane sind selbstständig, handeln eigenverantwortlich und sind keinem anderen Organ untergeordnet. In Deutschland sind dies auf Bundesebene der → Bundespräsident, die → Bundesregierung, das → Bundesverfassungsgericht, der → Bundestag sowie der → Bundesrat.

Verfassungsprinzipien In Art. 20 GG festgelegte Grundsätze, die die Ausformung der deutschen Staatsordnung festlegen. Für Deutschland und die einzelnen Bundesländer gelten das → Demokratie-, das → Rechtsstaats-, das → Sozialstaats- und das Bundesstaatsprinzip (→ Föderalismus). Nach Art. 79 Abs. 3 GG sind die Verfassungsprinzipien mit der Ewigkeitsgarantie geschützt, die bestimmt, dass eine Änderung des Grundgesetzes, durch die der Föderalismus oder die in Art. 1 und Art. 20 festgelegten Grundsätze berührt werden, unzulässig ist. Unabhängig von dem Tatbestand, dass die verschiedenen gesellschaftlichen Gruppen und die politischen Parteien unterschiedliche Vorstellungen von der Ausgestaltung der Prinzipien haben, besteht große Übereinstimmung bezüglich der Notwendigkeit der Verfassungsprinzipien als Grundlage für das gesellschaftliche Leben und als Orientierung für das politische Handeln.

Verfassungsschutz → Geheimdienst

Verhältniswahl → Wahlsystem

Vermittlungsausschuss Gremium, das bei Auftreten von Meinungsverschiedenheiten zwischen → Bundestag und → Bundesrat im Gesetzgebungsprozess eingreift, um eine Lösung zu finden. Der

Vermittlungsausschuss besteht aus je 16 Mitgliedern des Bundestags und des Bundesrats, die nicht an Weisungen gebunden sind und nicht öffentlich tagen. Er gilt als wichtige Stufe im → Gesetzgebungsprozess, da hier alle Aspekte eines Gesetzes nochmals diskutiert werden können.

Vernunft, politische Wichtige Voraussetzung für die Stabilität demokratischer politischer Systeme sowie die friedlichen Beziehungen zwischen den Staaten. Demokratien sind in einem hohen Maße von dem vernunftmäßigen Verhalten der Bürger und der politischen Eliten abhängig. Dabei steht die Forderung nach der Vernunfteinsicht des Bürgers und des Politikers in die Notwendigkeit bestimmter Handlungsmaximen im Mittelpunkt der Betrachtung. Vernunft wird im Rahmen dieser Argumentation nach → Kant als der „letzte Prüfstein der Wahrheit“ aufgefasst. Nicht die vermeintliche Erkenntnis über die Gesetzmäßigkeit in der Geschichte oder die Vorgegebenheit von objektiv gültigen Ideen sind demnach Orientierungen für die Beurteilung politischer Phänomene und Handlungen, sondern allein die rationale Analyse, die von den unterschiedlichen Interessen und von der Notwendigkeit der Anerkennung bestimmter → regulativer Ideen, besonders derjenigen der → Menschenrechte ausgeht. Eine Orientierung für ein auf → Gerechtigkeit und → Frieden ausgerichtetes Handeln in der Alltagswelt und in der Politik sollte in der Befolgung des von Kant beschriebenen und begründeten kategorischen Imperativs bestehen.

Verordnung Rechtsverbindliche Anordnung, die im Gegensatz zum → Gesetz von der → Exekutive erlassen wird.

Vertrauensbildende Maßnahmen Alle Abkommen und Kooperationsbemühungen, die zum Ziel haben, das Misstrauen zwischen gegnerischen Staaten zu reduzieren. Vertrauensbildende Maßnahmen können z. B. darin bestehen, ausländische Beobachter einzuladen, damit diese Abrüstungsmaßnahmen überwachen können. Nach der → Kubakrise ergriffen die → Supermächte eine Reihe solcher Maßnahmen, um durch ein verbessertes gegenseitiges Verständnis die Gefahr eines Krieges zu reduzieren.

Vertrauensfrage In einer parlamentarischen Demokratie Antrag des Regierungschefs an das Parlament, ihm das Vertrauen auszusprechen. Art. 68 GG legt fest, dass, wenn ein Antrag des Bundeskanzlers, ihm das Vertrauen auszusprechen, nicht die Zustimmung der Mehrheit der Bundestagsmitglieder findet, der Bundespräsident innerhalb der Frist von 21 Tagen den Bundestag auflösen kann.

Veto Recht, einen Beschluss innerhalb eines beschließenden Gremiums oder in einem anderen Organ durch Einspruch unwirksam zu machen oder aufzuschieben (aufschiebendes/suspensives Veto). So haben z. B. die ständigen Mitglieder des → UN-Sicherheitsrats die Möglichkeit, einen Beschluss dieses Gremiums durch ein Veto zu verhindern. → Einstimmigkeitsprinzip

Vietnamkrieg Konflikt zwischen den USA und Vietnam während des → Kalten Krieges. Nach dem Zweiten Weltkrieg bemühte sich die Kolonialmacht Frankreich, die Unabhängigkeitsbestrebungen Vietnams zu unterdrücken (sog. Indochinakrieg), musste sich aber 1954 geschlagen zurückziehen. In dem in Genf vereinbarten Waffenstillstandsabkommen wurde die vorläufige Teilung Vietnams (um die Kriegsparteien zu trennen) und das Abhalten von freien Wahlen (um eine Wiedervereinigung zu ermöglichen) 1955 beschlossen. Dazu kam es jedoch nicht, da sich unter Ho Chi Minh in Nordkorea ein kommunistisches Regime etablierte und in Südkorea Diktator Diem seine Machtbasis festigte. Die USA begannen Anfang der 1960er-Jahre, dem südkoreanischen Regime Wirtschafts- und Militärhilfe zu gewähren, der bald auch die Entsendung von Truppen folgte (→ Domino-Theorie).

Der (angebliche) Angriff nordvietnamesischer Patrouillenboote auf US-Kriegsschiffe im Golf von Tongking wurde von US-Präsident Johnson zum Anlass genommen, Nordvietnam zu bombardieren. Bis 1965 erhöhte sich die Zahl der in Vietnam kämpfenden US-Soldaten auf 500 000. China intervenierte zugunsten Nordvietnams und entsandte ebenfalls eine große Anzahl Soldaten. Es kam zu einem Guerillakrieg (→ Guerilla), dessen Brutalität in der amerikanischen Öffentlichkeit heftig kritisiert wurde. Es bildeten sich viele Bürgerprotestbewegungen gegen den Krieg. Da es immer deutlicher wurde, dass der Krieg für die USA militärisch nicht mehr zu gewinnen war, suchte Präsident Nixon einen Ausweg, der das Ansehen der USA nicht zu sehr schädigen würde. 1969 zogen 250 000 amerikanische Soldaten aus Vietnam ab. Im Juli 1972 begannen die Verhandlungen zwischen den Kriegsparteien, die am 27. 1. 1973 mit der Unterzeichnung des Waffenstillstandsabkommens endeten. Trotzdem gingen die Kämpfe weiter. Ende April zogen die letzten US-Soldaten aus Vietnam ab. Ein Jahr später brach die prowestliche Regierung Südvietnams zusammen, 1975 wurde Saigon besetzt und das Land unter kommunistischer Herrschaft vereinigt. Der Vietnamkrieg hatte mehr als zwei Millionen Menschen das Leben gekostet, große Teile des Landes waren durch den Einsatz von Entlaubungsmittel („Agent Orange") verseucht. Die USA, die 53 000 Soldaten verloren hatten, litten unter den politischen und moralischen Folgen dieses Krieges. Erst 1995 begann eine diplomatische Annäherung zwischen Vietnam und den USA.

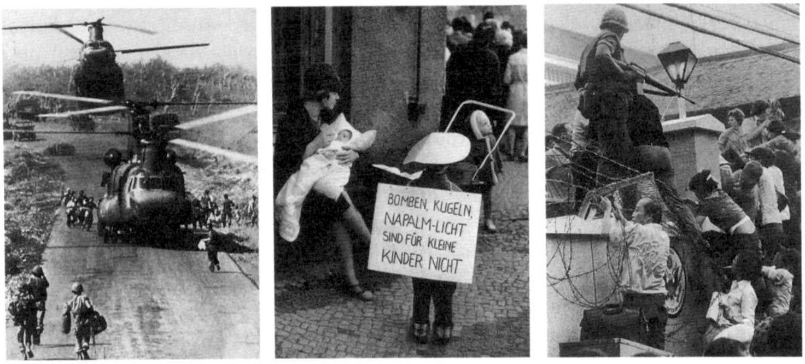

Während des Vietnamkriegs wurden die USA im In- und Ausland heftig kritisiert. Als die letzten US-Truppen 1973 aus Vietnam abzogen, versuchten viele Südvietnamesen, sich in die amerikanische Botschaft zu retten.

Völkerbund Auf Initiative des US-Präsidenten Wilson 1920 gegründete → internationale Organisation, die die friedliche Beilegung internationaler Konflikte durch die Zusammenarbeit der Staaten zum Ziel hatte. Der Völkerbund basierte auf Wilsons 14-Punkte-Programm, das u. a. Rüstungsbeschränkungen, die Anerkennung der territorialen Unversehrtheit der Mitgliedsstaaten und die Errichtung eines Systems der → kollektiven Sicherheit vorsah. Der Völkerbund wurde von der Völkergemeinschaft jedoch nie ganz akzeptiert: Die USA lehnte einen Beitritt ab (→ Isolationismus) und das im → Ersten Weltkrieg unterlegene Deutschland verurteilte ihn als Instrument der Siegerstaaten. Die neu gegründete → Sowjetunion wurde aufgrund ihres antidemokratischen Systems nicht zu Beitrittsverhandlungen eingeladen. Durch das Aufkommen des → Nationalsozialismus und → Faschismus in Europa verlor der Völkerbund schließlich seine ohnehin geringe Bedeutung. Die offizielle Auflösung erfolgte mit der Gründung der Nachfolgeorganisation Vereinte Nationen (→ UN).

Völkerrecht Internationale Bestimmungen zur Regelung von zwischenstaatlichen Beziehungen. Das Völkerrecht wird dann angewandt, wenn es zu rechtlichen Problemen kommt, die mehrere Staaten betreffen und deshalb nicht von nationalem Recht allein gelöst werden können. Es bestimmt die Normen und Rechtsgrundsätze, nach denen internationale Konflikte beigelegt werden sollen. Dabei ist jedoch die → Souveränität eines jeden Staates zu berücksichtigen. Subjekte des Völkerrechts sind die Staaten, aber auch → internationale Organisationen wie die Vereinten Nationen (→ UN). Die Durchsetzung des Völkerrechts ist zunächst jedem Staat selbst überlassen, da noch immer kein allgemein gültiger Sanktionsmechanismus existiert, um Verstöße zu ahnden. Im Gegensatz zum klassischen Völkerrecht, das lediglich die Beziehungen zwischen Staaten im Friedens- und Kriegszustand und den Status der Diplomaten regelte, beinhaltet das moderne Völkerrecht das allgemeine Friedensgebot, die → Menschenrechte und Regelungen für international gemeinschaftlich zu nutzende Räume (z. B. die Hohe See und die Antarktis). Heute bemüht sich die UN, das Völkerrecht für alle Staaten verbindlich zu gestalten. So sollen auch Verstöße gegen die Menschenrechte innerhalb eines Staates geahndet werden, ohne dass dieser sich auf Souveränitätsrechte berufen kann. Dies fand nach dem → Kosovokrieg z. B. im Fall Milosevics statt (→ IGH).

Volksbegehren Möglichkeit der Bürger, dem Parlament einen Gesetzentwurf zur Entscheidung vorzulegen oder vom Parlament den Erlass eines bestimmten Gesetzes zu begehren.

Volksdemokratie Form der Staatsordnung. Die Volksdemokratie ist eine Variante der sog. Diktatur des Proletariats. Nach dem → Marxismus ist sie die Regierungsform eines bereits unter der „revolutionär-demokratischen Diktatur der Arbeiter und Bauern" stehenden, aber klassenmäßig noch uneinheitlichen Staates und somit eine Übergangsform auf dem Weg zur angestrebten Verwirklichung des → Kommunismus, der klassenlosen Gesellschaft. Der Begriff kennzeichnete bis 1989/90 die kommunistischen Regierungen der Ostblockländer, die nach 1945 unter sowjetischem Einfluss standen.

Volksentscheid (Referendum) Eine mit Gesetzeskraft ausgestattete Mehrheitsentscheidung der stimmberechtigten Bürger über einen Gesetzesentwurf.

Volkskammer Nominell oberstes staatliches Organ in der DDR. Die Volkskammer sollte in ihren Plenarsitzungen die Grundfragen der Staatspolitik bestimmen. Sie diente jedoch weder der Repräsentation des Volkswillens, noch war sie Kontrollorgan für die Regierung. Ihre Aufgabe war die Demonstration der Einheit von Beschlussfassung und Durchführung im Sozialismus und die Verabschiedung (Zustimmung) von Gesetzen. Die Sitzverteilung war bereits vor der Wahl festgelegt. Zur Arbeit der Abgeordneten gehörte in erster Linie die Öffentlichkeitsarbeit. Ihre formalen Aufgaben waren die Wahl des → Ministerrats, des Staatsrats, des Generalstaatsanwalts und die Wahl des Obersten Gerichts (→ DDR). Die 500 Abgeordneten der Volkskammer waren aus neun Fraktionen zusammengesetzt, wobei 90 % der SED angehörten.

Volkspartei Politische Partei, deren Mitglieder und Wähler aus allen Bevölkerungsschichten stammen und die deshalb sowohl in ihren programmatischen Aussagen als auch in ihrer praktischen Politik die Vielzahl der Interessen ihrer Wähler bzw. Mitglieder zu artikulieren und zu repräsentieren sucht. → Parteiensystem

Volkssouveränität Grundprinzip der Liberalismustheorie, nach dem politische

→ Herrschaft ausgerichtet ist. Volkssouveränität kann nur im Namen des ganzen Volkes, nicht im Namen einer Klasse (etwa im Namen des Proletariats wie in der kommunistischen Volksdemokratie) oder im Namen einer Rasse (wie in der nationalsozialistischen Diktatur) ausgeübt werden. Das Prinzip der Volkssouveränität ist in Art. 20 Abs. 2 GG festgelegt.

Vollbeschäftigung Vollauslastung aller Produktionsfaktoren. Die rein theoretische Definition der Vollbeschäftigung ist in Realität praktisch unmöglich, weshalb man unter dem Begriff generell versteht, dass auf dem Arbeitsmarkt ausschließlich friktionelle → Arbeitslosigkeit herrscht. In der sozialen → Marktwirtschaft existiert keine rechtliche Garantie auf einen Arbeitsplatz. Der freie Arbeitsmarkt soll die Beschäftigung von Bürgern nach Angebot und Nachfrage regeln, ein einklagbares Recht jedoch würde dem Freiheitsprinzip widersprechen. Bei der Verpflichtung von Bund, Ländern und Gemeinden, die Steuer-, Struktur- und Haushaltspolitik so auszurichten, dass das Ziel der Vollbeschäftigung erreicht wird (→ Stabilitätsgesetz), treten in den letzten Jahren immer größere Probleme auf. Es ist zu beobachten, dass Wirtschaftswachstum nicht mehr unbedingt einhergeht mit der Reduzierung der Arbeitslosigkeit. So wird die Produktion z. B. mithilfe von Rationalisierungen, dem Einsatz neuer Technologien (Roboter, Internet, Computer) und durch die Verlagerung von Arbeitsplätzen in Billiglohnländer erhöht und ist dann sogar mit dem Abbau von Arbeitsplätzen verbunden.

W

Wahlbeteiligung Anteil der stimmberechtigten Bevölkerung, die zu Wahlen geht. Die Wahlbeteiligung in Deutschland ist für ein Land ohne Wahlzwang hoch, sie beträgt bei Bundestagswahlen zwischen 77,8 % (1990) und 91,1 % (1972). Bei der Bundestagswahl 2002 wählten 79,1 % der Wahlberechtigten, 3,1 % weniger als 1998.

Wahlen Berufung von Personen in ein bestimmtes Amt oder eine Position. In Deutschland nehmen Bürger durch Wahlen zum Bundestag, zu den Land- und Kreistagen und Gemeinderäten am politischen Willensbildungsprozess teil. Sie bestellen die Personen für einen festgelegten Zeitraum, die politische Entscheidungen treffen, also von den Bürgern mit der politischen → Herrschaft betraut sind (Demokratieprinzip: → Verfassungsprinzip). Die Bundestagswahlen finden alle vier Jahre statt, wobei jeder Wähler zwei Stimmen hat. Mit der Erststimme werden in jedem → Wahlkreis die → Direktkandidaten mit relativer Mehrheit (→ Mehrheitsprinzip) gewählt. Bei 299 Wahlkreisen gibt es somit 299 direkt gewählte Bundestagsabgeordnete. Die Stimmen, die für die unterlegenen Kandidaten abgegeben werden, gehen verloren. Mit der Zweitstimme werden die von den Parteien aufgestellten → Landeslisten gewählt. Über diese kommen ebenfalls 299 Abgeordnete in den Bundestag. Nach den für jede Partei in einem Bundesland abgegebenen Zweitstimmen wird errechnet, wie viele Bundestagssitze jede Partei insgesamt errungen hat. Des Weiteren werden hier Wahlkreismandate verrechnet. Gewinnt eine Partei mindestens drei → Direktmandate, zieht sie in den Bundestag ein, auch wenn sie die 5 %-Hürde der Zweitstimmen (→ Fünf-Prozent Klausel) nicht überwunden hat. Bei der Wahl können auch sog. → Überhangmandate durch → Splitting entstehen. Die Sitzverteilung im Bundestag wird seit den Bundestagswahlen von 1987 nicht mehr nach dem Höchstzahlensystem nach d'Hondt, sondern nach dem mathematischen Proportions-Verfahren nach Hare/Niemeyer ausgerechnet. Die dadurch bewirkte stärkere Berücksichtigung der kleineren Parteien hat in einzelnen Fällen große politische Bedeutung, was sich an folgender Berechnung zur Verteilung von Mandaten anhand beider Verteilungsmethoden zeigt. 11 Sitze sind zu vergeben, die Stimmen verteilen sich folgendermaßen: Partei A 6 000, Partei B 4 000, Partei C 1 800 Stimmen.

(1) d'Hondt: Die Stimmzahlen der einzelnen Parteien werden jeweils durch 1, 2, 3, 4 etc. geteilt, wobei jeweils die höchste Zahl ein Mandat erhält. Die Rechnung wird dann so lange wiederholt, bis kein Mandat mehr zu vergeben ist.

	Stimmen		Stimmen		Stimmen	
÷ 1	6 000	1	4 000	2	1 800	6
÷ 2	3 000	3	2 000	4	900	
÷ 3	2 000	5	1 333	8	600	
÷ 4	1 500	7	1 000	11	450	
÷ 5	1 200	9	800		360	
÷ 6	1 000	10	666		300	
Sitze	6		4		1	

(2) Niemeyer: Die Sitze jeder Partei werden berechnet mit der Formel „Gesamtzahl der Sitze x Stimmenzahl der Partei dividiert durch Gesamtzahl der Stimmen aller Parteien". Die übrigen Sitze werden in der Reihenfolge der größten Zahlenbruchteile hinter dem Komma zugeteilt:

	$\frac{11 \times 6000}{11800}$	$\frac{11 \times 4000}{11800}$	$\frac{11 \times 1800}{11800}$
	5,59	3,72 +1	1,68 +1
Sitze	5	4	2

Wahlkreis Unterteilung eines Wahlgebiets. Bei → Wahlen zum Bundestag, Landtag oder kommunalen Vertretungen (z. B. Bürgermeister, Landräte) wird das jeweilige Wahlgebiet in Wahlkreise eingeteilt. Da sich die Vergrößerung des Bundestags infolge der Wiedervereinigung (656 Abgeordnete, statt früher 496, ohne Überhangmandate) negativ auf die Funktionserfüllung des Bundestags auswirken kann, wurde im Oktober 1996 beschlossen, mit Beginn der 15. Wahlperiode (September 2002) die Zahl der Mitglieder des Bundestags von 656 auf 598 und damit die Zahl der Wahlkreise von 328 auf 299 zu reduzieren.

Wahlrecht Recht, an der Wahl von Parlamenten oder Amtsträgern (Bürgermeister, Landräte u. a.) aktiv teilzunehmen bzw. sich bei diesen als wählbare Person zur Verfügung zu stellen (passiv). Nach Art. 38 Abs. 1 GG sind die Wahlen in Deutschland allgemein, unmittelbar, frei, gleich und geheim. Dies bedeutet im Einzelnen, dass im Gegensatz zu Partei- und Militärdiktaturen jeder Staatsbürger das Wahlrecht wahrnehmen kann (allgemeine Wahlen). In Deutschland werden die Stimmen direkt (unmittelbare Wahlen) für einen Kandidaten abgegeben und nicht für Wahlmänner, die dann die eigentliche Wahl ausüben, wie dies bei der Präsidentenwahl in den USA der Fall ist. Niemand darf an der Ausübung seines Wahlrechts gehindert, aber auch nicht zur Wahl gezwungen werden. Die Wähler entscheiden zwischen mehreren konkurrierenden Parteien, die ihrerseits nicht an der Aufstellung der Kandidaten und an dem Werben um Wählerstimmen gehindert werden dürfen (freie Wahlen). Im Gegensatz etwa zum → Dreiklassenwahlrecht gibt es nach dem Wahlrechtsgrundsatz der Gleichheit keinen Unterschied im Zählwert der einzelnen Stimmen (gleiche Wahlen). Die Wahlen sind geheim, weil jeder seine Stimme unbeobachtet abgeben muss (geheime Wahlen). Wahlbeeinflussung durch soziale oder wirtschaftliche Abhängigkeit soll damit ausgeschlossen werden. Bei der Bundestagswahl wird das personalisierte Verhältniswahlsystem (→ Wahlsystem) angewandt, eine Mischform aus Mehrheits- und Verhältniswahl. → Kumulieren, → Panaschieren

Wahlsystem (1) Mehrheitswahl (Persönlichkeitswahl): Derjenige Kandidat ist

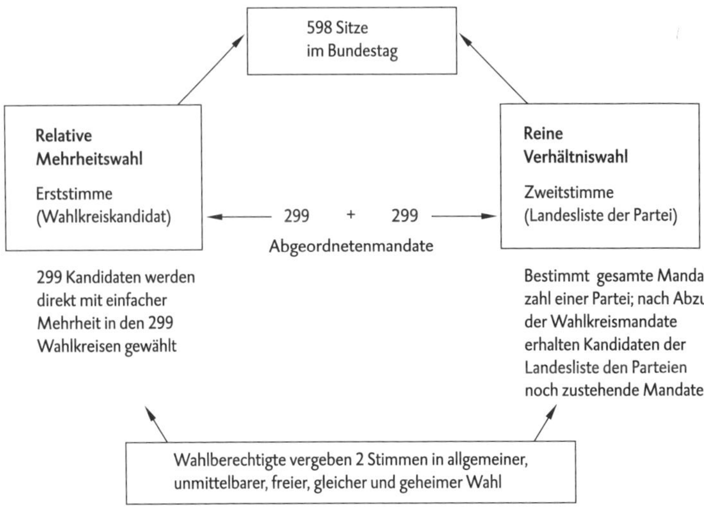

Systematischer Überblick zum Wahlsystem der Bundesrepublik Deutschland.

in einem Wahlkreis gewählt, der die meisten Stimmen auf sich vereinen kann. Die Stimmen für unterlegene Kandidaten gehen verloren. (2) Verhältniswahl: Die Bürger wählen Parteilisten. Die Verteilung der Abgeordneten im Parlament ist entsprechend dem Verhältnis der für die Parteien abgegeben Stimmen.

Währungsunion Zusammenschluss von Staaten zur Bildung eines gemeinsamen Währungsgebiets mit einheitlicher Währung und Währungspolitik. (1) → EU: Im Maastrichter Vertrag wurden vier Kriterien (Konvergenzkriterien) für die Teilnahme eines Staates an der Währungsunion festgelegt: Eine dauerhaft tragbare Finanzlage öffentlicher Haushalte, wobei das Defizit nicht 3 % und der Schuldenstand nicht 60 % des Bruttoinlandsprodukts (→ BIP) überschreiten darf, einen hohen Grad der Preisstabilität, eine zweijährige Teilnahme am EWS-Wechselkursverbund ohne größere Abwertung der Währung sowie ein langfristiges Zinsniveau, das nicht mehr als zwei Prozentpunkte über dem der drei preisstabilsten Länder liegen darf. → Euro, → Stabilitätspakt (2) Deutschland: Die Wirtschafts-, Währungs- und Sozialunion wurde am 1. 7. 1990 zwischen der Bundesregierung unter Kanzler Kohl und der ersten demokratisch legitimierten DDR-Regierung unter Lothar de Maizière geschlossen. Ab diesem Datum galt auch in Ostdeutschland das System der sozialen → Marktwirtschaft, die DM wurde die gemeinsame Währung beider Staaten, Gehälter, Löhne, Mieten und Renten wurden im Verhältnis 1:1 und andere Forderungen 1:2 umgetauscht, der Fonds „Deutsche Einheit" wurde zur Deckung des DDR-Haushaltsdefizits geschaffen und die DDR führte die Arbeitsrechtsordnung und ein gegliedertes Sozialversicherungssystem ein. Mit der schnellen Übernahme der wichtigsten ökonomischen Rahmenbedingungen durch die DDR sollte die unkontrollierbare Einreise von Übersiedlern gestoppt, der wirtschaftliche Kollaps aufgehalten und Bedingungen für Investitionen westdeutscher und ausländischer Kapitalgeber in der DDR gefördert werden.

Warschauer Pakt Bündnis der Sowjetunion mit den osteuropäischen Staaten während des → Kalten Krieges. Der Vertrag über „Freundschaft, Zusammenarbeit und gegenseitige Hilfe" wurde im Mai 1955 von Albanien (das 1969 austrat), Bulgarien, der DDR, Polen, Rumänien, der Tschechoslowakei, Ungarn und der Sowjetunion unterzeichnet. Das Militärbündnis erlaubte der Sowjetunion, Truppen in ganz Osteuropa zu stationieren und so einen Ring aus → Satellitenstaaten um sich herum zu bilden. Als Gegenpol zur → NATO bildete der Warschauer Pakt somit einen starken Militärblock. Offiziell war der zunächst auf 20 Jahre abgeschlossene Vertrag als Antwort auf den NATO-Beitritt der Bundesrepublik Deutschland (→ BRD) gedacht. Politische Reformversuche innerhalb des Warschauer Pakts wurden von der Sowjetunion mehrmals militärisch unterdrückt (→ DDR, → Prager Frühling, → Ungarnaufstand). Die Rechtsgrundlage für die Interventionen bildete die → Breschnew-Doktrin. Wie die NATO verfügte der Warschauer Pakt über politische sowie militärische Gremien. 1975 wurde er für weitere zehn, 1985 nochmals um 20 Jahre verlängert. Die → friedliche Revolution in Osteuropa machte den Warschauer Pakt jedoch hinfällig, er wurde im Frühjahr 1991 aufgelöst. Polen, Tschechien und Ungarn traten der NATO bei.

Weber, Max (geb. 21. 4. 1864 in Erfurt, gest. 14. 6. 1920 in München) Kulturwissenschaftler und politischer Publizist („Die protestantische Ethik und der Geist des Kapitalismus"/„Politik als Beruf" u. a.). Im Ersten Weltkrieg wandte sich Weber gegen den übergroßen persönlichen Einfluss des Kaisers auf den Staat. Er forderte außerdem eine weitergehende Parlamentarisierung Deutschlands, um „große politische Weltaufgaben" (wie die Kontrolle über die → Kolonien) angehen zu können. Dabei sei die Demokratie den anderen Staatsformen vorzuziehen, da nur sie die geeignete politische Elite hervorbringe.

Max Weber ist der bedeutendste deutsche Soziologe des 20. Jahrhunderts.

Nach Ende des Ersten Weltkriegs hatte Weber Gelegenheit, am Aufbau der Weimarer Reichsverfassung mitzuwirken und machte sich hierbei insbesondere für die Aufnahme plebiszitärer Elemente stark. Weber, ein umfassend gebildeter Gelehrter, wandte sich in seinen soziologischen Untersuchungen v. a. den Problemen der Herrschaft, der Frage der allumfassenden Bürokratie sowie der Religionssoziologie zu. In seinen Schriften unterschied er zwischen verschiedenen Herrschaftsformen: Der legalen, auf der Ordnung der Gesetze basierenden, der traditionellen, auf althergebrachten Riten fußenden und der charismatischen, auf der Vorbildlichkeit einer herausragenden Persönlichkeit beruhenden Herrschaftsform. Die plebiszitäre Demokratie, so Weber, sei eine Ausprägung der charismatischen Herrschaft. Er sah in der Mehrheit der Politiker nur die Gefolgschaft für starke Führerpersönlichkeiten. Deshalb bestehe die Gefahr, dass der Großteil der politischen Klasse als Instrument missbraucht und der Staat von Einzelinteressen dominiert werde.

Wechselwähler Wähler, die meist erst kurz vor der → Wahl entscheiden, wem sie ihre Stimme geben. Wechselwähler lassen sich bei der Stimmvergabe davon leiten, was die einzelnen Parteien in der zurückliegenden Wahlperiode geleistet haben und was sie für die Zukunft versprechen. Deshalb richtet sich der Wahlkampf heutzutage in erster Linie auf diese Wähler. Das Gegenteil sind Stammwähler, die über viele Jahre hinweg ihre Stimme stets derselben Partei geben. Der Anteil der Wechselwähler in Deutschland hat sich seit den 1980er-Jahren und insbesondere nach der Wiedervereinigung stark erhöht, weil die traditionellen Milieus durch den sozialen Wandel kaum mehr Bedeutung als Orientierung für soziales und politisches Handeln der Bürger besitzen.

Weimarer Republik Erste deutsche parlamentarische Demokratie. Nach dem verlorenen → Ersten Weltkrieg stellte die von Philipp Scheidemann (SPD) am 9. November ausgerufene Weimarer Republik den Versuch eines grundlegenden staatlichen Neuaufbaus dar. Die Weimarer Nationalversammlung musste nicht nur eine neue Verfassung für das Deutsche Reich ausarbeiten (6. 2. 1919 bis 21. 5. 1920), sondern auch den von den Siegermächten aufgezwungen Friedensvertrag von Versailles ratifizieren, der schwere territoriale, politische und wirtschaftliche Konsequenzen für Deutschland haben sollte. Am 13. 2. 1919 wurde eine Regierung aus SPD, Zentrum und Deutscher Demokratischer Partei gebildet, die unter Ministerpräsident Scheidemann bis Juni 1929 im Amt war. Die Weimarer Republik erlebte bis zu ihrem Untergang 1933 große innenpolitische Krisen mit teilweise bürgerkriegsartigen Spannungen. Die Schwierigkeit, verlässliche und dauerhafte Mehrheiten im Reichstag zu bilden, führte meist zu äußerst instabilen Regierungen in der Weimarer Republik und Notverordnungen wurden häufig zum Mittel der Politik. Reichspräsident Hindenburg wollte dem Problem begegnen und bestimmte 1930 den Reichskanzler direkt, ohne den Reichstag einzuschalten. Daraufhin kam es zu sog. Präsidialregierungen, die mehr von Hindenburg abhängig waren als von der parlamentarischen Kontrolle durch den Reichstag. Erschwerend kam hinzu, dass viele Deutsche die Weimarer Republik mit dem verlorenen Krieg identifizierten und kein demokratisches Bewusstsein existierte. Arbeitslosigkeit (Februar 1932 mehr als sechs Millionen Arbeitslose), ständig wechselnde Regierungskoalitionen und die Weltwirtschaftskrise führten schließlich zu einer Radikalisierung der politischen Auseinandersetzung und damit zum Aufstieg des → Nationalsozialismus. Mit der Ernennung → Hitlers zum Reichskanzler (30. 1. 1933) und der danach einsetzenden Stabilisierung der nationalsozialistischen Macht endete die Zeit der Weimarer Republik.

Weltbank (Internationale Bank für Wiederaufbau und Entwicklung, engl. *International Bank for Reconstruction and Development*). Sonderorganisation der Vereinten Nationen. Die Weltbank, 1944 auf der Konferenz von Bretton Woods (USA) beschlossen und 1945 gegründet, hatte das Ziel, den wirtschaftlichen Wiederaufbau des im Zweiten Weltkrieg zerstörten Europas zu fördern. Zu den heutigen Aufgaben der Weltbank gehören u. a. die Vergabe von langfristigen Krediten (insbesondere an → Entwicklungsländer) und die weltweite Wirtschaftsförderung. Sie arbeitet hierbei mit dem → IWF) und anderen internationalen Finanz- und Entwicklungshilfeorganisationen zusammen. @ http://www.worldbank.org

Weltwirtschaftsordnung Bedingungen, unter denen internationaler Waren- und Kapitaltransfer stattfindet. Die Weltwirtschaftsordnung heute ist geprägt von Institutionen wie der → Weltbank, dem → IWF und der → WTO und dem Ziel, nationale Zoll- und Handelsschranken abzubauen (→ Protektionismus). Der größte Teil des Welthandels wird unter den → Industriestaaten getätigt. Kritiker der Weltwirtschaftsordnung sehen in deren Dominanz über die → Entwicklungsländer den Hauptgrund für soziale Ungerechtigkeit. → Dritte Welt, → Globalisierung

Westeuropäische Union → WEU

Wettrüsten → Rüstungsspirale

WEU Verteidigungsbündnis zwischen den Angehörigen der Europäischen Union (→ EU) mit Ausnahme von Dänemark und Irland, gegründet 1954. Die WEU verfügte, da sie keine Konkurrenz zur → NATO, sondern vielmehr deren europäischen Pfeiler darstellen sollte, über keine eigenständige militärische Struktur. Erst 1993, nachdem mit dem Zerfall des Ostblocks die neuen sicherheitspolitischen Anforderungen an die EU deutlich wurden, kam es zu einer Reaktivierung der WEU, die dann im Auftrag der EU verteidigungspolitische Entscheidungen und Aktionen erarbeiten und durchführen sollte. Zur Zeit ist eine Umstrukturierung der WEU geplant. Vorgesehen sind ein ständiger Ausschuss beim → Europäischen Rat und militärische Beratungsgremien. Sitz der WEU ist Brüssel. @ http://www.eu.int

Widerstandsrecht Recht des Bürgers, sich gegen Machtmissbrauch durch den oder die Herrscher in einem Staat zu wehren. Das Widerstandsrecht wurde im Mittelalter zunächst aus der Vorstellung abgeleitet, dass ein ungerechter Herrscher sich selbst außerhalb der gottgewollten Ordnung stelle und daher nicht legitimiert sei zu herrschen. Während der Reformation bildeten sich verschiedene Meinungen über das Widerstandsrecht. Die Lutheraner meinten, der Mensch habe kein Recht, gegen die vorgegebene Ordnung zu rebellieren, während der radikalere Calvinismus ein Widerstandsrecht bis zum „Tyrannenmord" vertrat. Im deutschen → Grundgesetz ist in Ausnahmefällen ein Widerstandsrecht vorgesehen (Art. 20 Abs. 4). Es erlaubt Widerstand gegen alle, die die verfassungsmäßige Ordnung beseitigen wollen.

Wirtschaft Bereich des menschlichen Lebens, der alle Handlungen umfasst, die die materielle Sicherheit oder Bedürfnisbefriedigung zum Ziel haben. Wirtschaftliches Handeln wird notwendig durch die Knappheit an Gütern und äußert sich beispielsweise in Kaufentscheidungen der Kunden auf dem durch Angebot und Nachfrage bestimmten → Markt. → Globalisierung

Wirtschaftliches Prinzip Grundsatz, mit den vorhandenen Mitteln größtmöglichen Nutzen zu erwirtschaften.

Wirtschaftswachstum Steigerung des Bruttoinlandsprodukts (→ BIP) in einem bestimmten Zeitraum. Wirtschaftswachstum erhöht das Wohlstandsniveau eines Staates und ermöglicht dadurch insgesamt einen höheren Lebensstandard. In letzter Zeit wird bei der Beurteilung des Wirtschaftswachstums auch auf qualitative (Umweltschutz, Einkommensverteilung) und nicht nur quantitative Gewinne geachtet, da ohne diese Differenzierung negative Entwicklungen (z. B. Ressourcenverschwendung) als positive Entwicklung der Wirtschaft ausgelegt werden.

World Trade Organisation → WTO

WTO → (engl. *World Trade Organisation*) Sonderorganisation der → UN. Die Welthandelsorganisation wurde als Nachfolgeorganisation des GATT (engl. *General Agreement on Tariffs and Trade*) 1994 gegründet und trat am 1. 1. 1995 in Kraft. Ziel der WTO ist die Stabilisierung der → Weltwirtschaftsordnung und die Öffnung der Märkte. Es herrscht das Prinzip der → Meistbegünstigung. Nationale handelspolitische Maßnahmen sollen erst nach Konsultationen mit anderen WTO-Mitgliedsstaaten erfolgen. Der von der WTO angestrebte Abbau der Zoll- und Handelsschranken erweist sich insbesondere für Staaten der → Dritten Welt als problematisch (→ Globalisierung). Zur Zeit (2002) sind 144 Staaten Mitglied der WTO. Im September 2001 wurde China nach 15-jährigen Bemühungen schließlich in die Organisation aufgenommen.
@ http://www.wto.org

Z

Zentralismus Staatsaufbau, der unteren Verwaltungsebenen (Ländern, Regionen, Kommunen) kaum Gestaltungsspielräume in der Politik lässt. In einem zentralistischen Staat gibt es eine sehr starke Orientierung auf die Hauptstadt als übergeordnetes Machtzentrum, was eine verstärkte Effizienz der Verwaltung gewährleisten soll. Dabei wird bei der Politikgestaltung die Vernachlässigung kultureller und sozialer Unterschiede der Regionen in Kauf genommen. Dies kann im Extremfall dazu führen, dass die Hauptstadt wirtschaftliche Vorteile auf Kosten der Regionen genießt. Im Gegensatz zum Zentralismus steht der → Föderalismus. Beispiele für zentralistische Staaten sind → Frankreich und → Großbritannien.

Zentralkomitee Parteiorgan in kommunistischen Ländern. Das Zentralkomitee der SED war in der DDR das formal höchste Parteiorgan zwischen den Parteitagen und führte dessen Beschlüsse aus. Es besaß 156 Vollmitglieder und 51 Kandidaten, leitete die gesamte Tätigkeit der Partei und tagte halbjährlich. Das Sekretariat des Zentralkomitees war die Parteiexekutive und zuständig für die Personalplanung. Es sorgte für die Vorbereitung, Durchführung und Kontrolle der Parteibeschlüsse und wählte aus seinen Mitgliedern das → Politbüro.

Zentralverwaltungswirtschaft (Planwirtschaft) Wirtschaftsordnung, in der die Volkswirtschaft durch eine zentrale Behörde gelenkt wird. Die Zentralverwaltungswirtschaft war in den ehemals sozialistisch regierten Staaten des Ostblocks die vorherrschende Wirtschaftsform. Entsprechend der → Ideologie diente diese Wirtschaftsordnung dem Aufbau der sozialistischen Gesellschaft und Demokratie, die sich als Diktatur des Proletariats verstand. Privatbesitz spielte nur eine geringe Rolle, da laut → Kommunismus die Ausbeutung der Menschen und die Abschaffung der Klassen nur mithilfe der Vergesellschaftung der Produktionsmittel möglich ist. In der DDR unterschied man zwischen dem Volkseigentum (volkseigene Betriebe) und genossenschaftlichem Eigentum (genossenschaftliche Betriebe), die in der Praxis weitgehend staatlichem Einfluss unterworfen waren. Zum genossenschaftlichen Eigentum gehörten die landwirtschaftlichen Produktionsgenossenschaften (LPG), die Genossenschaften des Handwerks und die Konsumgenossenschaften, wodurch die → SED den Lebensbereich, der alle Bürger betraf, kontrollieren konnte. Da Konflikte zwischen Arbeitgebern und Arbeitnehmern durch Schaffung staatlichen Eigentums als überwunden galten, waren Streiks verboten (→ FDGB). Dieses ökonomische System ist jedoch langfristig gesehen aus folgenden Gründen ineffektiv: (1) Der Preis der Güter richtet sich nicht nach Angebot und Nachfrage und ist somit nicht an den Bedürfnissen der Konsumenten orientiert, sondern an den Entscheidungen der politischen Führung. (2) Der Staat bestimmt im Rahmen seiner Fünfjahresplanung über Produktion, Investition und Preise für entsprechende Güter. Da viele Grundnahrungsmittel mit Zuschüssen des Staates produziert und billig gehalten werden und die Bürger viele Leistungen des Gesundheitswesens zum Nulltarif erhalten, setzt der Staat die Preise für andere Güter sehr hoch an. (3) Viele Güter müssen exportiert werden, um Devisen einzubringen, gehen der Bevölkerung damit jedoch verloren.

Zeugnisverweigerungsrecht → Abgeordneter

Zionismus Jüdische Nationalbewegung, die eine Rückkehr nach Zion (Jerusalem) fordert. Ursprünglich auf religiöse Mythen zurückgehend, wuchs der Zionismus Ende des 19. Jahrhunderts zu einer → Ideologie an, die sich, der politischen Strömung der Zeit entsprechend, bald nationalistisch ausformte und die Schaffung einer Heimat für alle Juden forderte. 1896 erschien Theodor Herzls Broschüre „Der Judenstaat“ und in der Folgezeit diskutierten die Zionisten über Möglichkeiten einer Staatsgründung. Seit den 1920er-Jahren und verstärkt während und nach dem → Zweiten Weltkrieg emigrierten viele europäische Juden nach Palästina, das als Mandat des → Völkerbunds von Großbritannien verwaltet wurde. Die Gründung Israels 1948 verwirklichte den zionistischen Anspruch auf einen eigenen Staat, war jedoch gleichzeitig der Beginn des bis heute andauernden → Nahostkonflikts.

Zollunion Vereinbarungen mehrerer Staaten, die Zölle untereinander niedrig zu halten bzw. abzuschaffen, gegenüber Drittländern aber einen gemeinsamen (höheren) Zollsatz festzulegen. Die Zollunion dient der Stimulation des Handels innerhalb des Gebiets der Mitgliedsstaaten, während der Handel mit Ländern, die ihr nicht angehören, mitunter erschwert wird. Beispiel einer Zollunion ist die → Europäische Gemeinschaft (→ EG). → Binnenmarkt, → Freihandelszone

Zwei-plus-Vier-Vertrag Abkommen zwischen den beiden deutschen Staaten sowie den Siegermächten des Zweiten Weltkriegs USA, Sowjetunion, Großbritannien und Frankreich. Mit dem Zwei-plus-Vier-Vertrag vom 12. 9. 1990 erhielt das vereinigte Deutschland die volle Souveränität über seine inneren und äußeren Angelegenheiten zurück. Die Außengrenzen wurden endgültig festgelegt.

Zwei-Lager-Theorie 1947 vom Chef der Kommunistischen Partei der Sowjetunion, Andrej Shdanow, geprägtes theoretisches Modell, nach dem die Welt in zwei große, sich feindselig gegenüberstehende Machtblöcke geteilt sei (→ Kalter Krieg). Nach der Zwei-Lager-Theorie würden die USA, unter deren Führung das „imperialistische und antidemokratische“ Lager stehe, alles tun, um die Sowjetunion und deren Verbündete niederzuringen. Daher müsse die Sowjetunion ihre Macht nutzen, um ein Gegengewicht gegen die westliche Vorherrschaft zu bilden sowie alle (im sozialistischen Wortsinn) „demokratischen“ Kräften zu unterstützen.

Zwei-Staaten-Theorie → Alleinvertretungsanspruch

Zweiter Weltkrieg Weltumfassender Krieg Mitte des 20. Jahrhunderts. Nachdem das von → Hitler regierte nationalsozialistische Deutschland (→ Nationalsozialismus) bereits mehrere Gebietserweiterungen auf diplomatischem Weg erreicht hatte (Anschluss Österreichs 1938, Errichtung des „Protektorats Böhmen und Mähren“ 1939 mit Einverständnis Frankreichs und Großbritanniens im Münchner Abkommen), stellte es weit reichende Forderungen an Polen, dem daraufhin von Frankreich und Großbritannien militärische Unterstützung für den Fall eines Krieges zugesichert wurde. Hitler schloss daraufhin überraschend einen Nichtangriffsvertrag mit der → Sowjetunion, der in geheimen Zusatzprotokollen die Aufteilung Polens zwischen den beiden Staaten vorsah („Hitler-Stalin-Pakt“). Der Krieg begann mit Deutschlands Angriff auf Polen am 1. 9. 1939. Am 27. September kapitulierte Warschau und das gesamte polnische Staatsgebiet wurde besetzt. Die Sowjetunion griff im November 1939 Finnland an und erzielte bis zum vorläufigen Frieden im März 1940 leichte Gebietsgewinne. Dänemark und Norwegen wurden im deutschen Blitzkrieg besetzt und im Westen, wo es trotz der Kriegserklärung Frankreichs bis dahin keine größeren Kampfhandlungen gegeben hatte, begann der deutsche Angriff am 10. 5. 1940. Belgien, die Niederlande, Luxemburg und Teile von Nordfrankreich wurden besetzt und am 18. Juni erbat Frankreich den Waffenstillstand. Italien (→ Faschismus) war an der Seite Deutschlands in den Krieg eingetreten (sog. Achse Berlin-Rom) und der Krieg weitete sich auf Nordafrika aus. Ein Versuch des Hitler-

Stellvertreters Rudolf Heß, durch einen spektakulären Alleinflug nach England einen Frieden auszuhandeln, scheiterte. Nach dem fehlgeschlagenen Angriff auf Griechenland forderte Italien deutsche Unterstützung bei den militärischen Operationen an und die Wehrmacht marschierte nach einem Putsch auch in Jugoslawien ein. Durch einen Überraschungsangriff auf die Sowjetunion am 22. 6. 1941 versuchte Hitler, den kommunistischen Staat zu zerschlagen und ein deutsches Großreich im Osten zu schaffen. Im pazifischen Raum führte das kaiserliche Japan seit Dezember 1941 mit dem Angriff auf Pearl Harbor Krieg gegen die USA, was zur Kriegserklärung Deutschlands an die USA führte. Die Sowjetunion erhielt von da an umfangreiche Waffenlieferungen der USA und es gelang Stalin, den deutschen Vormarsch vor Moskau und Leningrad aufzuhalten. Die Schlacht von Stalingrad 1942/43 stellte den Wendepunkt des Zweiten Weltkriegs dar. Überall gerieten die deutschen Truppen in die Defensive und die NS-Regierung rief das gesamte Volk zum totalen Kriegseinsatz auf. 1943 landeten die → Alliierten in Sizilien, 1944 in Nordfrankreich. Sie versuchten durch Flächenbombardements den Widerstand der Bevölkerung zu brechen. Die auf deutsches Gebiet vorrückende → Rote Armee löste eine Flüchtlingswelle aus, während von Westen amerikanische und britische Verbände vorrückten. Als sich im April 1945 die Einnahme Berlins durch die Sowjettruppen abzeichnete, beging Hitler Selbstmord. Die in seinem Testament eingesetzte neue Reichsregierung unter Großadmiral Dönitz wurde, nachdem sie der bedingungslosen deutschen Kapitulation zugestimmt hatte, von den Siegermächten abgesetzt. Auf den Treffen von Teheran (1943), Jalta (Februar 1945) und auf der → Potsdamer Konferenz (Juli/August 1945) beschlossen die Alliierten die Nachkriegsordnung, darunter die Aufteilung Deutschlands in Besatzungszonen. Nach Kriegsende führten die Siegermächte die sog. Entnazifizierung sowie Maßnahmen zur Umerziehung im demokratischen Sinne (engl. *Reeducation*) durch, um einem Wiedererstarken des → Militarismus vorzubeugen. Industrien wurden als Teil der Reparationsleistungen demontiert, in der Sowjetzone kam es zusätzlich zu Zwangsenteignungen großer privater Grundbesitze. Führende NS-Politiker und Militärs wurden schwerster Kriegsverbrechen angeklagt und im Zuge der Nürnberger Prozesse hingerichtet bzw. zu hohen Gefängnisstrafen verurteilt. Im Lauf des Krieges verloren etwa 50 Millionen Menschen ihr Leben, die schwersten Verluste an Soldaten und Zivilisten hatte die Sowjetunion mit ca. 20 Millionen Toten zu beklagen.

Zweitstimme → Wahlen

Literaturhinweise

Allgemeines/Theorie

Bundeszentrale für politische Bildung (Hg.): Grundwissen Politik (Schriftenreihe der Bundeszentrale für politische Bildung Bd. 302), 3. Aufl., Bonn 1997

Ders.: Grundwissen Politik (Schriftenreihe der Bundeszentrale für politische Bildung, Bd. 345), 3. Aufl., Bonn 1997

Deichmann, Carl: Abiturwissen Politik, 7. Aufl., Stuttgart, Düsseldorf, Leipzig, 1999

Ders.: Abiturwissen Der Weg zur Einheit und das vereinigte Deutschland, Stuttgart, Düsseldorf, Leipzig, 1998

Ders.: Abiturwissen Internationale Beziehungen, 3. Aufl., Stuttgart, Düsseldorf, Leipzig, 1998

Kaiser, Karl/Schwarz, Hans-Peter (Hg.): Weltpolitik im neuen Jahrhundert (Schriftenreihe der Bundeszentrale für politische Bildung Bd. 364), Bonn 2000

Landeszentrale für politische Bildung Baden-Württemberg (Hg.): Grundkurs Politik, Stuttgart 1999

Lieber, Hans-Joachim (Hg.): Politische Theorien von der Antike bis zur Gegenwart. (Schriftenreihe der Bundeszentrale für politische Bildung Bd. 299), Bonn 1993

Olsson, Michael/Piekenbrock, Dirk: Kompakt-Lexikon Umwelt und Wirtschaftspolitik, Bonn 1993

Deutschland/Innenpolitik

Andersen, Uwe/Woyke, Wichard (Hg.): Handwörterbuch des politischen Systems der Bundesrepublik Deutschland, 2. Aufl., Bonn 1995

Avenarius, Herrmann: Die Rechtsordnung der Bundesrepublik Deutschland (Schriftenreihe der Bundeszentrale für politische Bildung, Bd. 333), Bonn 1995

Lehmann, Hans Georg: Deutschland-Chronik 1945–2000 (Schriftenreihe der Bundeszentrale für politische Bildung, Bd. 366), Bonn 2000

Müller-Enbergs, Helmut/Wielgohs, Jan / Hoffmann, Dieter (Hg.): Wer war wer in der DDR? Ein biografisches Lexikon (Sonderausgabe für die Bundeszentrale für politische Bildung), Bonn 2000

Weidenfeld, Werner/Korte, Karl-Rudolf (Hg.): Handbuch zur deutschen Einheit 1949–1989–1999 (Schriftenreihe der Bundeszentrale für politische Bildung Bd. 363), Bonn 1999

Internationales Politisches System/Außenpolitik

Knapp, Manfred/Krell, Gert (Hg.): Einführung in die Internationale Politik. Studienbuch, 3.Aufl., München 1996

List, Martin (u. a.): Internationale Politik. Probleme und Grundbegriffe, Opladen 1995

Weidenfeld, Werner: Europa-Handbuch (Schriftenreihe der Bundeszentrale für politische Bildung , Bd. 373), Bonn 2002

Woyke, Wichard: Handwörterbuch Internationale Politik, Opladen 1995

Bild- und Textnachweis

Andersen, Uwe, Bochum: S. 8
BMVg, Christian Kiesel: S. 16, 94
bpk, Berlin: S. 20, 30, 32, 45 l., 51, 52 (2), 57, 58, 71, 72, 73, 99, 100, 137, 138, 149, 170
Bundesarchiv, Bild 18/K1129/318: 120
Bündnis der Bürgerinitiativen gegen Flughafenausbau – für ein Nachtflugverbot von 22.00 bis 6.00 Uhr (Foto: Volker Pagel, Buergerinitiative Gross-Gerau), 2000: S. 26
cinetext Bild- und Textarchiv GmbH, Frankfurt/Main: S. 5 (2), 21 (2) , 27, 69 l., 84, 88, 107, 133
Deutsche Kolonialzeitung 22 (1905), S. 2: S. 76
IG Metall Mönchengladbach, Reimund Strauss: S. 150
Jesse, Eckhard (Hg.): Totalitarismus im 20. Jahrhundert. Baden-Baden: Nomos Verlagsgesellschaft 1996, S. 546: S. 37
Lekebusch, Christian, München: S. 162 (2)
Lux, Florian, Puchheim: S. 18 (2)
Mediathek Europäische Kommission: S. 3, 40, 157 (2)
Singer, Harald: S. 116 (2)
Statistisches Bundesamt, Wiesbaden 2002: S. 60, 61
Ullstein Bild, Berlin: S. 28, 29, 45 r., 55, 69 r., 92 (3), 102, 165 (3)
Westdeutscher Verlag (Geißler 1992), Opladen: S. 142
Wurm, Franz: Wirtschaft und Gesellschaft heute. Opladen: Leske + Budrich, 3. Aufl., 1976, S. 226: S. 77

Statistiken und Daten
Deutsche Welthungerhilfe: S. 103, 140
Freedom House: S. 104
IWF: S. 82
Statistisches Bundesamt, Wiesbaden 2002: S. 14
UN: S. 38
Weltbank: S. 43, 105, 109

Umschlagbild
Mediathek Europäische Kommission; Chr. Lekebusch; bpk, Berlin; E. Fiegel; Chr. Lekebusch; IG Metall Mönchengladbach, Reimund Strauss; Ullstein Bild, Berlin; H. Singer, München

Ihre Meinung ist uns wichtig!

Ihre Anregungen sind uns immer willkommen. Bitte informieren Sie uns mit diesem Schein über Ihre Verbesserungsvorschläge!

Titel-Nr.	Seite	Vorschlag

Die echten Hilfen zum Lernen ...

STARK

Bitte hier abtrennen

Bitte hier abtrennen

Zutreffendes bitte ankreuzen! Die Absenderin/der Absender ist:

- ☐ Lehrer/in
- ☐ Fachbetreuer/in
  Fächer: ____
- ☐ Seminarlehrer/in
  Fächer: ____
- ☐ Regierungsfachberater/in
  Fächer: ____
- ☐ Oberstufenbetreuer/in
- ☐ Schulleiter/in
- ☐ Leiter/in Lehrerbibliothek
- ☐ Leiter/in Schülerbibliothek
- ☐ Referendar/in, Termin 2. Staats-
  examen: ____
- ☐ Sekretariat
- ☐ Schüler/in, Klasse: ____
- ☐ Eltern
- ☐ Sonstiges: ____

STARK Verlag
Postfach 1852
85318 Freising

Kennen Sie Ihre Kundennummer? Bitte hier eintragen.

Absender (Bitte in Druckbuchstaben!)

Name/Vorname

Straße/Nr.

PLZ/Ort

Telefon privat

Geburtsjahr

E-Mail

Schule/Schulstempel (Bitte immer angeben!)

Unterrichtsfächer: (Bei Lehrkräften!)

12-V1T

Bitte ausfüllen und im frankierten Umschlag an uns einsenden. Für Fensterkuverts geeignet.